上海市大学生科技创业基金会创业丛书

HISTORY OF OUR STARTUP

我们的创业

上海市大学生科技创业基金会 编

新华出版社

图书在版编目（CIP）数据

我们的创业 / 上海市大学生科技创业基金会编.
北京：新华出版社，2020.5
ISBN 978-7-5166-5143-8

Ⅰ．①我… Ⅱ．①上… Ⅲ．①大学生－职业选择－案
例－中国 Ⅳ．①G647.38

中国版本图书馆CIP数据核字(2020)第085348号

我们的创业

作　　者：上海市大学生科技创业基金会

责任编辑：庆春雁

出版发行：新华出版社
地　　址：北京石景山区京原路 8 号　　　邮　　编：100040
网　　址：http://www.xinhuapub.com　　http://press.xinhuanet.com
经　　销：新华书店
购书热线：010-63077122　　　　　　中国新闻书店购书热线：010-63072012

设计制作：上海耕书文化发展有限公司
印　　刷：上海南朝印刷有限公司

成品尺寸：170mm×240mm
印　　张：26.25　　　　　　　　　　字　　数：323千字
版　　次：2020年9月第一版　　　　　印　　次：2020年9月第一次印刷

书　　号：ISBN 978-7-5166-5143-8
定　　价：49.00 元

图书如有印装问题请与印刷厂联系调换：021-64221587

编委会

主　编

聂　晶

副主编

戚永康

编　委

蔡炜希　帅萍　朱阳　郑红　周照

（按姓名首字母排序）

投资人寄语

感谢社会各界与投资人们对创业者的长期关注与支持

（按姓名首字母排序）

陈爱国

上海寅嘉创业投资管理有限公司
合伙人

创业一如登山，只要努力前行，曾经的崎岖和险峻都将成为回首时满眼的风景。祝愿创业者攀得更高、走得更远！

程海民

创东方/正海资本合伙人

考察企业的五个方面，即：（1）德：项目历史沿革不能有大的污点，企业历史形成的资产（特别是知识产权）要产权清晰；（2）智：财务状况要良好，现金流健康可预期；（3）体：项目发展的核心资源掌握在自己手里；（4）美：项目所处行业有足够的发展空间；（5）劳：创业团队稳定、踏实，能够取势、明道、优术（有眼光、有计划、有技巧）。

傅 俊

乾洋资本副总经理

创业，是一种生活方式的转变。与能力大小、资源多寡没有太大关系，它更近乎一种誓以创业改变命运的信仰。创业不可能一蹴而就，而是以年为单位的人生设计。每几年，视野、格局上一个台阶；资源、财富上一个台阶；生活随之到达一个新的境界。这种成就感，实际是掌控命运的满足感。感到人生越来越沿着自己向往的路径走下去，这不只是一种创业上的成功，更是一种理想人生自我实现的成功。这样的成功一定会让你得到绝大部分想要的生活，关键是你有没有改变命运的勇气和持之以恒的耐心。

范岑君

常春藤资本合伙人

恭喜你选择创业这条不归路，单行道上的风景足以让你的生命与众不同的尽情绽放。感谢不安分的你，在迈向成功的目标中助己达人的兼顾履行了崇高的社会责任。祝福一直创业在路上的你历尽千帆，终得所愿！

顾礼华
锴一投资合伙人

创业中深度思考的能力非常重要。越忙就越是需要有足够的时间去深度的思考，你会发现什么才是真正重要的事情，才能集中精力于大事；越是缺少深度的思考就会越陷于表面的忙碌，成天忙忙碌碌但是没有进步、没有成果。

管碧筠
上海庆芮投资管理有限公司
合伙人

创业本身就是一种职业，无关时局变化，在任何时候，核心是产品，关键是心态，加持靠韧性。过程中总有颠沛起伏，请永远保持赢者心态。可以做梦，但不抱幻想。要记住，弱者随波逐流，强者天遂人愿。

江 勇

悦晚资本合伙人

创业，通常都是挑战多于机遇，困难比比皆是；但创业是对创业者自身能力的历练，是心智的磨炼，更是心性的提炼；创业过程需要坚持学以致用，实现自身价值；坚持面向实践，创造社会价值；坚持面向未来，实现人生价值。

刘水彬

山谷you帮总经理

创业是一场修行，是对思想、见解、言语、行为、智慧的一种历练，要有坚定的信念、良好的心态、清醒的大脑、好学的精神，修炼到家，必成正果！

推荐序

2005年，上海市政府探索性地设立了上海市大学生科技创业基金，彼时鲜有专注于扶持青年大学生创业的公益基金，因为上海市大学生科技创业基金支持初创小微企业、让利于创业者、弘扬创新精神、宽容失败的公益宗旨，又如播撒创业种子，如天使般不计回报，被称为"种子基金""天使基金"。

一年后的2006年，上海市大学生科技创业基金会正式成立，"天使基金"扶持的大学生创业企业如同雨后春笋般发展成长起来。创业基金会如初创企业一般励精图治，逐步探索出"创业倡导—创业教育—创业资助"为主线的公益职能，以"天使基金"资助企业为核心，通过"雏鹰计划"和"雄鹰计划"，为有志于创业的青年"铺路架桥"，将青年大学生自主创新的"潜在势能"转化为脚踏实地的"动能"。

"天使基金"设立至今，资助创业企业已近3000家，资助金额突破6

亿元，其中不乏登陆科创板、资产规模上亿元的业中翘楚，亦不鲜见创业失利、折戟沉沙后团队各奔东西的企业，创业环境的变化固然不可避免，唯有始终不变的是创业基金会和"天使基金"对创业者的执着支持与鼓励，以不急功近利之心去坚持推动青年创新创业这项功在当代、利在千秋的事业蓬勃发展。

2015年，在"天使基金"设立后的第十年，创业基金会尝试聚焦于创业者认知、压力、心理、性格特质等自身"人"的因素，开展测评工作，将心智模型理论和创业项目实践有机结合，在对创业项目商业模式可行性评价的基础上提供另一维度的判断参考依据，通过日后跟踪服务创业企业在资助期内的发展状况，帮助我们更加全面地解析成功或失败。此项探索性的工作得到了多位高校及专业领域专家学者的参与和支持。

就初创企业经营实践本身而言，是一个从无到有，从弱到强，从旧到新的过程，创新是它的灵魂，实践是其自身，随机应变是其生存之道，合作互利是其壮大之途。创业的过程对青年大学生是一种磨练，如果能从这种磨练中获得积极的感悟，那将是自己的精神财富，使自己变得更坚强、更成熟，无论是成功的经验还是失败的教训都将转化为全社会的无形财富。

《我们的创业》是创业基金会创业系列丛书中的源于实践之作，本书自启动编撰至印刷历时两年多，是创业基金会收集创业企业真实案例，邀请行业领域专家点评，自主编写出版的书籍。本书凝聚着创业者、高校学者、投资人、社会行业领域专家的真知灼见，言语朴实亦深含着对创业者的希冀与包容，置身于"大众创业、万众创新"新时代的青年人阅读后会对创业实践的内涵有更加深入的理解和领悟。

这本《我们的创业》既是我们的，也是属于你们的，更属于每位创业者，期待本书能带给广大青年创业者启发和灵感，为实现创业梦想注入一份激情，为收获美好未来增添一份动力！

青年人的希望就是国家和民族的希望，愿"天使基金"成为青年人创业路上的伙伴和挚友，让更多青年人的创业梦想从这里起航！

上海市大学生科技创业基金会

二〇二〇年八月

编者序一
少有人走的路

创业这条路，是少有人走的路。

大多数人选择的道路，应当都像那首歌词：喜欢"稳稳的幸福""能用双手去碰触"，希望"从平淡日子感受快乐"，过一种确定而安全，质朴又幸福的生活。毕竟，平平淡淡才是真。

毫无疑问，我就是这大多数人中的一个。从认真读书、拿博士学位，再到成为大学教师，一切都那么顺理成章，顺风顺水。如果不是因为被邀请加入上海市大学生科技创业教育团队，继而与上海市大学生科技创业基金会合作进行创业者调研，我便不会如此近距离地观察创业者，聆听他们的故事，也就不会有如此巨大的心灵震撼了。

创业者绝不是这多数人中的一员。他们走在另一条风景线上，体味着不同的人生。在我看来，创业者似乎就是喜欢和自己、和生活过不去，就是喜欢拣选那条更困难的、更崎岖的、少有人走的路。

　　稳稳的幸福，对他们而言，似乎有着常人理解不了的乏味与枯燥，甚至是消磨着他们的人生；心灵深处的那份躁动不安，总是驱使着他们去思考点什么、做些什么；一旦心中有了念头，他们便会向前推动、执行，什么样的困难袭来，都挡不住他们披荆斩棘继续向前；当生命中的低谷来临，他们会在黑暗中一点点舔舐伤口，但绝不自弃，他们会疗伤、深思，重新积蓄力量，只为时机到来后的一击……

　　四年来，我见识过不同行业、不同性别、性格迥异的创业者，也聆听了不同时空、不同背景下的生命故事，这些鲜活的案例如同各色画卷，在我面前徐徐展开，展示出不同的生命力量。

　　我们在这几年里进行过不同的尝试，也联合不同的学者撰写了不同的调研报告：为这些故事分类、编码，将它们变成数据，进行统计分析，试图揭示他们从失败中成长的规律，描绘他们的情绪发展曲线，以及为他们构筑心智模型……

　　然而，这些学术化的理性分析、数据解释方式，在增加了科学性、规范性的同时，却似乎无情地抹去了一些无法名状的东西——那些有温度、有偏差、有情感的东西，那些在面对面访谈时所感受到的精彩、时不时的感动，以及脑海中时常闪现的问号和火花……

　　因此，我们决定将这些个性化的故事一一呈现出来，与我们过去的调研报告一起，情感与理性、个性化与科学性并存，共同展示这些创业者活灵活现的人生。

　　希望每一个创业者，都能从这些故事中窥见自己生活的某个片段，明白在这样一条少有人走的路上，也有一批同路人。

聂 晶

二〇一〇年四月

编者序二
原味的醇厚

他们说：

我生命中没有后悔，现在的一切都是源于曾经自己的选择；

只和比我强的人做朋友；

知万事，方能成一事；

学会接受自己的卑微；

懂得放弃的坚持才是坚持；

创业必须有家庭支持；

创业者必须不停地学习，一家公司的发展最大瓶颈就是自己；

千万别和自己最好的兄弟一起创业；

……

上海市大学生科技创业基金会出于自身定位，资助的多是起步阶段企业，甚至其中不乏从想法和一份计划书开始，在此阶段，无论你拥有多少管理理论和职场经验，最终都将被颠覆，颠覆的还有自我认知。2015年开始我们启动创业者案例研究项目，从2006年基金会资助过的企业开始一个个接触，当时目的仅仅是为了研究创业者需求，以便建立完善基金会的资助后服务，记得意气风发的马晓峰、周照两位老师将他们在欧洲的研究成果——创新企业发展阶段理论作为我们研究之初的学术依据，尝试挖掘中国创业企业发展过程中的共性特征和模式，然而之后我们却发现，对于从0到1的种子期创业企业而言，个性和差异性才是永恒，如同创业者本身一样固着其千变万化的个性特征、气运机遇、团队缘分、弯路试错等这些不确定性，让早期企业充满谜一样的色彩。

也因此，随着之后聂晶老师、帅萍老师、王国强老师的参与加入，我们把研究聚焦在"人"上而非企业本身。随着一个一个创业人生的展开，我们渐渐发现创业者发展的共性和规律，以尝试解答：

什么样的人会创业？

什么样的人能创业？

什么样的人创成什么样的业？

过去的这些年里我们感受过创业者的蓬勃发展的激动，也体会过意志消沉的泪水，罕有创业项目由始不变并发展成功的。试错与成长并存，挫折和收获同在，激情与煎熬相随，我自己的积累也在飞速成长着。于是，我从2017年开始策划如何分享才能让更多的人体会到个中精彩，并在基金会的授权下开始编撰此书。普通的案例撰写方式并不适合那些毫无创业经历的读者感同身受。一开始我想到的是编写成微小说，然而半年后的所有稿件被否定，似乎华丽的辞藻和刻意描写的惊心动魄让人觉得虚空且浮夸，之后我们转换成访谈实录重新撰写了一遍，但又因过于雷同的结构和阅读感受而全部放弃，最终决定是原汁原味的真实呈现才足以耐人寻味，加上访谈者与我们的阅读备注，可以使得阅读不停地转换视角来丰满体验。

可能与大家眼中的创业华丽不同，本书的内容汇总创业者自己撰写的真实经历和自述，收纳的故事涉及各个领域却无一独角兽（希望未来会有），也希望读者能与我们一起感受到欢喜忧悲。本书也献给所有基金会同事们以及同行们，创业不仅仅在乎他们的成败，还有更多那些促使我们探寻自我、成就自我的跌宕。

感谢本书主编聂晶老师，感谢一直陪伴支持研究工作的马晓峰、周照、帅萍三位专家，感谢这些年来参与过此项目的咨询师们。

戚永康

二〇二〇年五月

我们的创业

目 录

目 录

我们的 创业

我
们
的

第一部分 我们的创业

拼命攒房的Ta
和爱最深的三个女人

2017年，拖了很久的结婚证终于领了，在此之前也终于完成了自己的一个小心愿，在结婚前给太太买了2套房，可以对之后的宝宝，和自己人生三分之一的理想，暂时有了一个交代。

做一个好爸爸，做一个好丈夫——12岁开始，我给自己定下了三个目标，这是其中之一。

7岁时父亲和母亲分开，孑然一身的母亲带着我拦了辆出租车就出了家门。不记得搬过几次家，也不记得母亲换了多少份工作，可以说直至现在，每年清明节去看望母亲的墓

有多少人12岁时给自己定人生目标的？而且还是如此不像个孩子的思维方式，一个家、一个好爸爸，被小小地震撼到了。

面对生死，我们无言以对，如果只有这样才能成就不屈和倔强，那我希望从未发生，12岁的大柴何苦<u>如此早熟</u>。⁈

个人的成长，并非是渐进式的，一些重大生活事件的发生（如父母离异、亲人亡故等），会突然间激发、调动个体的潜在心理资源，来应对当下遭遇的问题。而每个个体应对事件的能力是不同的，它受到性格、个人经历、社会支持系统等的影响。有的个体会在这种情况下<u>突然成熟</u>，所有的认知、意志力、情绪控制等机制开始积极协调运转；有的个体则会因为心理能量不足，或者受到的支持不够而出现情绪问题，甚至性格缺陷。

碑，都会在母亲的照片中看到一半是笑容，[一半是面对艰辛的不屈。]

12岁那年，因为一个琼瑶剧情式的意外，连续一周独自在家的我，突然得知了母亲去世的消息，那一刻，<u>让一个原本普通的小男生，开始正视生活问题</u>。也直到那一刻，才开始慢慢理解从小母亲挂在嘴边的那句话：没有妈妈是不爱自己小孩的，所有的严厉，都是为了你好。还有母亲带给我的那句座右铭：将心比心做人。

自那以后，就是奶奶在照料我，直至高中，她得了中风。因为父母离异的关系，我经常往同学家跑，甚至回来后也时常觉得和奶奶住一起，总归是寄人篱下，很想尽快自己独立。然而高考的时候，偶然一天回来，发现奶奶坐在了地板上，我赶紧将她扶到床上，问她要不要去医院，她说，"没事的，让我睡一会就好了"。当时，一种难以言说的惊慌瞬间笼罩了我，问了左右的邻居，马上叫了救护车，亲戚也来了。结果就是那天，奶奶因为一个人在家里坐着剪指甲意外摔倒后得了中风，从此家里多了一位轮流照顾奶奶的亲戚。进了大学，奶奶也被接到了亲戚家，直至毕业后的一天，和从小印象中矮矮的、有些严肃的、一头黑发的奶奶再见时，已是对着相框，我才真正意识到，我失去慈爱的奶奶了。

后来到了大学，我邂逅了我生命中第三个重要的女人——我的太太。

我太太经常和我说："你唯一剩下的优点，就是对我好了。"对我而言，这句也许并不是夸奖我的话，却是世界上最贴心的认可。

2007年大学开学的军训中，偶然的因为一个非常小的细节——在学校操场装修时，主动为要进入场地的队伍抬了一下护栏绳，直到全部队伍走完——给一位美丽的女孩心头留下了一个不错的印象：这是个很会替人着想的男生。自此，让我和生命中最重要的人——我的太太开始慢慢朝着一个方向靠拢。

2007年，一言不合，我把她的包当众扔在地上掉头就走。

2008年，和学校老师去北京做汇报的一个礼拜前，觉得可能女孩会嫌弃我，干脆就关掉了手机，回来之后，我们在学校小池塘边聊了一夜。

2009年，女孩马上要毕业了，我很努力地不想让女孩吃苦。记的非常清楚，有一天晚上，我身上只有六块钱，在学校东门外和女孩一起吃了碗鸡丝炒河粉。虽然很落魄，但是那一刻，我觉得坐我对面和我一起吃米粉的这个女孩，就是我的那一半。

2010年，女孩找到了一份不错的工作，工资四千元提早转正，而作为学生会主席的我，却领着一天22元的实习工资，熬了六个月。每天晚上6点，我会先从公司出发，去接女孩回家，等到8点多，再重新回到公司，开始和资深的同事，一起做些案子来争取多一些学习的机会。

2011年，女孩在家附近的连锁店做活动，我亲手煮了面给她送了过去。

2012年，依然是女孩爸妈不知道的地下情，但是结婚开

从作者的经历中不难看出，母亲、奶奶、太太三个女人之间是有情感联系的。首先，他对母亲的爱与尊敬，没来得及展开，就永远地失去了，这在内心是一种缺憾、遗失；

其次，奶奶的遭遇也如出一辙，作为抚养自己的至亲，在大学时代就离开了自己，奶奶留下的慈爱、宽容、照料，都成了无法回报的回忆。这种对于女性的特殊情感，以及想要回报、关爱她们的愿望，都深深地刻在了潜意识深处。

而作者太太的出现，则让一切成为可能。作者不遗余力地照料、关爱、保护太太，其实也是在照料和关爱自己的母亲与奶奶。内心所有的渴望，都成为现实。

始渐渐成了女孩哭泣的原因。

2013年，我从毕业后就职了3年、业内可以排到前三的企业离开，无关其他，只是知道，为了和这个女孩在一起，自己真的需要更努力。

2014年，最痛苦的一年，女孩有了个相亲对象，但我还是相信，通过努力，自己一定是能对她最好的那个人。上午我们见了一面，中午女孩就走了，要去见现在的男朋友，我一个大男生坐着公交车上含泪听着《痴心绝对》。

2015年，我终于完成了人生的一个阶段性进步，有了几套房和一些财富的积累，虽然还是有很多艰难，一下子感觉自己老了好多，但是，终于可以名正言顺和女孩一起见了她的爸爸妈妈。

2016年，我们一起回了一次学校，今年回学校，特意找了女孩几乎所有的班级同学，借着和女孩一起拍青春纪念册的机会，偷偷召集了所有的小伙伴来到了现场，顺利求婚。那一刻，无法抑制住眼泪和女孩终于牵手，十年爱情迎来了结果，我们共同许下一生的誓约。

2017年，各自胖了20斤的小两口，和爸爸妈妈一起去了一次普陀山，共同期待着一个更美好的未来。

2018年3月22日，一个名叫"恭慈"的小宝宝出生了，寓意为"温良恭俭，母慈子孝"。

是母亲启发了我一生的做人道理，是奶奶抚养我长大成人，是太太改变了我的一生，此生难忘。

关键词：学生会主席、6块钱的炒河粉、22块钱的实习工资、地下情、有了几套房、顺利求婚！

表面上看到的是创业，但都是创生活。一个坚定、不放弃、拼搏的男孩！生活的一切磨炼都只是为了让你更锋利。

那一天，两条命

很多的投资人，很多的政府领导，很多从我大学就在身边的人，都会有一个共同的疑问："为什么要做养老？"

2015年，我刚结束了一段电商事业的创业经历。在太太的支持下，我开始一边就读MBA，一边思考这些年来自己的收获，和未来何去何从。

我们的CFO，是大学时曾经带我创业的学长，也是我一直以来非常欣赏的、很有才华的一位创业者兼外企财务高管。毕业几年来几乎每年我都会找他一次，可能大学时就只是和他谈到过，将来自己有个想做养老事业的想法，一年又一年，他终于被我的诚意打动，愿意就目前的项目支持一把。我们的客户服务负责人，一位五百强药企的优秀人才，原本是太太闺蜜同学的男友，结果太太闺蜜和他感情上分了。但年轻人相处时对为人和能力的互相认可，让我们两个汉子事业上成了好伙伴。一位康复顾问，近二十年的同学兼挚友，我来了，他也来了。一个从来以游戏为主要爱好的网友，为了圆我的一个理念，凌晨12点我载着他驱车回他上千万元的家，只是因为我们平台有一位浦东的奶奶付了一个月三百元的上门康复费用。还有位最好的文案和党建负责人，同样是大学的同学。这一年，大家有幸能走到了一起。

一路成长走来，那种强烈的不想让周围人失望的责任感，让我几乎每一次都会因为背后的期待而全力以赴。

大学时，我曾经有一次和一家外语机构合作，开学时，

创业团队，很少有人关心创业者如何建立自己团队的，从大柴融合这样的一群人，去为一个共同的目标奋斗来看，组织协调能力可见一斑。

不凡的成长环境，成就了这种执念和坚定！

机构需要学生会安排在食堂门口进行单页的派发，当天原本叫了二十个部员，活动时间到了，却只来了六位女生，而合作机构的负责人已经带着近两千份单页到了现场。既然答应了，就不能退缩，我让小伙伴继续叫人，自己带着五百份单页直接在食堂门口准点开始了派发。渐渐地部员到了，也都参与了进来。因为我们的做事风格很符合合作方负责人的期待，那家机构也成了直到我们大学毕业都在合作的对象。

在原本的公关公司工作时，集团做战略转型，需要一位年轻人能去尝试做一个从来没做过的电商业务。这既是机遇，做好了可能帮助集团进行一个新的业务转型，也是挑战，在完全没有经验也没有专业领导带领的情况下，非常容易出现错误和额外工作要做。事业部让大家自愿报名，然而最终没人报名，领导便问了我要不要试一下。既然被予以期待，我干脆一不做二不休，想着不做好也对不起自己，就一边白天挨着骂做项目，一边每天晚上9点开始自己看网课，一个月看完了所有淘宝大学的课程，双休日也都基本泡在了公司，直至项目完成。这也成为后来自己开电商公司的积累。

在刚做养老行业的前两年，其实先做的是不同于现在的另一个业务模式，很可惜没有成功，但是小伙伴们一起在坚持着，直到2017年，我们开始正式切入了为老助餐服务的商业模式。之前两年多，全心全意不计较得失地为老服务的激情，是现今看来整个团队最可贵的收获，也为后来各项业务积累了种子用户。同时，将心比心地为老人的需求而服务，

有投资人说，看早期创业者是否具备创业能力，很重要的一点是，其是否 目标导向 并兼具执行力。

也成为团队价值观的重要组成部分。内心深处，我们也坚信，这将是我们最宝贵的价值观，而对这个价值观的挑战与验收，真的让团队和我得到了深刻的体会。

2017年8月的一天，团队中的一位实习生给老人做回访，回来后给我们分享了她的回访结果：有一位七十多岁的奶奶，腿肿得像萝卜一样，说已经一个多礼拜了，但是一直没去医院，今天她去家里做访谈，聊天时老人就提出了希望我们能带她去医院看病这个不情之请，小姑娘也非常热情地答应了奶奶。然后我们陪这位奶奶一起看了十七天的病，中间有一天两位社工去老人家里时发现老人已经有点失禁，在医院的诊断下，被要求家属在医院签字，不然可能会有生命危险，而这位奶奶的家庭情况又非常的特殊：她的家里有个患有精神疾病但未正式在医院挂号的女儿，因而不包含在政府孤老等政策的涵盖范围内。同时，我们找了周围多家陪诊机构，也因为收费太高或者需要有正常家属签字，所以无法有合适的解决方案。如此种种，一度让我们在老人家这件事上产生了内部的争论：我们陪她去看病是否有必要？我们陪老人去后是否会有风险？如果老人路途当中出现了一些意外怎么办？如果老人在医院出现意外怎么办？如果老人患有精神疾病的女儿在家出了事该怎么办？问了法务，问了保险公司，问了社区居委和街道，问了内部所有的股东，包括老人的邻居等等，最后一锤定音的原因，正是我们的初心——做一个帮助到老人，也是帮助到将来我们的事业，为了所有人晚年更美好的生活。可以说，也正是靠着这种不忘初心的坚

显然，作者与奶奶、母亲之间的感情经历，也是支撑他进军养老领域创业的深层原因。在人的内心深处，未完成的情感具有最深刻的驱动作用。少年时代的情感缺失，往往会耗费一生的力气去弥补。幸运的是，作者过去的情感缺失，在成年后成为积极、正向、回报社会的驱动力。从心理学上讲，这既是一种补偿，也是一种升华。照顾更多的老人，补偿了他无法回应母亲与奶奶的缺憾；也升华为一种更加高级的情感，弥补着社会中的情感鸿沟。这是最积极的心理防御机制，值得我们敬佩与学习。

持，所有小伙伴，从平均35岁的几位创始人到平均25岁的团队成员们，日日夜夜陪伴在老人身边，而这股精神也陪伴着我们。老人最终被确诊为糖尿病而引起的包括腿部感染、视力衰退等一系列问题，如处置不当会需要截肢或引发并发症，后果严重时会有生命危险。所幸的是，最终老人健康出院，我们小伙伴们的心也更齐了。

与此同时，第一天因为怕出问题，是我先在中午带老人去的医院。晚上十点多，在陪老人吊完水送她回家的路上，我接到了太太的电话，历经十年的爱情路，我们也终于要迎来这个家的新成员——我们的宝宝。同一天，两个生命，我对自己说道："相信一切都是最好的安排，感谢所有！"

创业永远不仅于创造企业，太多情感投入其中，这份业创得很重，前路坎坷，我相信你不会退缩。

人生只为一事来

三年前，每天早上从家里出发，路过小区门口全家买早饭，总能在靠近玻璃墙边的座椅上看见一位奶奶，手上拿着一个老式的类似包袱的袋子，里面有水壶，也有饼干，一个人坐在全家里。那段住在那个小区的日子里，基本上每天都能见到她。晚上回来，她依然在，看着窗外，看着周围的我们。

每个月，我们都会对服务的每一位老人进行一次上门回访，有时是志愿者，有时是运营中心的小伙伴，同时，为了留做纪念，会要求回访者和老人合影。有位在我们刚开始做助老就参与的实习生G君，上个月离职了，走之前的晚上，大家一起为他举办了送行宴。G君是个东北小伙，平时总是大家的开心果，那天晚上却有些感伤，不只是因为暂时离开，也因为不舍。有位这个月他亲自回访过的老人，在三天前去世了，小伙子不由得有些哽咽。

最爱的人，是在内心最孤单的时候想到的那个人，可能是一首歌触发心头莫名的一种难受，可能是一部电影某个情节勾起的抑制不住的眼泪，可能是一些最为幸福的时刻，莫名会想到的一些遗憾。团队里有个女生，和我有一次谈话时说道："也许，将来我会无法继续待在这儿，如果也让我遇到老人的逝去，我会无法面对。"无论是奶奶、母亲、太太；无论是老人、小伙伴、挚友；无论是现在对于创业路上的各种困难，对于周遭遇到过的那些焦虑和难过，这是一个对人生的选择，所做的一切来自心底的遗憾，来自对于未来的责任，来自对人生更深的期待。人生只为一事来，我希望，那会是让我、让更多的人不再有遗憾的信念。

企业简介

上海合勇信息科技有限公司致力于让退休后人群饮食更健康、更方便、更美好，2015年起为上海7个区近3000位老人提供全年无休的专业社区及到家餐饮服务。

这是一个非常感人的案例，它为我们描绘了一个人心灵的成长。如何从重大丧失中恢复，又如何积攒起内心能量，成长为积极健康的人？可能很多人会因为一些事件而颓废、消沉，也可能会抱怨这个社会，但作者显然作出了相反的选择。作者内心具有非常积极的正能量，所有的困难与挫折，都推动他去追求更美好的自我。

大柴养老业务从非标特种餐饮、老年大学、社区服务，甚至偶尔还遍不得已可能触及企业巨大风险的陪诊，这条路不好走。但我相信，要大柴的心还如此坚如磐石，家庭还如此幸福，那么他一定能办成这不一样的养老机构。

我们都是这个世上
短暂存在的临时演员

这标题？ 我想看看
演得如何，给谁看？

去年有个名词特别火，叫作"自杀式养生"，比如：喝啤酒加枸杞、涂着精致的面膜熬着夜，一边暴饮暴食，一边还不忘吃消食片。人到底能欺骗自己到什么地步呢？假装自己每天都在好好读书，假装自己是个有为青年热爱工作，明明前途迷茫没有方向却一直坚信自己属于大器晚成。回首过往岁月，确实，我被"做最好"迷惑过，以至于错过了太多的"好"。假装自己很努力，从而感动自己和他人。最后只好用"运气不好"来安慰自己或被他人安慰。习惯努力表现自己"很特别"而被爱，可真正爱你的人，与你特不特别根本毫无关系，还是坦然一点吧。你会因为普通而被爱的。而你因为普通而得到的爱，才是真爱。

创业能帮助人看透红尘，体悟人生？！

创业起点——我会在每个日出日落、一事无成地去爱你，创业就是我半夜知道不该却还是下单的外卖，2012年开始了自己第一个创业项目——石头记餐饮。

雪落银沙，静卧春秋，百战狂潮。历暴风西去，烟尘渺渺乱流东进，水浪滔滔。天地星辰，乾坤日月，踏破神州万里遥。追往日，叹夕阳古道，远尽天高。

终得咸淡逍遥，却道是凌云志未消。聚黎民百姓，吴歌楚调，皇侯将相，佩剑藏刀。无字丰碑，石头记意，识尽古今论贵娇。何需赞，随红尘万丈，笑看今朝。（《吴诗自通100》，作者自编）

人生从自己的哭声开始，在别人的泪水里结束。中间的时光，这就叫作生活。石头记是个很普通的"孩子"，普通到它未必可以称为"项目"。直到多年后，才听明白被誉为"中国投资人教父"阎焱所说的"生意"和"项目"的区别。有些市场份额和你所做的事情毫无关系；你再努力也不会比其他人优秀；"大市场小生意"；成本高，利润低，如果要规模化生产，必然会牺牲菜品；"运气不好"，是的，每天如此繁忙，买菜、算账、精细化管理；试新菜、核算单价、同周边饭店PK，无所不用其极地吸引人流；合伙人闹翻，员工要求加薪，走过一路坎坷，最后竟是白忙一场，一定是因为自己运气不好才会亏钱。假装很努力其实比不努力还要可怕。生没得挑，生不需选，生死之间皆是选择。

有体验过或做过餐饮项目的都应该清楚其中的艰辛，细枝末节琐事之多，难以想象。

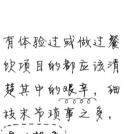

每个创业者都有着自己独特的个性，作者是个非常超脱的人，喜欢思考人生、揣摩人性。这个特征，决定她具有较强的自我反思力，以及遭遇困难后的抽离能力。有距离地思考，既可以保持理智，又能够屏蔽消极情绪的干扰。

女性与男性相比，有时会表现出更强的柔韧性。看起来并不刚毅，却可以更持久、婉转、灵活。遇到困难似乎被打倒了，但是会颤颤巍巍地站起来继续，如此往复，却可以坚持很久。

文采真好，期间社会活动带来的转变，也一定对未来创业道路带来莫大影响，每个创业者都在不停自我辩论中找到自己的定位，纷繁的过程，或许精彩下一集。

泰戈尔说过：不要着急，最好的东西总是在不经意的时候出现。那么我们要做的就是怀揣希望去努力，静待美好的出现。清晨我们为雄狮亲吻麋鹿的故事感动，为生活攒几两花香放在心中柔软的地方，学会热爱，学会歌唱。

发现别样的世界——首次创业，失败告终。闲来无事，给各大投资机构、政府部门主持创业活动，那一年我是所有人的陌生人。没想到一个性格内向、不善言辞的人，也能主持不下上百场的创业论坛。说到底我也并不那么惧怕生活的变化和随之而来的未知。没有固定收入，会不会支付不起儿子的学费？因为创业失败而背负起的巨额债务。我对自己的改变欣喜若狂，同时，也对于其他人所做的事情心存好奇。越过山丘，才发现选择比努力更重要。

在什么时候，突然发现了自己身上的使命感？是那次给中职学生创新创业大赛做评委的时候吗？还是在给众多企业义务帮忙对接高校获取实习生的时候？每年学生们的职业体验日是必定要去的；一有空就会去给学生们分享自己的故事……慢慢走这条路，发现机会，整理资源，市场尽调，吸取教训。突然发现，如果方向对了地去做一件事，全世界都会站在你身边。

世界因你不同——"内心强大"是写给年轻人的伪格言。心的问题，说到底是人能够在多大程度上承担伤害的问题。"趣就业"孕育而生，我们希望帮助职业院校的学生精准就业。中国是传统的制造业大国，这个称号是前人用手工一点一点打造出来的。如今工业4.0浪潮来袭，传统行业寻求转型升级，智能化速度加快。过去只会做一些没有技术含量的机械动作的职业工人显然满足不了工厂的需求。中国一些诸如东莞、深圳的城市职业技工缺口高达30%。

目前，许多省市已经认识到了高级技工稀缺对制造业等的制约作用，并不断出台新政策，比如对高级技工施行年薪制、高级技工享受政府津贴等等。同时，从近几年的就业形势看，高职学校毕业生的毕业分配在竞争激烈的就业市场上已经呈现出优势。就在高级技工广东告急、全国告急之时，日本高级技工正通过有关民间组织与中国联系，有意来华"再就业"。上海市已经通过人力资源公司的运作以70万元的高价引入日本技工。这一事实已明白地传递出一个信息：随着全球性产业大转移的进程加快，如果国内技工的素质、技能达不到要求，最后将导致两种结果：一是失去"世界工厂"的地位，二是大批"洋技工"来抢饭碗。

辛酸学子几多愁，

万马千军简历投。

试问青云何处有？

一朝识趣乐无忧。（《吴诗自通399》）

内心强大的人，是那些过着平凡生活的普通人；"趣就业"目前还是一个很小的"孩子"，希望得到更多人的关心。一路以来，也得到了很多人的帮助，比如取名，古人云："赐子千金，不如教子一艺；教子一艺，不如赐子好名。"命名是艰难而耗时的大事，要一语中的，只闻其名，就已明白了其中寓意力量。合规合法化地拿到牌照才展开业

作者颇具老庄之风，对于事物的本来面目首先会选择接受，然后再去改变。这样的价值取向、行为风格，决定她会比较淡定地面对生活中的变化与困难。

务，我们先从传统人力资源公司业务开始，逐步走向创新。现在我们已经把职业教育结合人工智能——AI自适应。走过坎坷，从不把失望当回事，不拿出去示弱或炫耀的人，是能在世上独自长久地活下来的人——活下来是唯一的胜利。

生命不息，希望不止。

百度搜索，女人最可怕的三件事，答案：缺钱、变老、没人找。而我最怕的三件事，就是：混吃、等死、靠人养。忙到最累的时候，在公司睡上一觉，不在意有没有人看到自己，有没有流口水。虽然已经过了35岁，不再是一个天真的年纪，但不天真的女人，有不天真的乐趣。世界换了方向，另一头，依旧充满乐趣。享受人生，不需要成为别人嘴里的那个人。只愿自己在摩肩接踵的人群里，不会因为平凡而感到心慌，心里有底气，这个世界上不会再有第二个吴佩了。

初心从不改，创业敢为先。

昨夜流年老，今朝岁月迁。

几何君子叹，多少女儿怜。

若是英雄懒，凭谁破九天。 （《吴诗自通497》）

看到人生观的影子，创业如果依本心而为，会更持久、更快乐！

关于家庭

十三年前，我做了妈妈，看着儿子Jack一天天长大，就是在看着他一步步离开自己。人天生向往自由，从他自己嘘嘘并拒绝围观开始，他就开始追着远方星星点点的自由努力前进，一直到可以跟父母说不用你管那一刻，自由变得可以触摸。断奶的那天晚上，Jack委屈地哭着哭着就睡着了，我却一口气哭到天亮，断奶仿佛是切断了最后一线母子间身体的联系。从那以后，Jack就加速度地向他的人生和自由奔去，从他第一次开口讲话，挣脱我的手蹒跚着走出第一步，第一次看见小动物，第一次游泳，第一次上学，第一次写情书，第一次给抽屉上锁。然后，和你一样爱上了一个人。心动、心伤、心花怒放、心力交瘁，貌似自由的大联欢，实则是作茧自缚的开始。爱情结晶一旦来了，就正式开始坐牢，领略了爱与被爱的精妙，坐牢也坐得人春风化雨、慈眉善目。偶尔想起自由，我低头看Jack亮晶晶的眼神，觉得什么都是俗物。我们觉得自己是孩子的救世主，就要给予和付出，我们在他依恋的眼神里得到所有回报并陶醉其中。忽然有一天他厉声断喝：不用你管！你中箭倒入血泊。也许，这个时候，自由才大梦初醒般又回到你的心里。

也许，爱与自由，不可兼得。

我们这一生，有的是让你无端发笑的人，有的是让你迷乱荡漾的人，有的是让你失声痛哭的人。可是，我们这一生，只有一个妈妈。你爱过很多很多人，他们都是天上的星星，而妈妈，却是天上的月亮，是独一无二的月亮。

庄子说过：最旺盛的生命其实是一种对死的最急切的期待，更好的生其实是为了更好的死。而我说：妈妈看儿子长大，就是一场笑中带泪的分离。

女人有着比男人更强烈的（情绪感受）对事物、人物的见解和反思也更加深刻。有时也会将完全不同的风格集于一身：爱的时候倾情投入、彻底奉献，被推开后又会无比坚强独立地生存。

这里没有商业逻辑，有的是一个女性创业者和一个妈妈的合体思想，创业收获的是一个公司，一个赚钱的公司？还是一个自己喜欢的自我？

企业简介

趣就业目前是华东地区以实习、就业为主的平台，拥有着上海百名企业提供给学生优先实习及就业机会。现已和多所高等院校取得合作，也是中国台湾地区学生来大陆实习的唯一指定劳务派遣公司，获得了由台青联首块颁发的"上海市最佳实习基地"奖。每年拥有近5万名学生。专门面向企业方，推荐以三校生、高职生、本科生、博士生等为主的实习、就业、创业平台。我们始终以社会企业需求为导向，注重给学生提供最满意的网上求职实习服务体验，帮助学生找到求职过程的乐趣，平时开设数十种公益培训课程，目前已服务企业有：阿里巴巴、百胜集团、东方航空及跨国公司超过30家以上。下一阶段我们已获得由国台办颁发、上海市唯一"两岸青年交流基地"，帮助创业者，积极参与由上海市团市委"创青春"创业大赛的协办中，丰富投资人，协调好创业者和投资人之间的投融资连带，引入台湾青年"千人计划"。

不再犹豫

以 Beyond的《不再犹豫》
歌词开头：

无聊望见了犹豫

达到理想不太易

即使有信心

斗志却抑止

谁人定我去或留

定我心中的宇宙

只想靠两手向理想挥手

问句天几高心中志比天更高

自信打不死的心态活到老

Wo oh我有我心底故事

亲手写上每段

得失乐与悲与梦儿

Wo oh纵有创伤不退避

梦想有日达成

找到心底梦想的世界

终 可见

> 这么多感慨，情绪强烈，看他自己怎么写这段创业梦想之路的。

创业，是选择理想，还是坚持现实。

尽管，理想丰满，现实骨感。

创业的理想，就是发扬中医药文化，利用现代技术，获取传统中草药的有效成分，应用于日化产品，造福女性同胞。

现实却是部分国人对中医药的不理解。网络大V罗胖的《你怎么还信中医》，彻底否定了传统中医药文化。术业有专攻，外行指导内行的事情在国内为数不少。鲁迅先生对中医也有所批判。太多的所谓精英，有的只是盲从，并没有自己的辨别，更没有解决问题的思路，只是在跟风批判，分不清糟粕，也看不到精华。即使 屠呦呦 是国内第一个获得诺贝尔医学奖的本土科学家，她也没有被评选上院士，她获颁国家最高科学技术奖也是在获得诺奖之后。

在国内，我们有很长的路要走，是挑战，更是机遇。

> 2015年10月5日，北京时间17时30分，诺贝尔奖委员会在斯德哥尔摩宣布将2015年诺贝尔生理学或医学奖授予中国女药学家屠呦呦。 青蒿素 等的发现，从根本上改变了寄生虫疾病的治疗。世界上每年有约2亿人感染疟疾，在全球疟疾的综合治疗中，青蒿素至少降低了20%的死亡率及30%的儿童死亡率，仅就非洲而言，每年就能挽救10万人的生命。

　　值得高兴的是，高层对科研的重视。习近平主席指出："科技强国要在标志性技术上下功夫。"何谓标志性技术？我的理解，要么代表中国特色（比如中医药文化），要么高精尖，在关键时候可以发挥作用（比如军事/医学领域），但是绝不是那些拼凑现有技术的应用（比如一些APP）。科技，就要创新，就要从无到有。

　　在中医药研究领域，太过于辛苦，需要静心沉淀。对于那些不管身后洪水滔天的投资机构，中医药研究是没有吸引力的。我们因为相信，所以带有感情色彩。没有机构的认同，科研会很辛苦。但是，我们也有了一寸静心之地，安心做学问，踏实做研究。练好基本功，才能有机会脱颖而出。

　　中国这么大，有识之士不在少数。

　　"2017年9月22日，中国第二大寿险公司——中国平安集团宣布，与日本津村株式会社达成战略合作协议。津村将向中国平安旗下中国平安人寿保险股份有限公司定向增发及出售库存股，合计767.59万股，交易总额为273.22亿日元（约合16亿元人民币）。"交易完成后，平安人寿将持有津村10%的股份，成为津村第一大股东。

　　双方还宣布，将在中国设立合资公司，共同提升中药研发与制药技术，构筑并完善中药从药材种植到最终产品的全产业链质量管理标准体系。

　　据了解，中国平安的此次投资，是中国企业对日本汉方药健康产业领域最大规模的一项投资。此次战略投资将把全球领先的汉方医学健康技术及创新产品引进到中国，为中国

民众提供更丰富的医药产品。

客观来讲，在中草药研究领域，我们必须承认日本学术界的整体严谨程度高于国内。我们企业虽小，我们也是严谨做事，也取得了一定的成果，得到权威实验室的检测认可。

有了一定的技术。市场呢？

前述过了一些网络大V对中医药的不信任。加上中医本身不像西医那样作用机理明确。所以，市场推广是艰难的。其实，中医也是哲学的一种，犹如人生。没有人知道自己明天会发生什么，5年后会发生什么。极少数人能够精确地沿着自己设定的人生线路前进。中医，讲究的是哲学思想，是统筹。西医，精准，但是常言的治标不治本。每个人的选择不同，没有优劣。只是，老祖宗留下的东西，我们没有理由妄自菲薄，全盘否定。

我们矢志于推广发展中医药文化和中草药运用。我们就会坚持。任何技术的积累，总有一天会厚积薄发。目前，国内市场还不被重视。国外，某些领域，中草药类产品的年化复合增长率远远超过化学类产品。一直以来，国外的很多理念2C（to China）是趋势。我们做好自己的技术积累，同时从无到有稳步开拓自己的市场，让更多的人知道我们在做什么，我们的梦想。能够2C，为什么不能2A（to abroad）？中医就是一个很好的突破口。

做技术的人，总是觉得技术在手，万事不愁。市场的事实却是：市场驱动为主。

国际500强快消企业，比如宝洁、联合利华等公司，都是

创业首先要相信自己做的是正确的事，这些看似大局环境的介绍或者说解释，都只是一个思维过程，那就是证明自己坚定的方向是正确且有意义的。相应的，也从侧面表明，这个创业者前期发展肯定面对诸多障碍。

市场驱动。而我们可以说是市场上唯一以研发驱动的快消品公司。因为我们相信技术改变生活。

相较于市场驱动公司，研发驱动公司更辛苦。因为技术投入需要资金和时间，却未必能短时间出成绩。但是，技术驱动的好处就是，一旦做出成果，就比较有成就感，而且成果的可重现性比较好（前提是踏实做事，不功利）。

市场还是技术？虽然行业不同，但是华为（技工贸）和联想（贸工技）已经给出了答案。

历史是否能够重现，我们并不确定。但是，作为理工男，我们相信技术才能根本改变生活，也就是现在流行的"消费升级"。拼多多提出的"消费降级"，存在即合理，但是却是倒退，和前述的"科技强国"背道而驰，当然其背后也有一些实力雄厚的机构。为什么不利用"消费升级"的档口，提升产品品质，增加产品供应，从而降低产品售价。避免我们的一些技术/材料被国外企业把控，这个就是我们的目标。慢一点，没关系。只要做好，做扎实。竹子生长很快，但是做栋梁的可能性微乎其微。越是生长慢的树，成材后越容易当栋梁。慢工出细活。欲速则不达。

技术需要远见，需要沉淀，需要坚持。我们做企业的，非常需要高层的支持。当然，不管高层的态度如何，发扬中医药文化是我们的选择。我们是企业的第一责任人，而高层重视与否仅关系到我们的外部环境。我们有排除万难的决心和信心，成功是迟早的，过程只是多了一些曲折而已。大多数的成功都需要坚持。这也吻合经济周期理论，也就是古语

创业是一件失败率极高、风险极大的事情，需要创业者有着坚定的信念、顽强的毅力才能完成。因此，创业者都有着非常深层次的价值驱动。"弘扬中医药文化"这个价值观，作者内心强烈认同，并对此有着坚定的使命感与责任感。正是这样的信念，才给了他们排除万难的决心和毅力。这绝不是创业者们自吹自擂，而是他们内心深入最强烈的需求。

"三十年河东，三十年河西"的现代讲法。

作为一家初创企业，我们离成功还很远。我们需要踏踏实实做好研究，真正做好自己的产品，做好技术储备。同时，积极寻求外部合作，无论从资金还是营销方面。众人拾柴火焰高。

道理一大堆，日子还需正常过。企业从成立至今，也是经历了不少风风雨雨。

首先，团队问题。

1. 我们都是科学家，都有研发背景。我们有理工男的通病。我们喜欢数据，喜欢挑战难度，直接结果就是导致了产品研发周期变长，很长一段时间内没有收入来源。庆幸的是，十多年的兄弟感情越发牢固。整个研发过程中，只有1个博士中途退出，主要原因是家里给的压力太大，另外，他的性格也不适合创业。当然，在离开之前，他已经把工作都对接好，并未给研发过程带来较大影响。

2. 我们缺乏营销人员。这在很大程度影响了公司成长。我们没有足够好的条件吸引大咖。我们只有赤诚的心。当然，目前我们的心不能当饭吃。

其次，产品开发问题。

1. 配方工艺开发。实验室结果不等于工厂结果。产学研问题在国内一直存在，主要症结也在于此。工厂是否有能力达到实验室实验的条件？工艺是否稳定？价格是否可控？如

可以看出，作者对自己团队的凝聚力是非常满意的。研发过程遇到的困难，却因为团队成员之间的融合而淡化，成为新的激励点。良好的团队氛围，能够非常快速地推动团队改进，增强团队绩效。这也提醒创业者，需要非常关注团队成员的构成，并适当地进行团队凝聚力建设，将良好的文化凝固成企业的动力。

何保护商业秘密？这些都是我们要考虑的问题。坦诚相待，多沟通。我们遇到了对的供应商。他们的产品通过了FDA认证。我们对供应商坦诚相告，我们准备做这么一件事，我们需要他们帮助，我们是小企业，我们的需求量不会很大，项目也可能半路夭折。所有这一切，都原原本本地告诉供应商，获得供应商的理解和支持。辛苦没有白费。我们得到了想要的，毕竟，我们做的也是一件有意义的事。供应商也希望我们做大。毕竟配方确定后，很难更改供应商。这是互利共赢的合作。

作者的团队选择了真诚的沟通方式与合作方交流，这可能有一定的短期风险，但却为长期合作奠定了基础。内心相信自己在做有意义的事，又能够与对方坦诚交流，这对于合作者而言非常有吸引力。

2.生产工艺开发。这一块，我们都没有经验。OEM工厂筛选，1个月跑了20多家工厂，不停学习、不停比较。我们用工厂A的知识去对标工厂B的知识，反复穿插，从外行到半内行。沟通的时候，还是以诚感人。我们向工厂说明我们的现实情况，也说明我们的计划，我们也考察工厂的理念是否和我们一致，是否能够给到我们支持。幸运的是，我们得到了工厂的大力支持。

再次说明了他们的理念：真诚。

3.产品检验。我们的产品需要经过三道检验。第一道是工厂出厂检验。第二道是权威的第三方检验机构检测。我们不仅检测国标要求的检测项，其他本无需检测的项目，我们也检测。我们相信自己的研发能力，我们也相信我们的合作伙伴。第三道检测是将产品寄给种子用户。权威机构得到的是数据，用户的体验才是最好的检测。用户的满意率超过85%。他们也给我们很多反馈，包括功效上的反馈，和他们需要的功效。鉴于我们目前能力所及，在能力范围内，我们都

企业文化与创始人的风格密切相关，创业者的个人风格会很容易演变为企业的文化，然后随着创业者对高级管理者的影响，在高层领导中形成榜样作用。然后，这种文化会逐渐辐射到基层，被其他员工习得并传承。

在改进。有些功效，需要临床验证。目前，我们还不能确认有效性，以及工艺的成熟。

再次，营销问题。

1. 团队缺少营销人员，推广相对比较缓慢。我们都是技术背景出身，写出来的产品介绍冷冰冰的，没有人愿意看（至少国际500强的市场部女生是不要看的，也看不懂我们写的内容），致使我们的市场推广比较糟糕。这是我们的短板，但是，我们又不肯轻易认输，因为我们都不太笨。

2. 初创企业，资金有限。好的点子，未必可以实施。我们曾经试图利用网络大V推广，但因巨额的费用，我们退缩了。一篇文章的报价是5万元起。我们做不起。

3. 以诚意换信任。不错的产品，死马当活马医的心态。几位从事广告业的用户为我们出谋划策，是我们宝贵的财富。

4. 我们也获取了几个较大的渠道，并且支撑起了公司销售。但是，个别渠道做大以后，也有打自己的小算盘。这些都在实际操作中遇到，并且解决。虽然企业小，品牌弱，但是产品品质上乘，获得了很多客户的好评。有渠道私下照着第一代产品的外观包装生产了一些包装准备模仿第一代产品。第一次听到这个消息，我们很吃惊。我们检讨自己，是因为我们对渠道太信任？还是我们给渠道的利润不够？我们就此事，直接和渠道进行沟通。我们提出的解决方案是，生产二代产品替换第一代产品/增加渠道的利润。如果渠道销售业绩好的话，我们

无品牌、无渠道、无技术信任度，这些对于以产品为核心的企业来说都意味着大量的市场投入或拓展压力，医药类这些需要功效证明和权威背书的也更是如此，创业前必须找到市场需求的切入点，或者最低也需要有个能跑市场的伙伴。

信任是一种博弈，给予对方信任时，也冒着被对方背叛的风险。最低级别的信任，需要契约来确认和约束，在创业过程中是需要特别注意的。中国文化倾向于将信任建立在了解之上、个人关系之上，而非契约之上。很多创业者在这方面都付出过代价。建议创业者对这个问题进行充分的思考，并产生良好的应对策略。

可以股权作为奖励。通过和渠道的多次沟通，渠道最终放弃了仿冒我们的产品。

最后，也是最重要的一点，资金。

截至目前，非常感谢EFG对于我们项目的资助，也是我们目前为止拿过的唯一外部资金。此前，我们都是靠自有资金在运营，我们一直没有其他项目的资源。其他人的项目，在还未开始启动就已获得了数千万元的资金支持。我们无法选择开始，但是我们可以选择坚持。我们的优势就是我们的信念。我们相信，只要坚持，总有拨云见日的那一天。同期类似创业的公司，很多已经倒闭了。有些已经投入了上千万元。我们知道自己的弱小，我们在夹缝中求生存，在夹缝中累积，期待日后的发展。

看多/听多别人成功的经验，也了解了别人失败的教训。轮到自己，发现很多事情并非如此。团队人员都是高智商，可是情商相对而言，还是弱的。我们习惯和数据打交道，意味着我们对于产品的执着。但是，我们现在更多的是和人打交道，情商更重要。这是一个成长的过程。从自己的认知，我们感觉自己已经揭下书生的标签，实际上，我们还是有着太浓的书生气。我们正在学着放低姿态。

人生就是一场历练。创业也是一种历练。自己的选择，自己坚持，水滴石穿，终归会发生点什么。

创业过程就是个体成长的过程：遭遇困难与失败、调整先前的行为模式、纳入新的认知因素等等。对于希望获得成长的个体来说，创业过程本身就是一种收获。

创业者大都具有成长性思维。他们不会将失败固化，而是倾向于将生命看成是动态的过程，将失败看作是学习的机会，成为更好自己的新机会。永远对新事物充满渴望，充满好奇，即便遇到挫折，也会充满欢喜地去反思，享受属于自己的成长。有些人可能天生具有成长性思维，但对于有的人来说，成长性思维是随着经验的积累，个体的学习、不断加强而塑造成的。

27

公司简介

　　上海悦汝科技有限公司成立于2015年，主要做中草药研发应用。目前，主打产品是草本卫生巾，白色念珠菌抑菌率达到99%。白色念珠菌是霉菌性阴道炎主要致病菌。公司目前主要还是在拓展渠道。后续技术储备已有2~3款产品，有治痛经的、保胎的。目前主要工作还是在拓展渠道和寻求新的生产供应商。

　　悦汝科技希望和外部合作，以双方共同认可的方式做事。悦汝科技深知自己的短板和自己的优势，希望多听听外部意见和建议。当然，更希望能和外部合作。用技术改变生活，用团队精神发扬传统中医药文化。

小钱老师创业史

8年前，我大一开始便勤工俭学当美术老师，发现自己很喜欢孩子。大学做美术私教的四年里慢慢摸索出了一套和孩子沟通的方法，通过有趣幽默的语言、生动的上课形态为孩子讲解艺术绘画课程，深受家长和孩子的喜爱。从一节课60元的课时费至四年后一节课3000元的课时费，为知名集团/公司董事长等众多社会精英的子女授课。接触各行各领域的高净值家长，他们的启发和鼓励帮我开阔了视野，并为日后的创业打下了一定的基础。

一个人的时间和精力是有限的，我居安思危考虑如何可

兼职家教是大学生非常常见的行为，但是，能够从兼职中挖掘机遇、获取客户资源，进而创建公司的，一定是寥寥无几。作者就是这样的创业者，说明她有着极强的机会识别能力，以及强大的人际沟通能力。

持续发展，于是用大学的积蓄入股了一家成熟机构，从成为股东开始学习管理和运营，了解运作一家机构的整体流程和人员架构。并带领4个15人班的绘画课程，研究分析小班授课与其他的不同之处。

2016年年底，凭借自己多年的教学经验和理念以及在专业机构学习的运营模式及教学管理，我开始筹备建立"艺术共合"，进行了为期两个月的市场调研，地区分析、对标品牌分析等，完成了详尽的商业计划书，开始项目的落地操作。我们有强大的设计团队打造空间设计及整套品牌视觉设计，所有装修材料均环保无毒，E0级国际标准生态板，4000k护眼光源，获得权威检测机构的空气质量监测，甲醛和苯等多项指标全部达标，室内空气实时监控，保证孩子的健康，我们责无旁贷。我们还为宝宝们准备了小马桶和高低台盆，以人为本。

创业是一条艰辛的道路，为了集中精力，我放弃了所有私教课程和收入，全力以赴。开业第一个月没有一个学生报名，非常失落和焦急，但我们很快调整思路，带领着老师团队一起去地推，幼儿园发传单、小区扫楼，经常会面对家长的不屑、冷漠甚至白眼，我们坚持不懈，迎来了第一个小学员。不积跬步，无以至千里，14个月已有一百五十多位学员了。为了给艺术共合品牌搭建更好的时尚和艺术资源，我可能白天穿着围裙在路上发传单，晚上却参加各种展览的开幕晚宴，形成鲜明对比。喜欢孩子和提升孩子的美学修养，成为我们的动力。

结合综上经验，我于2017年6月成立了艺术共合国际儿童美育，致力于提升儿童的美学素养，开发创造性思维。多元

善于观察周围、获取信息，并进行持续学习，是创业者成功的秘诀之一。在顺利时能够思考可能的危机，发现存在的问题，是企业可持续发展的重要支撑。没有如此周全的思考，后期执行会遇到很大问题。

其实钱丽如的家境不差，那为什么大一开始做家教呢？

毕业时她靠个人打工所得积蓄已经到了一个远超绝大多数毕业生的水平，加上积累同样这超同龄人的人脉，但她怎么就选择去一家培训机构做绘画老师，还投入了几乎所有的积蓄？

第一个培训空间的选择以及内部细节都如此认真仔细。

可以描绘出这样一个毕业生形象：目标清晰明确，做事考虑周全且执行力强，还喜欢自己做的事，懂人际交往。

强大的执行力，是创业的必须。这不仅是创业者领导力的体现，也是企业上下合作程度的检验。一旦完成决策，就必须坚决执行，包括克服现实困难、解决人际冲突等等。这时，创业者会面临极大的压力，任务执行本身的困难、人际沟通所耗费的精力，都会吞噬创业者的信心和意志。此时，创业者还需要强大的抗压能力，以及良好的复原能力，及时恢复决断力。

化的艺术课程激发孩子的无限创意。

由于第一家校区在写字楼中，没有自然客流，所以要靠线上和线下的地推结合，曝光品牌，我请了两位地推专员在幼儿园附近发传单。第一天我躲在马路对面暗中观察，发现他们的态度完全没有亲和力，家长和孩子难以接受，效率很低。我便决定自己带领老师团队去地推。老师们很诧异地问我："您是老板，也和我们一起去吗？"出发前，我还给大家做了培训，例如，如何面对路人的不屑、冷漠、拒绝；如何在最短的时间内，几秒之间表达出所有的重点信息；如何提高亲和力，吸引孩子的目光……看似最接地气的发传单，成为我们初期推广的重要部分，五千张传单在一个月内地推及扫楼全部用完，为我们积累了第一批种子学员，之后通过老带新的良好口碑，口口相传，学员数量开始几何式裂变。

14个月以来我们已经两家店开业运营，第三家店已在施工中预计12月开业，第四家店在2019年年中开业。四家店铺是完全不同的商业形态，写字楼、开放式商场、商业综合体以及一楼街铺，这四家店将成为四个模型，为艺术共合未来连锁店铺发展打下基础，用数据证明在不同地理位置情况下都有能力健康持续运营。

除了我们的硬件设施艺术、环保之外，我们另一大亮点就是每年为学员办儿童慈善画展。美学教育，什么是美呢？我认为心灵美一定是第一位的。在艺术共合孩子不仅学到"智"和"美"，还要懂得"德"与"善"，通过自己的绘画作品义卖所得善款帮助白血病儿童和孤儿小学，在小学员

发传单，原始又有效的区域营销手段，学问还很深，或许你会经常看到路边木讷的拿着传单机械发放的人，对比下自己创业的老板？

作者是个身体力行、为员工做榜样的人。这样的管理者，具有很强的说服力，亲身示范永远优于口头说教。一方面，避免了居高临下，让员工产生抗拒；另一方面，真实场景中的示范，灵活处理各个情境中的问题，可以提供更多的信息。现今90后员工，更愿意接受亲民、平等的领导，而非命令式领导。

的心里播撒爱和感恩的种子。

今年5月27日的慈善画展在中国最高楼上海中心大厦举办，画展所得善款都捐给西藏羽田孤儿小学。上海市慈善基金会副理事长施南昌先生致开幕辞，现场许多家长流下感动的泪水，《今日头条》和《星尚频道》均有报道。施南昌理事长发言讲道："很多人认为做慈善是大人的事，甚至是有钱人才能做的事情，今天我站在这里，第一次看到那么多三岁四岁的小娃娃也通过自己的小手献出了爱心，小手也能绘出大爱，我真的非常感动，也为孩子们感到由衷的骄傲！"现场顿时想起了雷鸣般的掌声。

本来想邀请几位西藏的孩子和老师亲临现场，但咨询了心理专家后我们改为在现场播放视频及展示孤儿照片。第一，担心路途遥远，孩子们过于劳累以及安全考虑。第二，西藏的孩子、老师以及家长来回一次的差旅费用也是一笔不小的开支，不如节省下来一起捐助给他们。第三，担心孩子们来到繁华的大都市以及高大上的画展展厅心理难免会有落差。

画展前我们问小学员："你知道什么是孤儿吗？"，大多数孩子回答："不知道。"，老师解释道："没有爸爸妈妈的孩子是孤儿。"，孩子们扑闪着大眼睛，一脸疑惑和不解地问道："怎么会有小朋友没有爸爸妈妈呢？那他们是从哪里来的呀？"

艺术共合陆家嘴校区的小学员家庭条件都十分优越，其中有一位女孩4岁，平时像个小公主一样，每天都要穿华丽的公主裙，并且将其视为珍宝。当她参加了我们这次慈善画展后，第二周来上画画课，她带着一条自己的公主裙，妈妈也不能理

[手写批注]

成功的创业者推销产品，优秀的创业者推销理念与价值观。显然，作者属于后者。只有打动人心的产品，才能更持久。

客户多是高净值人群，他们对孩子的教育需求也同样被她敏锐把握，除了教会孩子画世界画梦，还教会了他们社会和现实。

我们创业能把企业做大并不是完全靠销售产品服务，而用心去想去做，会得到更多的认同，找到更多的伙伴，企业自然就发展更快。

解，询问为何手中要拿着裙子，孩子答道："我想把裙子给老师，让老师送给画展照片里的小朋友，我看他们的衣服都没有我的漂亮。"家长顿时热泪盈眶，多么可贵的童真，多么可贵的爱心呀！孩子虽然不明白一条公主裙对于西藏山区的孤儿来说没有太多实际的帮助，可是，在她幼小的心中，这就是她最在乎和宝贵的礼物。通过慈善画展，小学员学会了分享，这正是艺术共合希望孩子学习到的珍贵品质。

很喜欢这段，商业的价值或许真谛在其外。

早在2016年我还是私教时，5月29日在同乐坊举办了"小手大爱—钱老师的小画家们"慈善画展，所得善款全部捐助给玺安关爱基金，帮助白血病等重症病孩，"澎湃新闻网"及《东方早报》都有报道。我于2015年至今加入玺安关爱基金成为志愿者，每个月前往儿童医院血液中心病房为白血病孩子上有趣的画画课。三年以来，瑞金医院还为我颁发了最佳志愿者奖。有一位白血病儿童与我们慈善基金会共同成长，三年她的病痊愈了！在颁奖典礼那天，她也获得了"小小勇士"奖，以此鼓励她这三年顽强、积极地与病魔作斗争。当主持人陶淳问她这三年最快乐的是什么事，我在台下居然听到了我的名字，"我每个月最期待的就是钱老师来带我们小朋友一起画画做手工"。我被主持人邀请上台，止不住感动的泪水，我紧紧拥抱了她，我微不足道的举动却能给白色病房里的孩子带去一抹色彩、快乐和一份期待。

连续三年做志愿者，去为白血病儿童上课，这不是每个人都能做到的，若非内心深处的价值认同，一定不会坚持到底。很多创业者都对自己的信念异常坚持，或者说是执着，这也是他们能够将艰难的创业活动继续下去的根本原因。

感性的人能创业么？读者自己回答！！！

创业中也遇到几件幸运的事。

第一家校区找商铺时一直犹豫担心，骑驴找马观望着，

果断性与执行力，是优秀创业者必须具备的品质。思虑太多，被太多问题牵绊，也许会错过最佳时期。←

没错，机遇总是给有准备的人。看起来是幸运的随机事件，其中却蕴含了太多的努力、随时准备投入的精神，以及对自己创业目标的自信坚定。

10分钟说服投资人的故事或原本不信，那需要事前后花了多少工夫和铺垫才得到这多少次失败后的10分钟闪亮，但碰到钱丽如后我知道真有可能，她的感染力和执念以及逻辑性极强的语言表达，加上非常正直的人生理念。

迟迟不敢签合同。两个月过去了，突然有一天遇到一个商铺，租金比我之前看的几套都低，本来别人已经付了定金当天上午要签合同，租方违约了。可能是缘分，我看了之后不知哪来的勇气便决定租下了。确实创业也需要一鼓作气，再而衰，三而竭，顾虑太多犹豫太久会消磨士气。当日下午两点我就去和房东签合同，而我的房东王先生是投资界非常有名望的一位大咖级人物，本来他的秘书与我接洽事宜，巧的是王先生那时约的客人没到，他便亲自接待了我。

没想到社会地位那么高的房东，竟然平易近人、彬彬有礼，他看了我身份证发现年纪很轻后询问我租下这套房子准备做什么。上帝是把机会留给有准备的人的，那段时间我去哪都带着ipad，里面有商业计划书，我说："王总，三言两语也说不清，我给您介绍一下我们的bp吧！"十分钟后，我话音刚落，房东说了三个字，当场所有人都惊呆了——"我投你。"看到我激动又疑惑的眼神，秘书立马说："王总从来都是一言九鼎，驷马难追的哦！"房东很善解人意地继续说道："我做投资，也做天使阶段的项目，我看两点，一个是专业，一个是热情，刚才的十分钟，这两点我都感受到了。"可是当时我已完成融资阶段，转念一想房东变股东这套房子的租赁稳定性更高了，我说："给您两股吧！"房东随即脸色一沉，让秘书打开邮箱给我看满满的bp，"每天都有很多人找我投资，而我主动要投你，你却给我两股？！"

我当时定了定神，把商业计划书翻到项目计划时间轴的那

激情，是创业者身上的独特魅力。谈到自己的创业项目，他们总是热情洋溢、神采飞扬，这神激情感染着周围的人，传递着创业者的自信、魄力以及希望。这神激情，往往是常人难以理解的，它可以推动创业者开山劈水，何着目标前进。

页，不卑不亢地说："王总，您看，现在已经完成了融资阶段，到了签约商铺的时间节点，我很感谢您的鼓励和认可，所以我从自己的股份里挖了两股给您，我们也刚刚认识，也请您通过这次合作考察考察我，如果您觉得不错，以后开分校会优先考虑您！"房东见我态度很诚恳，也爽快地答应了。

第三家店铺签合同，我追踪了整整三个月，开发商觉得自己的商铺很紧俏，紧握着不往外放，我通过四条社会资源去联系招商，但都石沉大海，甚至联系到了副总，当我给副总看了商业计划书、品牌介绍以及创业经历后，他都被我打动了，将bp发给总负责人，可是他依然不为所动。据我的市场分析及地理位置竟调，这是一块做儿童艺术机构的宝地。既然想好了，就不放弃，我依然执着地坚持找资源去推进。幸运之神再次降临，竟然找到一位叔叔是总负责人的邻居，他并没有直接说请他帮忙签一个商铺，而是在茶余饭后闲谈之时，顺带提起我以及艺术共合的课程、高质量艺术活动以及理念，竟然引起了总负责人的兴趣，主动约我面谈。

我准备了十分详尽的介绍去与他开会，也觉得这一定是位脾气古怪的中年大叔，没想到竟然是一位绅士风度十足、儒雅健谈的中年男士。当我说了大约30分钟，他竟然说："你们的受众和理念与我们的商业定位十分符合，我现在带你去c区挑选一个商铺，给你半年的免租期支持你创业。"

我执着了三个月，以相当不错的价格拿下了一楼沿街商铺的好位置，并有半年的免租期为开业前期的积累做充足的准备。

看到这里我相信有个疑问会得到解答，怎么会总有贵人相助？见过钱丽如的人或许就能明白，<u>创业者的表达和感染力是很重要的特质之一。</u>

很多人说是因为我三年坚持不懈为白血病儿童做志愿者积累了好运气，但我觉得是因为多做力所能及的善事，心态变得很平和，整个人会充满正能量，所以以积极向上的姿态和阳光的活力感染到对方。

创业14个月以来，我的角色和心态也不断转变。起初为了"节流"，我身兼数职，对内做绘画老师、教研、前台、销售、行政，对外做市场专员、联系亲子活动、搭建平台，小到替换纸巾这样的琐事，事无巨细，自己能揽多少活尽量都自己干了，把注意力都放在一个"省"字上。当学员数量渐渐增加，老师数量也相应增加，我慢慢脱离了一线授课之位，把精力放在培训老师上。团队渐渐有了规模，当第二家分校筹备之时，我便从新东方请了一位有7年校区运营经验的校长加入艺术共合团队担任主管一职。他的加入使得我们的内部管理和流程更加规范化、体系化、国际化。他负责对内事务及管理，我则负责对外活动接洽及教研把关。

此时我不再"省"，我需要团队齐心协力共同来"开源"。当手中原来的一大摊子事交接给团队成员时，有一个阶段我突然觉得自己太清闲，去两个校区巡店，看到老师们都在认真上课或备课，市场专员在地推或做活动方案，店长在整理本周的试听预约……为了更好的用户体验，我们还上新了智能化家校联系平台，学员可以一目了然地查找自己的课程及老师评语。看到大家都忙忙碌碌井井有条，新来的家长及学员许多我都不认识了，我巡店时偶尔觉得自己是"多余"的。有了一些心理上的落差后，我请教了一些前辈，得出的答案竟然出奇

总结非常准确。由于对自己投入的事业极度认同，所以不自觉地具备了自信、大方、不卑不亢的态度，由内而外散发的光彩，绝非那些为了投资、利益而钻营的人可以比拟。这种气场，或者说人格魅力在举手投足之间散发，向周围的人传递着美好良善的信息，形成了极好的感染力，自然就感召着周围人合作参与。

的一致，"你的精力不应该放在琐碎细小的事情上，也更不应该继续在一线给孩子上课。作为创始人现阶段你要开始眼光放长远，顾全统筹大局，制定未来2-3年的发展方向。给老师上课，做好师训以及教研任务的进展，让每一位老师上课都能像你一样优秀、有趣，让孩子喜欢家长认同，把一个'你'变成可复制化的，这才是你当下最重要的事。"

在不同阶段的创业过程中，角色的转换、思维的变化、模式的更新是十分重要的，一成不变难以有所进步和发展。

7月1日第一财经频道《醇享人生》专访节目邀请了我，主持人高源说我是节目开播有史以来年纪最小的嘉宾。我打趣说也是最穷的一个吧！节目录制了三小时，大致讲述了创业以来的心路历程。至今，这才只是刚刚开始，我还在不断摸索、学习和奋斗的过程中，创业一年多以来有酸甜苦辣，有感动也有委屈，有快乐也有泪水，但有付出终究一定会有回报，朝着自己的梦想前进和努力感到很充实很快乐！

公司简介：

上海如兹教育科技有限公司成立于2017年，主要业务为儿童美育课程及亲子活动、绘画大赛。旗下有"艺术共合国际儿童美育"及"小手大爱儿童公益联盟"两个主打ip，以线下线上相结合的方式，打造多元化的儿童美育商业模式，为孩子提供优质的艺术平台。

创业者在创业活动中也是不断成长的。随着创业阶段的不同，创业者的角色会自然而然地发生变化。创业最初，创业者就是开拓者，可能会考虑到创业的各个方面，不仅是员工，也是决策者，更是推销员；随着创业阶段逐渐发展，企业进入良性循环，人员逐渐增多以后，创业者就要投入具体的管理工作，将企业制度流程制定好，从个人治理过渡为制度治理。

作为女性创业，这算是个比较典型的案例，从大一开始知道自己喜欢什么，坚持4年的勤工俭学，3年的白血病孩子关怀，到最后的多家分支机构开设。看得到的初心，看得到的魅力，祝爱心企业发展顺利。

学成归国，一腔热血

"**去**一家有名的大公司，找一份与专业相关的工作，计算着一年年累加的薪酬，安安稳稳地走向人生巅峰。"

还没毕业的时候，我就时常会与一些已经毕业了的师兄师姐聊天谈心。从他们的口中，我慢慢了解到了这么一条大部分人心之所向的未来之路。可渐渐地，我也发现了：此路固好，却非吾之所望。沿着别人勾勒出来的未来，按部就班，太过无趣。

简单安逸，我不太喜欢

告别待了5年的实验室，成了大家口中的"海归"。我说服妻子，动身回国，开始了我的创业之路。那个时候，我还带着一份学成归来的自信。7年清华本硕、5年普林斯顿博士，在自己的专业领域里，我觉得我有资格自信，毕竟老话说得好，有一技之长傍身，走遍天下都不怕。这也直接奠定了我后来创业的方向。

寻找三个诸葛亮

创业这件事，一个巴掌拍不响。决定创业之后，我就立刻着手寻找和我一起拍手喝彩的人了，也就是我的合伙人。合作最讲究的就是诚信，基于这个原因，我的合伙人都是我以前认识的好朋友。

其中一位合伙人就是我的小学兼初中同学，我们俩相识数年，关系非常要好，哪怕在我出国的时候，我们的联系也没有断过。另一方面，我对他的专业技能也非常认可，他是浙大毕业的，从小成绩就比我好，所以出于对曾经学霸的佩服，我选择了他。那个时候我刚从博士的学术圈走出来，专业技能就是我看人的一个重要方面。

很幸运，在后面的日子里，我们确实一直都在相互扶持着。这让我无比感谢自己当初对他们的信任，更感恩他们对我的信任。争争吵吵，拍桌子走人，其实也是再正常不过的事情。但是我们心里很清楚地持有一条基本的底线，兄弟阋

太容易得到的，对他们而言缺乏成就感。只要是自己选择的目标，自己亲自去实践和经历，哪怕遇到挫折困难，他们也义无反顾。

这样的教育履历足够支撑良好和强大的自我，以及相应的自信，同时也带来更高的自我预期。

选合伙人除了专业/技能外，还看性格、核心创业价值观、事业目标等的一致程度，所谓志同才道合，技术人才创业特别需要团队的支持。

合伙人之间的信任，是创业成功的良好基础。这种信任，不仅是对学识、专业能力的信任，更重要的是对人品、价值观的认同。

于墙，外御其侮，再吵也不能散伙。

合伙人敲定了之后，万事俱备，只欠东风，我们正式进入了漫长的产品研发阶段。起初，我甚至都没有考虑太多市场因素。我想做一件有社会意义的事，我们有技术，中国空气污染问题需要解决，我们的公司就开始研发控制工业排放的仪表了。

海面微波荡漾，偶有一层涟漪

2014年，公司成立。

2015年，公司第一代产品问世。

2016年，公司打败美国一家小企业竞争对手，抢占50%市场占有率。

2016年底，公司实现盈亏平衡。

4年了，我们的公司走到了今天。在我看来，如果把我的公司比作一片汪洋大海，那么它虽不是静若止水，但却从未有过什么大风大浪。唯一值得一提的，可能只有一件事。

主角是我们公司以前的一名核心员工，也是我的前同事，他很有能力，也非常优秀。那个时候，公司处于创业初期，资金和资源方面都比较匮乏。资金匮乏很好理解，创业的初期本就是一个烧钱的过程，我们都恨不得把一分钱掰成两半用。而资源匮乏主要就是优秀人才的缺失，这和资金匮乏是"姐妹"关系，因为"钱"的问题，我们无法负担起高质量人才的昂贵工资，人才缺失的状况也就随之而来。出于想留住他的心情，出于对人才的珍视，我给了他不少现金价值的股份，但是后来他还是走了。那个时候我的心情很低落，有种"我本将心向明月，奈何明月照沟渠"的悲戚之感。

从那时，我开始意识到自己在员工管理方面存在问题。说白了自己只能勉强算得上是一个不内向的"理工男"。作为创业公司，在员工福利方面达到极致水平并不现实，这种情况下，信念和激情显得格外重要。本就生活在"高压"环境里，如果每天不来点鸡血推着自己一往直前，作为一名普普通通的员工，坚持下去确实不容易。可我从前偏偏向来不擅于此。对我来说，很多理念和想法在行动中贯彻就够了。所以，很多人问过我，如果一切重来一遍，我会不会改变什么？我想，我应该会早点在团队管理方面做足功课，谨慎地选择，认真地培养，主动地交流。

风平浪静创业路的背后

除了员工管理问题这个小插曲，我总是说，到目前为止，我的创业可以称得上是风平浪静，无波无澜。很多人很疑惑，创业者不都总是被社会虐得遍体鳞伤的那群人吗？

经历过没钱的绝望吗？经历过。

经历过产品卖不出去吗？经历过。

经历过一公司人在办公楼待着没事干吗？经历过。

不过我似乎从来都没打算放弃过。开始的时候，我以为这都是性格使然，我就是这样，遇到挫折我不会消极地去面对，我会主动地去解决。后来想想，这大概也和我自身的经

这类事，在创业公司很普遍，团队分分合合最终成形。磨合的冲突到愉快的合作，非常考验创业者处事做人之道，也是创业成长的必修课。

如何留住员工，是作者学到的重要课程。除了外部激励措施，更需要的是企业文化的柔性吸引。企业的价值观、创业者的个人魅力、创业团队的凝聚力等等，都是企业文化的重要组成部分。初创企业可能过多地聚焦业务本身，在后期的管理中，更需要关注员工的内在价值观的认同、员工之间的关系黏性。

历脱不了干系。

我从小成绩其实就不错。一路顺风顺水，小学的一二名，初中的一二名。到了高中，我们省开了一个理科实验班，面向全省招生120个学生。换句话来说，这120个学生就是全省成绩最好的一批人。一进那个实验班，我的名次就直线下降，从曾经的独占鳌头到后来的名落孙山，我没有丝毫准备。独在异乡的孤独感和突如其来的落差感让我一时之间难以适应。后来我一直很努力，但也一直没有成为我们班级里成绩最优秀的人。

那个时候我意识到，人是要努力的，但是有的时候，不管怎么努力，人外有人，天外有天。我不用盲目地自卑，也不能盲目地自大。我相信了天才的存在，我知道有些事情不论再怎么努力，也赶不上天才的脚步，我能做的只是做最好的自己。

这件事情对我影响颇深。所以，虽然我创业了，一件被定义为具有极大风险的事情，但我选择了自己擅长的领域创业。我是有把握的，我在做自己能掌控的事情，做自己可以做的事情。因此，就算身处创业的浪潮里，我也始终保持理性，不偏不倚。那些我熟悉的大风大浪，我迎难而上；那些我承担不起的风浪，我另辟蹊径。

如果说高中时代的那个小打击让我懂得谦逊、量力而行，那么我的博士生涯就赋予了我直面挫折的勇气。5年博士生涯，早出晚归跑实验室，日复一日钻研科研课题。这条路是未知的，我不知道前方是刀山火海还是柳暗花明。我不知道日复一日的辛苦实验能不能换来一个差强人意的研究结果。我的经验

不少人或许无法理解，但对于他来说算是一次不小的打击，一个稳居前三的自我定位学生，突然发现怎么努力都无法达到或超越时，那种感受……

有时候，挫败教会我们重要的功课。一帆风顺的人，可能遇到挫折会更加沮丧，因为他们不仅要克服困难本身，还要面对成功后遭遇失败的落差。顺境给予我们信心，挫折给予我们冷静、自我反省的机会，教我们学会耐心、谦虚与宽容。

作者总结得非常好，对外部风险与自身能力进行综合评估，做出客观的判断，以及理智的决策，是创业者非常必要的能力。

总结就是人生大多数时间都是很挫败的，如果我要去挑战一些东西的话。创业也是一种挑战，一种对未知的摸索。所以，创业的时候，我已然具有迎接挫折和打击的能力。

心中留有一方净土

创业是一场孤独的战役，但所幸我不是一个人。很多时候，作为一个领导者，我不能将我的负面情绪或者迟疑的想法带给我的员工，所以很多人说创业者是孤独的，有些苦不堪言的经历只能自己消化，但还好，我有一个家。偶尔我遇到无处排解的烦恼的时候，都会去找我的太太倾诉，然后烦恼就会被过滤掉一层。

好太太的功能之一，耐心听你唠叨，默默地支持并给予力量。

我并非一个野心家，对我而言，从不会漫无止境地去追求"大"，只要我自己心里得到满足，只要我认为实现了人生价值，那就够了。在我心里，家庭比工作更重要。周末陪孩子的时候，我会想要努力地陪伴我的家人，我会关掉手机，让微信和电话都与我无关。工作与家庭，我觉得这两者的平衡是一种艺术。家对我而言，是一方净土，我必须要好好保护它。

家庭的温馨、家人的支持，是创业者情绪、能量修复的要素之一。很多创业者的经历都表明了这一点。

每个人的追求都有所不同，而我一直从心而活。我不甘平凡，所以我选择了创业。读博的时光让我无畏生活的磨难，但儿时的经历也让我明白不能盲目地横冲直撞。因此，我选择了一条稳妥的创业之路，它是未知的，但也是可控的。

很担心这种心态，创业如果可控，那么就不具挑战性，也没有谜一般的吸引力了。他有一颗争胜之心！

思想通过行动而闪光

思想通过行动而闪光

自认为是一名"军火商"，但贩卖的不是军火，而是快乐和健康。作为一名企业家、创业人，正式出道的时间有3年。我就是本次传记的主角——阿顺。

此前31年的人生之路，就像我的名字那样走得异常顺利。我本科是信息与计算科学专业，2010年毕业后，进入三星集团，负责电商工作。工作三年后，我加入电商平台——易迅网，不久，易迅与京东合并，我也随即进入京东担任中层干部。

玩和创业的思维方式不同，都是喜欢热衷，发掘可玩性。创业的思考面包括：同伴的心理共震+原有基础的心想感+公平的规则+成就感不断刺激+社交延展性，对抗竞争和炫耀展示都被他考虑其中，因为需求能转换成盈利可能。

思想通过行动而闪光

可能是整天和互联网打交道的缘故，对于坐在电脑前的工作，我开始产生了很多不同的想法。我认为现今的互联网虽然改善了大家的生活模式，但是造成了人与人之间的距离感。于是我开始思索有没有一种方法可以让大家短暂地离开网络，回到线下，体验人和人打交道的乐趣。

那个时候我就在想，有没有一个产品，可以让所有人都玩在一起，交流在一起，放下手机，回到现实中来。可能有竞技，但是又是快乐健康的社交游戏。

最后我们的选择就是水弹真人射击游戏。

我们曾经上过许多电视和综艺节目，现场还引起几位创投专家上演"枪战"，这是怎么回事呢？可以说这是一个玩出来的创业项目。

即使在节目中，我们也曾让乐嘉与"浙民投"管理合伙人吴震上演"枪"战，几个回合后，乐嘉被打得满地打滚，两人依旧玩得乐不可支。

直到2015年2月，在国外的游戏展上发现了水弹这个全新的领域后，我敏锐地意识到这个项目也许真的有机会改变现今的休闲消费领域。于是我一举开启了自己的创业路。

创业初期，和我一起玩的都是电商同行，之后圈子越来越大。从不固定地举办活动，到定期组织赛事，参与的人越来越多。为了保持水弹游戏的新鲜感，我们不断推出新的主题游戏：比如枪王之王、寻宝猎人、激战僵尸王等等。其中一位参与的玩家曾说过："有时做梦都是在丛林中被人'追杀'的画面。"

在一次次活动组织中，A&F俱乐部发现这个项目既有消费群体，又有积极的社会意义，游戏者在团队作战中，能够培养彼此间的默契，加强人与人之间的交流。而且更为重要的是相比传统的镭射真人CS和彩弹真人CS，水弹成本低，安全性高，场地种类丰富，游戏形式多种多样，女性和孩子都可以参与其中。

A&F的核心产品，其实是在我们的自主研发的判定设备上。历时3年，投资超过1000万元的专业水弹判定设备。可以完美精准识别是否由水弹的子弹击中盔甲。这其实解决了一个核心问题，不会在一场比赛或者对抗中出现歧义，大家可以在一个公平的环境中，进行水弹对抗的游戏。

但是还不仅限于此，目前风靡全球的"吃鸡"游戏，我已将该款游戏完美还原于线下。真正做到，真人线下吃鸡。玩家在战场中，需要找到武器，然后参与战斗，一样有缩圈、捡枪、捡加血包、捡盔甲等有趣的游戏体验。同时还要伙伴直接的互相支持。

自主开发的系统，通过小程序将虚拟和现实完美互联。更有第一视角游戏比赛直播，将场地中对抗的队伍第一视角，同步传输到视频直播网站平台，让这个运动更加风靡。

目前我的A&F俱乐部已经在两年的时间内在上海开了20家门店，全国已经覆盖20个主要消费城市，包含上海、杭州、南京、广州、武汉、成都、重庆、昆明、厦门、绍兴、宁波、贵阳等。

资本的动力不可小觑，1000万元出一个产品和装备+一个游戏模式，效率很高。可惜他没说资本源头，我们就当是商业融资。

各大消费城市真正形成了一个有影响力及品牌效应的休闲娱乐的新生态系统。完美不仅覆盖了传统的休闲Shoping-mall的商铺，还入驻的了很多游乐景区、生态小镇。为全域旅游的发展提供了原创内容的动力。

共享经济带来的轻运营模式

A&F俱乐部最大的特点就是它共享经济的运作模式。公司以共享合作模式拓宽市场。研发的产品可以采取共享加盟的合作形式。愿意一起合作的场地和景点，不需要购买设备，可以将设备直接拿回场地使用。根据每次使用的人数激活设备，再进行扣费使用。

有点类似于OFO共享单车。实际使用多少，付费多少。这样轻便的模式，让许多愿意和做的场地主和景区快速地决策，达成合作的共识。

同样共享模式的理念，还更深入地体现在它的场地合作模式上。我们与上海众多的休闲场馆签订合作协议，利用这些场所的闲暇时段进行活动运作。A&F认为这种门店的共享经济，不仅能实现低成本的运作，更能让上海众多的娱乐场所联合在一起，形成区域联盟。

同时，A&F俱乐部坚持应用共享员工的用人理念。一个玩家在接受一段时间的培训后，只要经过考核，便可以在A&F获得初级教练的资格。有机会可以为更多的玩家服务。在几代教练的共同努力下，A&F俱乐部的教练团队已经发展成1500人的庞大规模。平时他们在上海的各个角落从事各

从字里行间不难体会出他的自豪与满意。他实现了让大家快乐的理想，并因为自己的投入与努力而自豪，所有的工作都是有创造性的，与他人合作共享的，这就是创业者的价值观认同。创业者最大的成功，不仅仅是推出一款产品，而是产品背后被认可的价值观、意义感。***
***

低成本的运营模式有利于快速拓展覆盖面，这时候决策就要考虑是以共享设备为盈利业务，还是吸引会员培养市场基数为主？他们的选择比较简单，但实际上，他思考过太多方案：提供设备和场地主人共建并分利、软培训以及游戏产品输出掌握在自己手上，还颁证培养群体，如果可能，其实未来或许还能把装备升级，增加竞技表演性，社群俱乐部的基数要不断扩大，还有很长的路要走。

大多数企业关注的都是工作效率、工作绩效，他的团队关注的却是快乐。可以想象，这样的企业文化对于年轻人有多大的吸引力。

再次突出了这个创业者的特质：玩兴十足。玩兴强的个体往往拥有一些与众不同的特质，例如幽默、创造力强、好奇心强，这种特质也使得他们行动力十足、韧性强。一旦有了火花与想法，便会迫不及待地去实现，并期待快速的结果反馈；一旦遇到问题，也会怀着好奇心去揣摩、解决，然后反复实验。玩兴强的个体，通常有着灵活的解决问题的手段，不拘泥于单一的方案。但是，玩兴强的个体可能会有较显著的情绪波动，对于事物比较敏感，如何增强情绪管理能力可能是需要关注的焦点。

种不同的职业。但是一旦公司有订单，便立刻化身成一名合格的教练前往指定的地点工作。教练们纷纷表示，在这里不仅仅认识了朋友，锻炼了身心，更重要的是能给更多人带去快乐。

目前A&F俱乐部每月还在以环比30%的成长率递增自己的销售业绩。对于自己的娱乐版图，目前已经有许多海外的合作伙伴加入到我们的共享模块之下，包含泰国、美国、菲律宾、巴西、韩国和日本。有些地区已经有国际总代进行合作。

对于我来说可以立足上海，走向华东，辐射到中国，最终走向全世界，这些希望已经不仅仅是梦想了，也许近在咫尺，一跃即可击之。

当然创业其实和工作一样，只是人生的一个自我实现的方式。我依然觉得每时每刻享受生命的精彩才是人生的真谛。这是我在大学时期顿悟的一种感受。有一次开车回家，路上太阳西下的美景，让我入迷。突然觉得很伤感，伤感的原因是因为：一天又要过去。时间太过短暂。突然觉得不能再浪费生命。一定要做自己想要做的事。从此开始，养成了我的人生格言，"想到即刻就去实现"。

有一年，我突然想在学校里创办一场假面舞会。于是，立刻就号召了一批小伙伴，马上在学校里出海报，拉志愿者，发传单。和学校谈场地，最后校外拉赞助，最后办了当时学校里最最轰动的一场假面舞会。那场舞会有近千人参加，入场前都会发放一个面具。舞会中间有志愿者身穿服务员的礼服提供饮料。舞会结束前大家舞动在一起。非常有成就感。

可能我就是这样的人，想到即刻要让它实现。只要认定一件事，立刻就会开始琢磨下一步应该做什么。这个也成为我日后工作和处事的原则。

经历了上海一个时代飞速变化。所有的行业都在被互联网的理念所颠覆，所有的生活状态都在发生变化。唯独休闲娱乐板块，10年内都没有让人眼前一亮的创新。也许可以通过我们的努力，改变所有人的生活方式。让世界记住我们的名字。

如果当时没有办成？那么我相信，现在的路会变得不同。一个成功的尝试和努力对人自我信心强化作用影响巨大，也就是本书"论文部分"中提到的心理资本——自我效能。

这里需要关注一个问题：如果这些让人花火四射的想法，在实现过程中出现了反复或者长久的失败，应该怎么办？灵活的创业者，应当在"坚持"与"改变"中进行判断，并作出明智的决策。

 企业简介

A&F俱乐部是目前国内最大的Wargame竞技产业连锁店，门店使用的1216水弹判定设备，来自于1216设备研究院，它是国内保有量最大的水弹判定设备商。

3年内全国新开120家门店，覆盖全国所有一二线城市，2019年进入海外市场，目前已经销售至韩国、日本、中国台湾、中国香港、西班牙、美国、以色列、泰国等国家，同时A&F是湖南卫视的特约供应商。提供"勇敢的世界""真正男子汉"等S级综艺产品的Wargame设备支持。联合芒果互娱开发全域旅游。旗下已落成山东淄博、湖南长沙、临安风之谷、河北马镇、成都狐巴巴星球等景区乐园。

在竞争激烈的娱乐产业中，A&F秉持的是以客户优先，产品内容优质，管理运营精细。通过提供给B端合作伙伴市场教学、共享会员、销售培训指导保证从业者的收益。并且独具匠心地提出对每一位加盟商保姆式的孵化教学，提高整个A&F加盟商的联合竞争力。

志存高远

人们常说，"最大的危机就是没有危机感"，对于创业者来说更是如此，而我是 危机感 过甚的那种。

创业初，我处于一种"只要是在这个校园市场里的都是竞争对手而且会感到恐惧"的状态中。甚至见到小黄车的时候，我都会想万一它在校园里突然转型，我可能就没有机会了，还有摩拜单车、宅米等等。看到任何一个在校园里面做活动的，都忍不住认为是我的竞争对手，会带有防范心理。作为一家承办企业校园文化推广活动的初创公司，这种过度的危机感，来源于没有找到自己的方向。等真正地参与到这个市场以

危机对于不同个体有着不同含义。对于大多数创业者而言，危机往往意味着机遇与成长；对于有的人而言，则意味着风险与挫败。创业者大多心理资本较强，对事物充满希望、乐观、积极，而且富有韧性，这些特质都决定了创业者对危机的乐观判断与积极态度。

后，我的这种想法就转变了。再遇到的时候，我都把它们当成合作伙伴，因为我们已经有能力也有资源来和别人合作了。这种转变，是我创业之路越走越成熟的见证。

这种从"对抗"到"合作"的思维转变，轻松地改变了作者的认知角度，继而完成了从敌对防御到积极合作的态度转变。当然，创业行为也会相应地变成主动出击、寻求合作机会。看起来轻巧的改变，源于个体灵活的思维特征。

读大学时，作为一名从外地来读书的学生，我在学校其实是比较孤独的。我们这样的群体也不在少数。当时，我想通过一种方式来把大家聚在一起，像社团、学生会、老乡会等等。最终，我们成立了一个志高社团，意为"志存高远"，一个聚集各大高校大学生来做志愿服务的社团。自2008年汶川大地震后，中国进入了公益元年，国家放开了公益组织的注册，大量的公益组织成立，企业们也越来越重视自身的公益形象。我们大学生成为公益活动志愿者的中坚力量，所以成立志高社团正顺应了这个时代的需要。这是我创业的起点。在社团的那些日子里，我也亲自参加了很多志愿活动。去了大连、云南，在那些地方的所见所闻对我的触动非常大，在国家繁荣强大的背后竟然还有不少的贫困现象。我一直以来都认为网络上的照片很多是假的，但是真正的到了那些地方去看了之后才发现都是真实的，这个世界真的很不公平。我庆幸我不是这群被遗忘的人中的一个，但我却是有能力去帮助他们的一个，于是我更加肯定，选择做公益是正确的。

企业起步阶段，多数创业者非常担心自己的资源被抢夺，自己价值无法得到利益最大化的体现，谈判时担心模式、点子被抄袭。因为太想成功，而早期手上拿得出手的的确很少，这种心理会产生两种结果，一种是把自己封闭，越走越小；一种是寻找突破，积累更多资源。
多见于模式创新企业，重应用而低门槛的创业项目。

一个人能够做一年公益尚且是不容易的，更何况是大学四年都在做公益，能够达到这种程度，就基本上算是一个比较靠谱的人，而我有幸聚集了这样的一批人。在志高社团，我们一起经历了很多事情，搬木料、扛东西，有时人家捐来

创业者普遍会把自己决策立足点提高，这群人较同龄人来说视野更开阔，也更会抓机会。

的东西我们没有钱付运费，又去快递公司做募捐。当时，我并没有想到要做公益外的事情，但是所有的这些经历都为我后来的企业发展埋下了很好的种子。

毕业以后，我没有马上去创业，而是选择了工作，因为我自觉还不够成熟。两年后，时机差不多了，我便辞去了工作，开始实践我的创业梦。也有人曾问我，放弃工作后就没有了收入来源，难道不害怕吗？其实，大学的社团经历，已经验证了我内心对自己的创业项目的信心。在当时，我们的公益社团已经形成了商业模型，只是没有一个大的规模，但将来一定可以赚钱，所以我选择了将这项大学以来就一直在做的事情继续下去。

我的初创团队大部分都是大学里一起做公益的伙伴，很多创业界大佬都会说，创业型公司创始人不要超过三个，三个人比较稳定，如果超过三个人的话，效率就可能会降低。但我的团队是九个联合创始人，然而不但效率没有降低，反而是公司发展特别迅猛。三年的时间，我们做到了数千万元的营业额，有一百多名全职员工，并且有大量的学生和兼职团队为我们做支撑。能做到这样，是因为我们通过三四年的时间研究市场、接近市场；因为我们做了这么多年的公益，大家都知道这个团队的初心，更多的会关注我们，也能放心地把活动举办权交给我们。

然而创造这些成果的过程并不是一帆风顺的。在成为阿里的上海地区服务商后，因为物资运输的问题，几乎所有大的快递公司我们都找过。那时候没有经验，凡是看到的快递

这两年经历没有多说，但我相信一个如此沉得住气的人，这两年也是在铺垫，大学时代建立了自己的班底，2年后还能找回，这不得不佩服他人际经营能力，创业必备特质！

创业者的心理资本一般都高于其他个体，他们善于在渺茫的事物中看到希望，能够在黑暗中坚持向着内心的目标迈进，即便当下是无望的。这是因为他们坚定地相信自己的目标是正确的、有意义的，也对未来可能发生的转变充满期待与信心。

这也是非常典型的积极、自我验证的归因方式。创业进展顺利时，作者会归因于"公益"性创业目标正确、具有吸引力，而非运气、人缘好等，这会极大地增强团队的信念与凝聚力。

商业逻辑最基本的要素，必须满足每个参与者的一个持续性需求。公益活动未必就是说不挣钱，只是微利或收益返还社会，这个项目让人嗅到了商业模式的味道。

"理解对方的需求"，是非常重要的共情能力，说明作者所在团队非常善于从对方的角度看问题，并予以改进。这对于未来的合作很有助益，也会广泛聚集各类资源。这也是作者创业成功的一个非常重要的原因。

公司，我们都去和他们商量，但其实他们都是加盟商，本身赚钱不容易，所以他们都没有这个能力来进行这种公益性质的运送。

记得当时一个韵达的加盟商告诉我们，他没法来运送这些物资，但是可以把这件事情反映到他们的区局，再反映到总部。没想到的是，总部很关注这件事。随后，我们拜访了几次当时的市场营销总监，他认为这种公益活动出发点是非常好的，但他们毕竟是一个企业，有自己的需求，所以对外宣传的时候要求说明他们公司全程参与了这个活动。当然，捐出的三十吨药品都可以由他们负责运到灾区，而且以后所有的物资，都可以帮我们运往灾区。

这件事让我学到了很多东西，比如，作为企业，做公益是讲究社会回报的。和企业接洽的时候，对方有需求，而我们如果站在对方的需求上考虑，很多问题就会解决得更快。

创业也让我已经习惯了解决问题。在大学时代，底下有一两千人跟着我做社团的时候，就有一种使命感推动着我使劲地往前走，不断地去解决一路上遇到的各种障碍。当周围的人看到我如此忙碌，经常会不理解，又累又没有回报，有必要吗？尽管明白他们也是出于关心我，并没有恶意，但那个时候其实我承担着很大的精神和道德上的双重压力，面对的是一个很重要的判断抉择期，做很多取舍，内心是痛苦的，这些痛苦挣扎会提前让人成长很多。

责任感、使命感，是推动创业者前行的巨大动力。当然，前提是创业者必须有非常强的抗压能力，具有心理弹性。大部分创业者都有着极强的认知灵活性，保证自己遇到压力时可以从各个角度看问题；也有着个性化的行为来缓解压力，例如保持学习习惯、运动习惯等等。总之，抗压能力、心理弹性，都是可以塑造与培养的。

这种状态延续到创业中，凌晨三点到家，没吃晚饭，喝点粥，早上八点钟起来又去上班，这样的生活是非常常见的。以前听说王健林的时间表的时候，我还戏言道，老板是不是白天睡觉，晚上干活。现在，自己也是老板，就能够理解，我们这些人没有睡觉的时间，公司的生存和发展推动着我们必须去做。

这种工作状态很有价值，每一次的活动都是有成果的。也许你自己感受不到自己的成长，但坚持一年，你见到的人、所作的决策都会发生很大的变化，这些都足以证明。

做公益和创业这些年，要说还有什么收获，我想就是——我的心里始终非常地踏实。因为这种踏实，心里没有装着那么多东西，躺下来能安安静静睡个好觉，真是人生一件幸事。

一个有意思的现象，作为积极心理的创业者，会将过去的苦难理解成现今成就的点缀。那些还在泥潭中挣扎的创业者反而一笔带过。

企业简介

上海胧爱文化传播有限公司定位于"校园营销执行服务商"。迄今为止，胧爱校园已经为互联网、教育培训、快消品、日化、服饰、文体、信息、旅游、礼品、体育等行业提供高质量的服务。胧爱校园是社会资源与高校的连接者。客户有阿里巴巴、福特汽车、可口可乐等700多家企业。

创业可以让我不受束缚地大展拳脚

2016年6月，我从工作了13个月的公司再一次离职。在素质拓展行业摸爬滚打了8年，从学前教育到THR中小学教育辅导班，再到大学生素质拓展、企业员工培训，至此，我已经把这一行业的教育经历补齐了。通过这些经历，我了解到每个人在不同教育阶段的发展需求以及表现，最后明确了我所需要的教育阶段——青少年素质拓展。于是，我想时机已然成熟，虽然公司一再挽留我，但我还是坚决地离开，去做我自己的创业项目。

说到选择创业的原因，于我而言，其实应该和性格有

8年在同一个领域浸润，还懂得学习弥补自己的知识短板，人前进的动力多数是心中有目标和野心。

创业可以让我不受束缚地大展拳脚

关。有些人天生就不适合给别人打工，从思维的跳跃度到行事风格，都会让自己无法按照别人的想法做事，而我就是这样的一种人。在上一家专门做幼儿学前教育的公司工作时，公司准备去做幼儿园的培训，做出来方案以后报名结果却不佳。因为我以前是做拓展训练出身的，所以我根据自己以往的经验，把这一方案全部推翻掉，重新做了一遍。但在方案执行前，我遭到了各种质疑，尽管我一再强调自己有八年的拓展训练经历，并表示，出了问题我一个人承担。但最终，这场本是可以盈利的活动，反而又赔了钱进去。很多时候我都会想，活动的所有环节包括策划、执行以及反馈等等，如果是我自己做的话，按照我自己的行事方式，成本控制、赢利点这些都可以把控得很好。如果只能为别人工作，我无法做到这一点，但创业可以让我不受束缚地大展拳脚。

再者，可能人的性格总是有矛盾的。一方面，我在生活当中会保持一种非常极端的完美主义，比如第一年我的杯子放在一个位置，第二年第三年还是在同样的位置。但另一方面，我又无法接受那种没有任何刺激、过于平淡的生活，我会立刻转而去做能带给我挑战和成就感以及收获感的事情，这才是在我看来有意义的生活。所以那种按部就班、很快就会失去新鲜感的工作我往往做不长久，而创业，它不仅仅是充满挑战，它的意义还在于我们在获得商业价值的同时，所创造的社会价值也是特别强的。当每次活动做完之后，小朋友很兴奋地回家，向他们的爸爸妈妈炫耀他们学到了什么；

是因为最终执行没有按他的策划走，导致项目亏损。感觉到被约束和桎梏，激发挣脱的欲望。

很多创业者都具有类似性格：不满足于现状、强烈的成就动机与权力需求、不循规蹈矩。他们不太满足于按部就班的上班族生活，也不甘于被领导、按照他人意志做事，而是希望自己能够控制自己的生活，为自己寻找目标，并实现它。规律安全的生活，无法满足他们性格中天生的追求刺激、冒险、机会等欲望。

∨ ∨ ∨

说好听点，这些人特立独行，不走寻常路。但在员工团队中就是怪异、不合群，并非创业者都是如此，但这类性格最终走上创业道路也顺理成章。

这两种截然不同的需求，很多人都有。一方面，我们期望有安全感，只有安全的生活才让人放松；另一方面，我们又有成长、变化的需求。在创业者身上，后一种需求比前一种更显著。

善于找到自己工作的正向反馈，不过多数孩子是无反馈的，甚至还一定会有客户不满，那么我们到底在意什么？就会影响到我们会不会享受这个过程。

当家长们会在群里特别感激说，小朋友明显产生变化了；甚至当小朋友遇到问题了，随时来打电话向你请教，这些都可以体现出我们的社会价值。没有人讨厌钱，但金钱不是衡量一个人成就感的唯一东西，挣钱的同时一定要看做的是什么事，商业价值和社会价值并存，这是我始终坚持的。

至于为什么做童子军教育，是因为我发现这个社会青少年的发展在走歧路。身体变弱、承担能力变差、男孩性子过于柔弱、"假小子"越来越多，这些变化都在发生。所以我花费这么多年去经历一整个的教育历程，就是为了去寻找这个问题起源的阶段。

我那时就发现教育的问题出现在幼儿园这个阶段——无论男孩女孩，从小缺失父亲的角色，在母亲的教导下成长，同时进了幼儿园，接触的也大多都是女老师，他们的性格已经被注入了过多的女性特质。在台湾，有一种教官制，会安排一名教官在幼儿园上课。我就想我们能不能也这样做呢？

作者以前的参军经历，决定了他本人的性格：阳刚、果断、坚毅、能吃苦。这是非常典型的男性化性格，也正是这一经历让他看到了当前男孩子教育中的问题。

起初，我是打算征集退伍军人，每周给孩子们上一两节军事课，直到后来无意间接触了童子军。童子军是一种户外教育，当年它起源于战争，在很长的一段时间里为战争做出了很多的贡献，后来，童子军逐渐成为一种让每个小孩子都能有成就感的教育方式。而这种教育模式正是现在中国的孩子所需要的，所以我开始做童子军的推广。

对我来说，只要是我想要做的，我就会坚持去做下去。而在按照自己的目标去推进的过程中，可以走点弯路，但是目标是不能变的。当初开始要做童子军这一块的时候，我在网上能找到的相关资料非常少。我又不断地变换关键词来搜索，终于找到了有一位老师在写关于童子军的书。我对这位老师是一无所知的，但我通过搜索得知老师人就在上海，于是我又找到他的微博，给他的微博留言。过了一个多月之后他回复了我的留言，我要了他的手机号和微信，并和他见了面。我就是这样，为了一个目标可以去做很多事情。

俗话说"万事开头难"，别人做这一行都是起步难，没人报名、没有家长信任等等。但是我们的第一场活动，在没有任何基础的情况下，就出现了人数爆满的情况。第一场活动顺利结束后，接下来的几场活动仍是火爆，直到半年之后才出现了疲惫期。但我们进入疲惫期之后就迅速转变了方向，从城市生存过渡到了野外生存。但现在，我们进入了需要扩大规模的时期，却遇到了挫折。因为我一贯最擅长以小滚大、以战养战，所以创业初到现在，并没有充足的资金储备，这意味着没法支撑人员的扩充，养不了人也就没法扩大规模。同时，在寻求融资方面，投资人也认为时机还不够成熟。

去年三四月份的时候，公司发展了半年多之后遇到了瓶颈。年前一直很迅速地在发展，但过完年之后一下子低落了下来。我对创业这个事情的价值感、认同感也不可避免地出现了一些怀疑，祸不单行，当时也是正好买了车，提车不到两个小时就被一辆逆行的电动自行车撞到，交警就把车给扣了。诸如此类，好多事情堆积在一起，让我生出了烦躁的情绪，思考事情的时候也乱。幸而我调节心态的速度很快，

只要确立了目标，就可以想尽各种办法来达成。这反映了创业者具有非常出色的行动力、问题解决的能力。因此，遇到问题时他们来说并不令人沮丧，这也是开动脑筋、想办法解决问题的过程。

过去的8年行业浸润让他学习到了该行业基本的商业运作逻辑，然后要么选择克隆复制，要么在内容创新上做文章。

在客户资源获取方式有限的情况下，潜力很快用尽，那么之后就要考虑拓展客户资源，或者挖掘现有客户的其他需求。

项目制，有进项就忙一阵，类似小机构或工作坊的生存方式。

情绪管理 是创业者无法回避的问题。创业者承担的压力是常人难以想象的,情绪面临着各种考验:焦虑、急躁、沮丧、痛苦等等,常常会交替出现。能否快速调整心态,是决定创业者效能的关键因素。一般来说,创业者都会有自己擅长的情绪宣泄或情绪调整方式,例如运动、娱乐等等。

我们过去诸多不顺,但不会成为现在娇辛的理由,生命总是给我们许多历练,这里我看到了调整、尝试、喜欢。

个人经历会决定个人行为方式。正因为有过"放下"情绪负担、从容应对变化的经历,以后再遇到问题,也就很容易做到"放下"。

仍记得当时解压的方法就是看一部叫作《夏果的生活》的综艺节目,把心情放平缓,很快就过去了。

说实在的,能有这样的心态,也得益于读书时候的经历。我初中时学习成绩很好,但是中考之际,因为发烧吃了感冒药,我在考场上打盹睡着了,所以没有考出理想的成绩,本可以去上最好的高中的我只进了二中。但我也没有因此陷入沮丧的情绪,很快就调整过来了。高二时因为在外租房住,受的约束少了,我又耽误了很多学习的时间,到高考时,补救已是来不及。最后,本来是同一个层次的那些人都去了好大学,而我只考上了一个专科。但分数已经出来了,再自怨自艾也没有用。我决心上大学之后,一定要把那三年过好。大一党委宣传部刚成立的时候,我一进去就成为记者团团长。同时,我还是人人网的校园大使,也在很多地方做过兼职。所以说,很多时候不存在压力如何如何,你只需要把生活过好,有些事情自然就好了。

在这么多行业做过之后,我逐渐发现教育这件事是真的适合我,也发现自己更喜欢和小孩子打交道。当一个小朋友真正能够从我这里获取正向的引导之后,我的成就感就爆满了;而我也能从孩子和家长的反馈中汲取力量,继续每一天的创业生活。

创业还停留在起步阶段,即使企业做不大,但开心还是可以的。

企业简介

砥砺探索学院总部设立于上海，专注于中国青少年的探索教育课程开发。通过户外体验式教育、环境教育，培养21世纪青少年具备的学习能力、社交能力、生存适应等综合素质能力。砥砺探索学院关注孩子、关注营地、关注教育、关注高质量的营地文化和营地教育对孩子的长远发展，为孩子提供独立的成长空间，广阔的交际舞台。

砥砺探索学院隶属于上海纬度信息科技有限公司。公司旗下拥有童军教育品牌"龙童军®"、公益服务"三指公益团"、行业杂志《营地教育》、研学品牌"轻游学•小小背包客®"等服务品牌。为统一管理各类品牌运作，特设立总商标品牌"砥砺探索®"，成立砥砺探索学院，以统一的形象对外输出，各品牌相互支撑，独立运作。

"安分"的中年人

一

1992年，我大学毕业，被直接分配进入邮电部第一研究所。

这是那个年代的准军事机构，我成了所有人羡慕的"别人家的孩子"。

我现在还记得，当时我手里握着我们的工作证去上海邮电医院看病。人家直接问我要挂什么科，然后就拉我上楼。看完病再下楼，人家哗的一下就把药给我拿下来了，我就走了，整个过程一气呵成。在那个时候，这种福利、工作待遇、工作环境，堪称完美。

我在这里待了十年，弱冠至而立。悄无声息间，我身边有一群年龄大一批的师傅老了，他们五十多岁了，在这儿待了三十余年。那个时候我就在想：这样子呀，我三十年后，就是这个样子啊。我就觉得我不能这样待下去了，我觉得我得换个环境。

我的这种感觉和一毕业就立志不走平凡路的大学生不一样。它不是突然就产生的，也不是天生就有的，是十年日积月累的侵蚀，潜移默化地改变了我。它太直观了，我的未来压根不用靠我想象，它就在我的身边，真真切切地在我身边，我亲眼注视着他们从风华正茂到两鬓微白。我得走出去，这种感觉来得缓慢但足够深刻。

这个决定不容易。我做了很长的时间准备，我逻辑能力还挺强的，有管理学背景，出来又对通讯比较熟，原来也做各种分析，所以就先去咨询公司吧。先积累一点咨询经验，再去实践怎么管理。只不过当时未曾想到，我居然在这个行业又奉献了另外一个10年。

从国企出来后，我就发现，体制内和体制外就是两个不同的大世界。纵然这个决定做得无比艰难，但所幸我如愿找到了我真正想要的，那种打拼的感觉。我勇敢谨慎地跨出了我人生中重要的一步。

二

从研究所出来，我去了一家北京的咨询公司。两年后，

又一颗不安分的心，有人安逸与被安排的妥帖，就总有人无法承受按部就班的压抑。

安稳与打拼，这种选择本身与人的内在个性有很大关系。创业者内在的不安分、追逐成功、自我实现等很多时候是天生的，只需要一个微小的外部刺激，便能够从潜意识浮现到意识当中。这也就是所谓的"冥冥之中"的感觉。

创业其实最怕的是有心，但不知道该干嘛，就像心里长了草，拔之不去又无从生长。

10年的行业准备，可以说他很耐得住。

机缘巧合，我进入了一家新加坡的咨询公司，一待就是10多年。十年咨询，对我的意志和心性，都是地狱般的磨炼。

有一次，我们的团队被要求去参加竞标。周二投标，周一早晨我们才拿到由另一个团队写的标书。一看，一塌糊涂。我们从早上就开始改，一直改到凌晨一点，终于改完了，然后就直接连夜开车去石家庄。第二天八点钟开标，我们六点终于抵达石家庄。中间我们找了一家咖啡馆，闭目养神了一小时，然后就开标了。开标之后我们一直坐着等结果，直到下午。在我们以为结果快要出来的时候，主办方突然提出要加一轮，因为还需要补充一个领域方面的内容，让我们继续准备。我们又不眠不休地准备了一个夜晚，一直到第三天下午，竞标结束，当晚我们便马不停蹄地启程回北京处理其他的业务。

商业有它的规则，明的暗的都正常！我相信这一课值得体会。

60个小时的连轴转工作，最后因为背后有人有一点小动作，我们还是没有中标。说不心酸是假的。但在我这些年的工作经历中，这样的事情比比皆是。经历多了，大伤疤终究也变成了小伤口。付出百分之百的努力，可能会有结果，不努力的话什么都没有。就算投入百分之百，最后我只能得到零，我也必须得去。

付出未必有回报，这是血淋淋的现实。不过，所有的付出对于努力者而言，一定都是有回报的。收获了坚忍、耐力，收获了无所畏惧的勇气。

很累，压力很大，但我好像很喜欢给予别人帮助的感觉，所以乐在其中。那个时候，我每周都会抽半天时间，走到社区里去做公益的心理咨询。我遇到了许多出来闯受到挫折，最后自我封闭的孩子，能帮助到他们，那种满足感是无可比拟的。

"安分"的中年人

曾经有一个妈妈托我帮忙。母亲二十年含辛茹苦，终于儿子从名牌大学毕业，找了一份很好的工作。但仅仅半年，儿子就被老板赶回来了。之后半年，儿子每天就只与电脑游戏作伴，不和任何人说话，也从不外出。父母急得实在别无他法，就找到了我。通过心理疏导，孩子情况慢慢有了好转。那个时候我就知道，这件事，我做对了。坚持咨询，坚持公益，就是因为我觉得，帮助人或者企业解决问题，是一件很有益的事，我觉得有义务去帮助他们。

单纯地帮助他人，往往能收获最深刻的满足。这种深刻的满足、自我认同、道德幸福感，会激励我们继续付出。

三

在我一股脑儿地忙于咨询业务，忙于心理咨询的时候，我事业第二转折的契机悄然而至。

我工作的公司其实是一家挺有名气的大咨询公司。中国有"一支烟两桶油三个手机四大银行"，其中三个都是我们的顾客。做咨询，做战略，我们很少会拿低于一百万元的单子。有一次一家公司正逢转型的关键时期，想请我们团队为他们做一个战略。我们提出了约30万元的项目费，说实在的，其实这对于我们来说已经是为数不多的小单子了。但是他们听完后，还是面面相觑，最后我们也没有达成合作。当时，我看得出来，他们怀着一颗真诚且热切的心来找我们；我也很清楚，30万元对他们公司目前的状况就好比釜底抽薪；同样，我也很想帮他们，但是我无能为力，因为我背后，毕竟是一个团队。

助人为乐的动机，帮助他人得到的回报——市场切入点，每个人周围都存在各种机会，主动积极的行动是发掘机会的前提。

从这次经历中，作者敏锐地发现了中小企业市场的空白。看起来是瞬间捕捉了机遇，其实这也需要长期的内在思索、未来规划等作为基础。所有的偶然都蕴含着必然。

但是，这件事给了我一个启发：在中国的咨询行业里，大企业的服务几乎全数被垄断了，然后中小企业的市场，似乎仍是一片空白，而他们同样也很需要帮助。就这样，创业的种子在我心里埋下了。

当我仔细思考创业这件事，我惊喜地发现我自己本职工作与创业是何其相似。自己抢单，自己带团队，团队一起做项目。如果我们拿不到单，整个团队都会没有绩效。说白了，这不就是创业的小试牛刀吗？所以，以前承受的压力，所有从前积累的资源，似乎都在为这一刻做准备。

天时地利人和，又怀揣着一颗不安分的心，2015年，我开始创业了。传统的以人为核心的咨询，太贵。如今社会IT化、数字化趋势明显，我们想通过大数据来解决问题。

2016年，我们着手去做一个saas平台，动用全部资金，但最后失败了。平台的运营如同一个吸钱的无底洞，往下扔一颗小石子永远都听不见回音。但还好，我有心理准备，我知道创业这条路本来就是不断尝试的过程。现在，我们做了调整，开始慢慢往大数据的方向靠拢。

不过，虽然创业了，我原来从事的咨询业务并没有断。所以创业目前对我来说，就是把我原本赚的钱砸进去。就像是在开一架破飞机，我知道我得慢慢等，等我把所有零件补旧换新。

创业做前期研发过程，最容易出现预算偏离，所以建议分阶段研发，实现一个功能做一个业务，慢慢完善，并控制现金流。

四

我很清楚，我一直都有一颗不安分的心。

职业生涯的第一个十年，环境使我完全找不到自己想做的，我跳出去了。

职业生涯的第二个十年，用我的专业知识和个人素养，这是我能做的；去解决问题，这是我想做的，我干了咨询，做起了心理辅导。

在我职业生涯第三个十年的开头，我依然如此。我想做点更能帮助人而且更有挑战性的事情，我选择了创业，但我也没逃开我的本职，我创业的领域还在咨询。

在我人生这四十余年时光里，我一直努力，在想做的与能做的之间寻求平衡。

创业者说自己都不喜欢谈商业，也让我们看到一个活生生的人。

这样的创业者一定不会急功近利，一旦前期客户稳定下来，发展会非常有序。

上海景芃信息科技有限公司是市北高新集团旗下的创投大数据信息服务机构，其自主开发的大数据投融资智能服务平台拥有超过14万个优质项目，基本上覆盖了一级市场的所有项目，还有近3万投资机构和5万多产业园区详细信息，信息字段详细，标签丰富，无论从信息数量和信息质量都已经处于行业领先地位，曾入选首批上海市重点培育企业，荣获2019年度上海交大安泰创新创业奖。

平凡的创业故事

2017年中旬，我和我的先生——一名来自非洲莫桑比克的留学生——正式开始创业，在非洲莫桑比克地区从事电子商务业务以及中莫贸易的业务。

我很感谢我先生，因为他的原因，我能够去了解非洲，从而决定了创业的方向。

现在回顾这一年多来，创业的过程真的感慨良多。

以前，我还觉得工作会有压力之类，但和创业相比，那些压力就不值得一提了。不同于上班的朝九晚五，每天完成常规工作就坐等月底老板发工资，创业是自己给自己

很少接触跨国夫妻共同创业的项目，差异蕴藏机会，同时也存在冲突，碰到这类企业第一反应是贸易，最容易想到的起步方式。

发工资，公司账户上每一个变化都经常让人担忧，每一分每一厘都用得十分节约，甚至恨不得自己可以不吃不喝不花钱。除此之外，为别人工作时，工作的内容是固定的；而为自己工作时，我必须身兼数职。办营业执照、社保、税务，所有的这些事情都不舍得委托财务公司，是我自己一个个地方问过去、跑出来的，而在那之前我其实什么都不懂。在这样的奔波忙碌中，我改变了很多，只说个人形象，就明显地黑瘦了些。

创业初期的艰辛从琐事开始，企业虽小五脏俱全，各种事务亲力亲为从头学起。

我和先生两人中，我负责国内一切杂务，包括国内活动和客户交流，他负责国外团队工作以及线上运营。投入莫桑比克电子商务并运营一段时间之后，我们就发现现实真的比预期存在更多困难。

创业初，申请的基金钱还没到账，但公司已经开始运营，只能用自筹资金支撑业务，每个月看着公司账户的流失速度，我都感到非常焦虑。因为公司业务主要在莫桑比克，虽然请了员工，但是沟通起来很累；当地基础条件太差，自己购买商品发过去的流转周期太长，整个项目的资金压力都很大。这样的问题一个个出现，我和先生之间也发生了越来越多的争吵。有一次，我和他沟通一个需要做市场调查的业务，我将涉及的工作都明确列了下来，但是非洲那边的员工还是没有按时按质的完成。我当时真的很生气，就和他吵了起来：为什么会有这种情况？是不是他没有传达清楚？但最后我还是试着去理解非洲员工并不是那么"完美"的工作方式。其实困难还经历过很多，我们

跨国企业的管理者必须关注到一点，那就是文化差异。相对于中国人而言，非洲文化普遍表现工作效率更低，做事情相对缺乏系统性、计划性，个人的成就动机也比较弱，往往对于自己的未来没有什么想法，很容易随遇而安。
****

也多次讨论过要不要就此放弃创业，但是太多的不舍得让我们还是咬牙慢慢坚持。

因为夫妻创业的特殊性，我们的生活，从创业开始，就已经不分时间地点都会聊工作，争执在所难免。太多的争吵曾经也让我们都很疲惫，但还好我们目前也没有孩子，父母也尚且能自己照顾自己，让我们能够心无旁骛的把创业置于首位，投入我们全部的心血。在此过程中我们俩也不断学习调整彼此之间的夫妻关系和工作关系，自身成长了很多。

我们所从事的电子商务，其实在中国市场并不是创新的商业模式，但是换了个地方，在莫桑比克就是一项有前景并值得投入的事业。而且对于短期结果我们其实并不看重，我们更重视在非洲这片土地上的长期发展。

一开始，我们只想做电子商务，但一个现实的问题是，绝大多数的非洲国家本身生产力已是相当薄弱，很多商品依赖进口，直接采购周期长，商品成本高，是制约当地电子商务发展的硬伤。因为中莫的文化差异，在各种问题的理解上也有着种种差异，但这也是一个机遇。现阶段的我们在不断深入了解莫桑比克对华企业的各种优惠政策，随着中莫的互动交流加强，我们也隐隐约约地感觉到，未来将有巨大的变化发生。如果我们能够利用自身中非组合的身份，在中国提倡"一带一路"、积极发展与沿线国家的经济合作伙伴关系的大的环境背景下，承担起更多的社会责任，让那些有能力并且有需求在非洲发展的中国企业实现落地，不仅能够丰富当地的商品种类，也能降低电子商务所需的产品流转时间和

既是夫妻又是合伙人，这组合原本就很考验双方平衡关系的能力，面临挑战也是双倍的。

相对而言，中国人比较注重长期规划，做事不急于一时一事。而且，中国人更勤劳，愿意为了未来而付出时间、精力，因此在很多国家也容易成功。

这也是长期从事某一领域后所具备的嗅觉。看似玄妙的直觉，其实是长期的经验、思考积累后萃取出来的精华。

流转成本，对我们来说有极大的意义和价值。

　　其实对于自己的父母，我真的十分抱歉，因为我不是家里的独子，自己的弟弟妹妹都在上大学。目前为止我也没有成为过别人家的孩子，总是随性地折腾着自己喜欢的事情，曾经也有过失败但总是愈败愈战，所以对于我创业这件事，我的父母有很多的担心。他们其实真的就像歌词中写到的，不求子女做多大贡献，只希望子女一辈子平平安安。身为传统的父母，他们认为创业的不确定因素太多了，很怕未来我会经历自己承受不了的事情。他们内心的担忧也许没有过多表现出来，但我知道父亲的担心会化为一声声的唠叨，母亲的担心则融进了每次回家时候的一顿顿美食中。

　　然而因为自己性格的原因，我真的很难去过按部就班的生活。如果为别人工作，我可以在某一阶段或者一辈子都活得比创业平稳，但是我很恐惧那种二三十岁就能看到五六十岁生活的感觉，而创业，一旦走上去了，就是一条你永远猜不到下一刻会发生什么的路，刺激而诱人。所以我认为创业这种事情，当不仅仅是为了赚钱，而是为了实现自己的某种期待的时候，那么所有的辛苦有时候也不是那么难过了。

　　最近常常看到很多创业者支撑不住有些抑郁举动的新闻，而自己走上创业道路后才真正体会到"老板是最没有安全感的，但是却要给所有人安全感"这句话的含义。我相信每位创业者不同时期都有不同的压力，所以心情疏解非常重要。曾经我也面对"一个人的办公室"而一度心情压抑，那时先生转给了我一篇推文，大概内容是办公室只有一个人是

如此明显的差异化商机，想做的人一定很多，如何快速将想法落地，得找到合适可行的切入契机。或许发挥非洲本地人资源优势才是上策。

父母的期望，自己对家人的责任，这些压力背负不易。

与很多创业者相同，内在的成就需求、不愿墨守成规等性格，决定了创业者不安于稳定的生活，而是选择更加富有危机与挑战的创业人生。

一种什么心情。其实想想他和我的相互扶持，也正是我们在面对很多困难依然能支撑下去的原因。

我觉得做梦和梦想的区别在于，做梦醒了就算了，过去了就不提了；但是梦想是有力量的存在，你心有梦想，必能有力量去拼尽全力实现它。在谈梦想的时候，我们会把梦想描绘的很美丽、很梦幻，但是真正去实践的过程是一个不断修正和具象化的过程。最后你的"作品"未必和草稿是一致的，所以根据现实不断做调整也是十分必要的。从最初天不怕地不怕的一股冲劲，到现在遇到困难时能够审视自己的处境，分析各种条件，思考如何变通，尝试可能的方法去抓住机会……创业过程中的我们真的不断地在改变自己，修整自己的创业路径。

而回归到起点，因为梦想我们义无反顾地开辟创业之路，虽然无法预计未来究竟能走到哪里，但我相信，这一个选择注定无悔。

无论今后企业成败，创业者都是一个勇敢的实践者。祝愿家庭、事业双丰收。

 企业介绍

上海缤阁国际贸易有限公司的mozbuy电商团队成立于2017年7月，是在复旦大学创业氛围支持下申请了EFG基金发展起来的初创团队，团队主要创始人是来自非洲莫桑比克的毛思和来自中国的张露露，创业初始是在莫桑比克运营B2C电子商务平台，以期将中国高速便捷的网上购物方式发展过去，为莫桑比克的消费者带来良好的电子商务购物体验。经过近三年的业务发展，我们发现很多国内中小企业都有去非洲发展的兴趣和需求，但无力承担过高的市场风险，所以提出新业务，与国内的中小制造业和品牌商展开多种合作，响应国家"一带一路"合作发展倡议，助力中国制造去非洲创造。

强者思维——像狮子一样思考

初战告急，困难迎面来

我这人有点"二杆子"精神，做事喜欢对自己狠一点。博士毕业之后，看着别人纷纷选择工作，我却义无反顾地选择了创业——我们那时博士创业还是比较少的。而且我想既然我选择了创业，就不要再有其他的顾虑，于是就断然放弃了留校的机会，没有像身边很多人一样，给自己准备退路。我这样破釜沉舟，成功却并没有很快到来。失败我也事先想过，但没想到一开始就遭到当头棒喝——我们对客户的定位和资金链接连出了问题！

破釜沉舟的勇气
可嘉，可惜创业
还得重新学习，
该试错的一样不
会少。

我们的公司是一个进行化工原料生产与销售的企业，它的特点在于，能够把植物级原料，比如说木质素、纤维素、淀粉这些无法直接使用的东西通过化学改性的方式变为目前化工可以接受的原材料，也就是说把农产品变成工业产品的一部分。我想这样好的产品，既有广泛的社会效益——能部分替代目前在使用的石油级化工原料，又能带来非常可观的经济效益——价格便宜，与石油级化工原料相比，它的价格仅是前者的三分之一。这样看来，我们的产品将来应该有很广阔的前景。当然，它的性能还存在一定的缺陷，只能部分而不能全部替代。我们最初的定位，是做化工原材料的供应商，我们的客户应该是生产胶黏剂和涂料的企业。可是真正操作起来之后却略微有些偏差。因为我们逐渐发现，涉及化工原料生产与销售的都是一些实力雄厚的大型企业，比如乙烯，只有中国石油、中国石化能够大规模提供。像我们这样注册资金只有50万元的典型小微企业提供的化工原料，一般人是不敢接受的——风险太大。毕竟化工原材料要求很高，一旦出了问题，接下来的生产也会跟着出问题。

这类产品没有足够的权威背书和官方政策，或者是通过与那些渠道垄断的大企业合作，以供货商或者技术提供方的方式，自己直接面对客户销售等于教育市场和挑战原有市场巨鳄。

没办法，我们只能选择变通，往下走了一步——我们用自己的原料做胶水。胶水的生产厂商比较分散，做胶水对公司的规模也没有那么高的要求，有大有小，大到一年几十亿元，小到一年几百万元的都有。这样变通之后，我们的客户就由原来的胶水厂变成了人造板生产厂。而且非常幸运的是，我们无意之中给公司选择的落脚点，竟然就是国内最大的人造板加工地，这里不但客户非常密集，而且当地的科技部门服务特别到位，能主动帮我们联系客户。寻到了这样一个 "宝地" ，当时我们所有人都很激动，就想在这里扎下根来。

但是，尽管进行了变通，又找到了这块 "宝地" ，想在这里扎根、壮大，也并非一帆风顺。科技服务部门能提供的是引荐，实际上最后与客户达成合作的门槛没有变低，生意还是要自己谈。在谈的过程中，就出现了一些问题：当地客户企业是很多，但它们都属于国内生产制造比较底层的企业。这些企业面对的客户基本都是海外的商家，虽然出售商品的量大，但议价能力很低，这些企业彼此之间竞争非常激烈，普遍存在资金链紧张的问题。这些客户企业能怎么办呢？它们只能把压力转移到供应商身上，而在这之中，胶水厂是最容易被压迫的，因为胶水的利润高啊！无论卖得怎么便宜，它的利润都在百分之三十以上。客户企业凭什么在本身资金链紧张的情况下，让胶水厂赚那么多钱呢？所以，胶水厂的账期常常会被拉得很长，以缓解客户企业自身资金链紧张的问题。极端情况下，一些大的造板厂一年会欠胶水厂上亿元，一年之后才给结账。账期拖得那么长，资金链紧张，我们这些小企业怎么能拖得起？

胶水厂在理论上是技术密集型企业，而在实践中已逐渐成变成了资金密集型——没钱是难以运转得好的。客户企业拖账的时候，我们很痛苦，眼看着那么多大客户，却吃不下。为什么吃不下来？很简单，账期拖上三个月，我们能不能承受？三个月的垫资算下来要七八百万元，我们当时没有那么

企业办公选址也很讲究，有相关产业圈和政府服务的环境自然更适合企业发展，如果再有祖金补贴就更佳。

多自由资金。也想过贷款，可是我们当时一个月才几万元的营业额，又没有什么可抵押的，贷款也贷不下来，只能放弃。当时只觉得做不成好可惜，现在却觉得很庆幸，因为现在想想，那时即使硬撑下来，做成了也不见得是好事。毕竟我们当时那么小的一个企业，一年却要做几千万元的单子，对相应的资金和心理准备都是有极高要求的，相应也伴随着极大风险。但当时我还想不到这些，只觉得非常遗憾。

功败垂成，危机又重重

曾经的"宝地"，摇身一变成了让我们进退维谷的困境。我和两个合伙人不得不退而求其次，辗转他乡，在H地重新试图开辟一番天地。看起来天时、地利、人和，似乎一切都在向非常顺利的方向平稳发展，却遭遇经济危机的呼啸而过……对我们来说，2008年是非常关键的一年，因为公司从这一年开始盈利了，但也正是在这一年，公司遭遇了倒闭的危机。

前期目标客户划分宽了些，经过这次试错，应该更清晰自己的市场在哪里。

H地的人造板厂规模比较小，和之前的大企业不能比，但是它也需要胶水。量不大，每天可能只需要一吨，可好处是小数目我们供应起来也比较容易。就这样历经了三年，公司终于在2008年真正实现了盈利。我们当时觉得生意很好做，利润非常丰厚——一年纯利达到了四五十万元。

正当我和合伙人都欢欣鼓舞时，没料到2008年突然来了一场金融海啸。我记得很清楚，H地一共有五家造板厂，其中三家是我们的客户。金融危机到来之后，一下子倒了两家，所有鸡蛋都放在一个篮子里？业务模式限制了客户范围。

强烈的求生欲，没有战略规划，<u>活下去就是最大的战略</u>。这也是创业初期最基本的生存需求。

急中生智，反而成就了当前的发展道路。理论上最完美★★★的战略，永远比不过实践中最适合的★★★战略。

另外一家处于半停产状态。客户需求少了，我们的资金立刻回流慢了。原来我坚持客户要一个月结一次账，卡得非常紧，而且还有合同在那儿作为约束，但是客户就是三四个月不给结账，或者一次只结一部分，这让我很痛苦。眼看欠的钱越积越多，那么小的单子，算下来却已经欠下十几万元，等于我们一直在往外垫资。那时候自有资金本来就不是很足，我觉得再这样下去比较危险。我和合伙人商量了之后，都觉得不能再这样做下去了，H地的生意只好停掉，<u>我们都很不甘心，但当时还能有什么办法呢？</u>

2009年，我们重新回到了那个曾经被我们当作"宝地"的老地方，却又开始了很长一段暗无天日的时光。我好像忽然不知道怎么做生意了，我看不到公司的未来在哪里。我们三个创业者，都感到特别迷茫，甚至这时候其中一个人忍受不了这种困境，坚持要退出。我和另外一个伙伴商量了一下，虽然当时资金紧张，但还是把他的股份全额退给了他。

那段灰暗的日子是怎么捱过来的，我不知道，我只知道公司要活，一定要活！那时哪里还去考虑什么战略规划，只要能活下去就行。销售胶水，账期太长我们承受不起，那我们还能做什么呢？我们可以挣点"快钱"，毕竟这里那么多的制造加工企业，肯定是有些技术需求的，简单的东西我们给加工一下，收些技术护理费，至少也是暂时的存活之道。那时候我们还真就被逼出了这样一条道路——简单说来就是"技术服务"四个字，但实际上服务的外延是非常广阔的。这条道路现在已经成为公司一个非常重要的战略。

当时我们给一家客户做胶水的改性，目的是把胶黏剂里的甲醛降下来——按照我们原本的定位，为胶黏剂的生产商服务，其实是在为我们的潜在竞争对手服务。作为提供技术服务的一方，又签了合同，我们理应满足甲方的一切要求。可问题又出现了：客户让我们把甲醛降下来，却没办法说出具体参数，只告诉我们要达到欧洲的甲醛检测标准。但是这个标准是欧洲客户针对面料制定的，而不是针对胶粘剂。那么胶水做到什么程度可以达到面料上的要求，中间是没有现成对应关系的，必须通过检测设备做实验才能得出数据。而我们的客户看起来根本没打算提供设备，这个问题只能我们自己解决。总共才三万块钱的单子，我这边还有人力成本，如果买套设备再花一万块钱，那最后这一单肯定是赚不到钱，弄不好还得赔点钱进去。但我转念又想，它说不定就能发展成将来的一个业务，这套设备肯定是有意义的。而且，做事情我喜欢善始善终，既然已经发现这条路，也已走到了这一步，我就要把它做成，所以我还是接下了这个单子。半个月之后，我们把成果交给客户。经过检测，对方老板觉得很满意，就特别诚恳地来找我，对我说，你这儿的技术是我需要的，我每年出一笔钱，把你的技术产品包下来，有什么问题我就找你帮忙解决。我刚一听觉得很不错，不影响我其他的业务，还能让公司有一笔固定的收入，我就问他愿意出多少钱，结果对方回答，一年两万元！我当时就懵了。用两万块钱购买我整个技术团队的服务，这怎么可能？于是我回答他，我们以后还是一单一单地来吧。

关键时刻，一个微小的念头为未来留下了一线生机。这也称为直觉决策，在信息非常模糊，不确定性很大的时候，我们很难作出特别理性、明确的决策，反而是这种"有可能如何"的直觉，成就了我们的决策。

很多客户对技术的价值评估并不清晰，经常以唯以理解的评估标准衡量技术方案，不过好在随着行业发展，我们的科技市场也日趋成熟。

从那以后我对"技术服务"就有了新的理解——要尽量把技术服务变成对方摸得着看得见的东西，最好不要只是提供一份技术方案，而是把它变成实实在在的产品。变成产品不但可以持续从中获益，客户也会觉得"舒服"一点。这就形成了我们技术服务的一种模式——我们不是提供一套技术方案，而是现成的产品，前期技术开发费用少收甚至不收都可以，但是客户得从我这里采购这种产品，我可以保障客户采购我的东西能达到他的标准。现在这些都在与客户的不断对接中形成了合同里的固定条款，每次谈生意，我都会先拿出这些固定条款，看对方能不能接受，能接受就继续谈，不能接受的话，买卖不成，交情还在。这些条款看起来具有相当的强制性，但是它能带来非常实在的好处：随着我们技术服务工作的展开，我们积累了非常多的客户资源，这些客户资源不只是认识而已，也不是一般意义上喝喝茶、唱唱歌之类的交情，我们之间是能形成有效交流的，我清楚对方要的是什么东西，或者要的是怎样的技术服务。弄清楚这些，技术服务就会变得简单，不必要浪费无谓的时间。而且这样的利益互需会形成非常紧密的合作关系，因而也更长久。

> 实践出真知，只有经过实践检验的才是符合自己发展的道理。

蜕变，像狮子一样思考

我这个人有点"笨"，这倒不是谦虚，也不是说我智商低，而是说我创业的时候已经三十岁了，适应环境的能力不如二十几岁的孩子。我自己有一些固有的思维方式和习惯，在环境中刚碰钉子、感到有点不适应的时候，还没想着去改变这些，除非是在面临"生死"问题、没有退路的时候——因为那时再不改变就会被淘汰掉。一个人如果形成了难以发散的、固化的线性思维，将是非常可怕的。创业对我的磨砺，一部分就体现在它对我思维方式的改变。

重新回到大本营的时候，我们什么都没有，一心只想活，巴巴地和一些以前看不上的企业去接触。对方往往都是些"土财主"，他们也说不清楚自己到底想要什么产品，我只好一次又一次跑过去问。那时候没有车，每天早上蹬着自行车就过去了，一遍遍问，最终才弄明白对方的需求。说得夸张一些，这时候付出的也算是尊严的代价了。但是我也不能说什么，因为我清楚——要想做狮子，就要有足够的耐力和韧劲。回想刚开始创业，初出茅庐的时候，碰到的企业老板有时接过我的名片，看看，就放在一边，既不交换名片，甚至都没有自我介绍。当时碰到这种情况，我的态度还比较"硬"，或者说是清高：觉得对方需要就需要，不需要就算了。再往前去回想，在学校时我这个人也特别清高，自我感觉特别良好，而且环境还在强化这一点——学校里导师经常夸我反应快，脑子聪明，有次导师在听博士生报告时居然转过头来问我的意见，让一众师弟师妹对我甚是崇拜。

可是清高没有用，它无助于提高一个人的思维能力和心理承受能力，甚至会起相反的作用，直到把人拖入深渊。而真正的强者，他如果心理很强大，处理问题时恰恰非常温和。他不在乎暂时的、表面的尊严得失，但是对于他想要得到的东西，却志在必得。像大型食肉动物在面对比它更大的

（手写批注）没错，创业过程就是对创业者思维模式的改造。灵活求变、持续改进，是创业者必须具备的能力。没有永恒的困难，也没有永久的失败，一切都是进行改变的契机。

（手写批注）所谓放下面子，就是克服了自己的消极心理防御；所谓内心强大，就是找到了真正的目标而愿意为其等待和忍耐，直至目标达成。

食草动物时，它就不斗狠。狮子面对野牛的时候也可能被顶伤，但绝对不会因此就不敢再来了。狮子就围着野牛转，等它累了，不行了，或者一时疏忽了，就把小牛叼走，不管怎样，狮子的目的达到了。这就是强者思维——不在乎一时或表面的失败，但是我想要得到的就一定要得到。这种强者思维，不经历事实的磨砺是不可能自然而然就具备的。

强大的自我暗示。
商场如弱肉强食的动物世界，强者的心态用以克服谈判中的乙方感受。最终还是以合作共赢为行为目标，这类自我形成的确是创业过程中的产物。

按照规律来说，我的公司在2008年的时候就应该倒下了。当时先是没有赚钱的能力，好不容易赚了一桶金，又遭遇金融风暴。天灾人祸，挡都挡不住，无论有多么好的想法，多么强的能力，即使心理上还足够强大去承受这些东西，但是资金没有了，客观条件不允许，只能带着遗憾说一句"算了"，另外再谋出路。

很幸运，公司没有倒下。一方面是因为我们找到了一条生存之路，虽然这种渠道挣的钱少；另一方面，我们与一般企业不同，特别重要的是，我们在非常困难的时候还可以从国家获得一点科研经费。这笔经费其实非常关键，不用多——

在科技企业早期孕育阶段，国家科研类补贴几乎是它们的生命线。

一年能申请到十万块——我们三个人，每个人就都能过日子了。这些经费很重要，它在最需要水的时候给了我们水，虽然不多，但也让我们不至于渴死。以前只是听着别人说什么要常怀感恩之心，会觉得有点反感或者说不理解。但现在自己亲自经历过之后，不但真正懂得了这句话的含义，有时候讲起这些经历和体会，甚至讲着讲着，就真的会流眼泪——因为没有国家的科研体制的扶持，在最困难的时候伸一把手，公司可能根本就活不下去了。

王者之路，路漫漫而修远

王者之路是一条永无止境的征战之路，必须不断地佩剑前行。我们企业发展至今，年产值已达到了3700万元，但仍有一些让我担忧的因素。企业家最大的忧虑是方向的错误，如果方向错误，后期所有的努力都是没有意义的。我认为自己选择的这一条道路——在化工行业里立足于原材料的改性，不断研制出好的材料替代原来没有的材料，然后把这些材料以技术服务的形式输出而不是以产品的形式输出；再以一家小的企业为一个点做突破，把市场整个带动起来——方向是不会错的。随着应用的推广，我们的服务如果被人接受，它的量会越来越大。当然了，也要做好这样的心理准备：一旦做不成，将来就什么都没有了。

但我们也不能守株待兔，除了"技术服务"这一块，未来我们想在"技术入股"这一块入手。那么所面向的客户就是国家为数众多的微型、小型或中型生产型企业，它们中的大多数都尚未意识到不升级就要被淘汰的残酷现实。其中只有一部分企业家意识到了这种危机并且想把克服危机的想法落实到行动中。他们一般都积累了足够多的管理经验和销售经验，但就目前状况而言，他们没有办法靠一己之力更新换代，这时候技术注入对他们就有很大益处——有时候不仅仅是能够帮助企业延长生命期，甚至能够帮助它们升级转型。比如说，电镀行业有个T老板，有次我们帮他解决一个很小的技术问题，期间我很诚恳地给他提了一个建议，建议他一定要花钱建立一套完整的污水处理

系统，比现在的标准至少要高出一个等级。因为我判断中国将来对电镀行业会大力整治，中间肯定会淘汰一大批不合规范的企业，能留下来的都是先做准备的。他听取了我的建议。后来证明他的选择是对的——2014年国家开始整顿电镀行业，当地那么多电镀厂都被关停并转了，只有T老板污水处理完全达标，结果当地政府就以T老板的电镀厂为基础将其扩建为电镀产业园，当地绝大多数电镀企业都入驻园区。

这个例子可能不是特别恰当，但是它达到了我们想要的效果——通过一定的技术注入，一些濒死的中小微企业重新焕发出了生机。这一方面能起到行业示范效果，吸引越来越多的客户；另一方面，一旦我们获得了客户的信任，我们就可以提出技术入股的请求——我帮你解决问题，你给我5%—10%的股份，我不介入你的管理，但是作为股东我有权利参与你的技术实施过程，你不能对我技术保留。实施过程中一定要监管到位，使其能够按照标准工业流程来做事，这样就能保证不走样，否则明明是你出的问题，反过来还要怪我。当然这里面还涉及各种所有权和使用权的使用范围，很多东西还处于设想阶段。如果这一设想能成为战略执行下去，可能真的会像毛主席说的那样，"星星之火，可以燎原"。剩下的问题就是对人才的渴求了，人才非常重要，公司这两年花了很多钱在这上面。因为一个公司如果没有新的力量注入，很容易陷入一潭死水的局面，《希望在未来有更多的优质伙伴加入我们！》

商业能力成长到位后，感觉思维终归回到了博士段位，合作交换、技术发展、客户拓展都能形成理论式沉淀。

给创业者的话

对于年轻的创业者们，根据我自己的经历，把下面的话当作建议送给大家：

首先，做好心理准备。对挫折要有足够的心理预期，要明白遭遇挫折是一种"规律"——毕竟幸运儿太少，不要一开始就期望这份幸运会落到自己头上。所以要事先想想，碰到挫折该怎么去处理。就像狮子碰到牛一样，不在意一时的失败，而是看重最后自己志在必得的结果，不会放弃的人生目标。

其次，创业初期尽可能不要选择过于庞大的技术体系或服务，如果服务对象必须是特别大的企业，基本建议放弃。因为很难进入，或者说即使进入了，满足客户的要求也会让小企业觉得力不从心。比如在化学和材料领域，大型的化工企业一般都有非常严格的流程和体系，个体和小企业往往连入门的标准都达不到。

最后，要不断加强学习，不论通过书本还是人际交往。要记住，创业中不读书，会变成可悲的纯粹的"生意人"，而这不是创业的意义。

满满的干货啊！在创业者眼里，没有所谓的失败，失败就是改进的契机，就是迈向成功的垫脚石；持续学习，不断丰富自己的理论知识，并从实践中不断反思。

我是创业者，也是两岁孩子的妈

一、创业实属偶然，起步容易守业难

之所以走上外贸创业这条路，其实有很多机缘巧合。大学期间，我读的是材料学院，主要研发医药产品，和创业八竿子打不着。当时有个项目和一家胶囊厂合作，开发新的胶囊配方，开发了一年左右，销售部的领导生病请假做手术，领导说让我帮忙管理两个月，我在大学期间在网上卖过一些家乡特产，想着可以尝试一下，于是就转行做起了销售。

我去了以后发现，我对销售还蛮感兴趣的，但我在外贸上一点经验也没有，刚开始都是从助理开始，而且完成一个销

技术转销售的经历，这种操作几乎就等于在培养创业者，当然还要看性格中对成就和自由的渴望程度。

售订单可不是说签个合同那么简单的，中途可能会有各种各样的波折。工厂和客户也会有各种各样的要求，你需要在中间做一个协调，两者的意愿达成一致才能生产，这个订单达成之后的成就感，是我之前从来没有体验过的，也就慢慢喜欢上了这份工作。

在外贸部待了一年不到的时间，因为种种原因，我萌生了创业的念头，决定自己出来搞这个产品。我在学校读书期间，也做过一些小的创业。我老家云南特产是普洱茶，大学期间有同学让我帮忙从家里带一些茶叶，时间长了，我觉得这是一个挺大的需求，就在宿舍囤了一些茶叶，然后在网上发帖卖茶叶。

除了普洱茶，我还卖过玉石，那种小串串的手链，价格不高，几十块或者一两百块，多多少少能减少家里的负担。到了硕士之后，我就不让家里给我任何的经济支持了，奖学金加上卖一些特产的收入就足够我的开销。从事外贸的感觉就和我卖普洱茶差不多，就是把好的产品推销出去给客户。

创业之前，我对自己的职业规划并没有一个清晰的方向，没有好好地去想自己到底要做什么，读书、上大学、选专业、念硕士，也都是在家人的安排下一步步走过来。现在回过头来看，发现自己其实并不是特别喜欢研发，做一辈子可能也不会有特别大的成就。

如果说大学期间只是小打小闹，现在的创业就算是真正走上正轨了。外贸是市场决定的行业，我为什么会自己出来干，还有一个很重要的原因，是当时在公司做销售时遇到的

传统外贸业务最为考验销售人员的控制力，卖家、买家都是客户，中间还有渠道、物流、定价、质控，等等。

这些小打小闹的举动，看似轻巧，其中却包含着对商业的敏感、对机会的捕捉，以及大胆的尝试。

一个南亚客户。他从事制药行业已经30多年，他的工作效率非常高，非常能吃苦耐劳，让我非常佩服。

当时公司对孟加拉国、尼日利亚这些国外客户不太信任，觉得风险高收益低，没必要合作。但我对这个客户印象很好，慢慢熟悉后，发现孟加拉国的市场还挺大的，而且几乎没有同类的竞品。然后我们就开始做市场调研，我自己也跑了好多次孟加拉国，每一次都要拜访几十家客户，非常辛苦。

把客户确定了，我们才慢慢开始做销售和生产，最后才创立公司。所以说并不是想去创业才创立公司，而是已经有客户、有订单之后，才需要公司这个载体。我本人也不是特别爱冒险，比较保守，如果我一个订单都没有接到，我可能就不会去开公司。

到了今天，我们的客户已经拓展到了亚太地区的多个国家，差不多一个人负责一个市场这样子，压力也挺大的。因为我们的客户不是一成不变的，你必须要比同行做得更好，稍微不注意，一个大订单就飞走了。我们之前就遇到过这样的一个问题，因为工厂的一点疏忽，半年了没有客户下订单，这就叫"创业容易守业难"。

二、"我帮客户开了家工厂"

虽然公司主营外贸，和国外人打交道多，但作为创始人，在团队内部管理上依然要重视。我本身就不是学管理的，在管理上并不擅长，我更喜欢去谈客户，去开拓市场。

亲力亲为、充分调研采集信息，这取决于思维方式和行动力。怕吃苦的人只能停留在空想阶段。

这也是水到渠成的过程。当各种条件都满足后，结果就是自然而然的了。

我们的团队成员大多是90后，有些话不能说得太重，沟通要讲究技巧，一旦说话不注意，就可能会有情绪。

因为我自己是一个非常自律的人，难免会把对自己的要求放到公司其他人身上，我对下属的要求也是苛刻的，这可能会让我在管理上比较生硬，他们说我比较严肃。

就比如说我们之前有一个助理，入职签合同的时候，因为公司特别小，并没有和她讲有年终奖，到了年底的时候，为了提高她的积极性，我给她多发了一个月的工资。每个月我还定了一个绩效奖金，如果把本职工作做好了，这个奖金就是她的；没有做好的话，就会扣一部分。

但她不是特别理解，觉得这个钱本来就是她的，哪个月没有拿到全部奖金，就会不高兴。我当时也不知道用什么方法去沟通，导致我们俩的相处不是特别的愉快，后来她就离职了，这应该就是我在管理上经验不足导致的。

当前90后员工的管理，确实是比较大的问题。他们的想法与行为，不同于其他年龄段的员工，有明显的个性化需求。这需要管理者在实践中不断摸索总结。

现在内部管理大概要占去我一半的时间和精力，因为很多事情都是要经我过手，其实我更希望有一个人能帮我管理，让我能更专注地去做市场拓展，这是我的特长。

当一个小客户过来，很多人觉得利润不大，就不大会想合作，觉得是在浪费时间。但是我会认真收集客户的背景信息，然后会认真地回复邮件。即使他不回邮件，我也会主动打电话过去，了解他是不是真的有采购需求。还有，当我遇到任何的阻力，都会想尽一切办法去克服。我做任何事情都喜欢有始有终，不喜欢半途而废。

内部管理和对外营销都操心，那么人的精力是有限的，这时候需要考虑下团队建设了，多一个信得过的搭档不会增加更多成本，却能提高经营效率。

可能我并没有太灵敏的商业嗅觉，能提前知道市场动向，我没有这个优势，但我能把一件事情坚持做到底。我和客户沟通，要一直到他对我们满意并下订单为止，中间的事情我会想办法去解决。像我之前有一个马来西亚客户，谈了有两个月，一直没有下订单。这个客户其实对我们的产品很感兴趣，想做我们工厂的代理，但当地政府在这方面有很高的门槛，很多证书都要办齐全。所以我帮他查了很多资料，最后帮他办好了。

这是跨文化沟通必然会遇到的问题。创业者不仅仅要有管理能力，能够解决一般的管理问题，还需要有"文化商"，具有理解其他文化、与不同文化个体沟通的能力。

做外贸生意，难免会有文化差异或隔阂。前段时间还遇到过一个问题，需要和韩国的厂家合作。这家韩国厂商对中国人不是特别友好，刚开始沟通的时候态度都还挺好，后面就基本把我的电话转这个再转给那个，最后就挂掉了，碰了很多次壁。我们只好再找国内的厂商，和技术人员一起生产新的模块。

又比如说孟加拉国人，对中国人就蛮友好的。我当时在孟加拉国考察市场的时候，背着包去逛超市，他们本地人是要存包的，而我们的包再大也不需要存，天然就对中国人比较信任。

美国的几家公司是我们最大的竞争对手，毕竟美国在医药领域领先全球，是当之无愧的行业老大，而我们的优势在于性价比高。可能我们的质量和欧美企业有一点点差距，但是我们的价格比他们便宜很多的。亚太国家的客户都比较关心价格，质量只要有保证，差一点点没关系，但价格一定要低。

所以我现在的目标就是，在保持原有的价格优势基础上，不断创新，提升产品的质量，靠近甚至超过欧美企业，这也是现在很多国内外贸企业的共同目标。

三、我是创业者，也是两岁孩子的妈

我老家在云南，我是我们家族唯一一个在上海生活的孩子，其他亲戚朋友都在老家。我舅舅、妹妹、表姐都是那些非常稳定的铁饭碗。我从小比较淘气，喜欢闹，闲不住，我家人就说我小时候像一个男孩，甚至还因为调皮捣蛋打过我。

反倒是我妹妹特别听话、文静，不会去做父母不喜欢的事情，我俩同时犯了错，父母就以为是我带妹妹做的。等上了小学之后，我的性格慢慢地变好了，初中开始，学习成绩也上来了，父母就觉得我懂事了。虽然我也不知道为什么要好好读书，但父母似乎对我越来越好，表扬也更多了，所以就更努力地去学习。

创业这几年，家人是我最大的动力，创业一方面能给家里带来不错的收入，更多的是给我带来成就感，每当做好了一件事情，心里就会有喜悦感。但我最大的压力也是来自家庭。2013年，我开始创业，2014年年初，就发现自己怀孕了，之后的时间我非常辛苦。我老公在另一家公司上班，我的公司也没有几个人，很多事情都需要自己来做，经常挺着大肚子直到晚上11点才下班。

之所以我老公没有和我一起创业，是因为我这个人比较保守，两个人一起投入做的话，风险比较大，需要有一个人

> 这个题目本身，反映了作者对自己身份的认同特征。创业者可能需要的是一种"硬"能力，而做妈妈需要的则是截然不同的"软"能力。

> 青少年时期对孩子的表扬，比指责更有激励效果。

女性创业者对于家庭、事业平衡压力更大，付出的心血也更多，创业不易。

在后方保障，而且他喜欢的就是搞技术研发，在试验室解决一个难题就很高兴。还好我老公对我很支持，经常陪着我去外地出差，有时间也陪我去孟加拉国。

现在家里有小孩了，妈妈和创业者两个身份，真的很难去平衡。目前的情况是我父母帮我带小孩，我白天在公司，晚上回家陪小孩，有时候晚上要照顾孩子，没办法睡觉，到了第二天还是得去公司，相对来说就会辛苦很多。

但即便是这样，我也没想过放弃。都说孩子是家长的一面镜子，如果父母在做事情的时候总是半途而废，那孩子肯定也学不会坚持。我想通过创业给孩子创造更好的条件，但更希望用实际行动为孩子做一个榜样，让他在今后的生活中，能像妈妈一样，不怕困难，坚持热爱的工作。

创业，我们在路上

创业的想法要追溯到我的大学时期，我读本科时大学已经进行了扩招，毕业前景并不乐观，当时的我就想着能否独自做出点事。而且毕业又遇到了"非典"，雪上加霜，就业形势非常不明朗，我便坚定了自己创业的想法。

说干就干，大学一毕业，我便成立了一家校园户外俱乐部。项目在学生中很受欢迎，我的社团成功做到了校园十大社团之一，在几所名校都有了自己的分社团。天遂人愿，恰逢上海市推出针对大学生创业的"天使基金"计划，我们符合其全部的申报条件，于是在大学科技园区支持下，我们拿到了20万

元天使基金，并自筹了30万元，注册了我的第一家公司。

可好景不长，互联网的高度发展使线上旅游公司兴起，线下旅游公司很容易就被颠覆。其次，校园旅游格局受限，不管是购买、租用装备还是在参加户外活动的费用上，学生支付能力十分有限。并且，户外旅游是高风险行业，背包客、露营的事故时有发生，我国相关的法律也不健全。虽然在我的公司里从未发生过事故，但经过全面评估后，我们对风险控制的信心依旧不足。运作公司的两年里，效益也只能保证温饱，难以形成气候。最终，2006年公司决定放弃原有项目开始转型。

曲折的经历

从2005年12月成立公司至今，十多年了，其中我们团队经历了多种波折，甚至公司都重新注册了。披荆斩棘的路上有挫折、有机遇，最终走到了今天。现在回首，我走了很多弯路，但这又是当时不得不经历的。

在2006年决定转型后，我便一直在寻找和研究合适的市场，最终我作出了一个大胆的决定——跨专业转型做医疗信息化行业。为了更好地进入医院市场，我们在定位上主要分为两个部分：一部分是链接医院资源，主要是针对医院对于患者数据、电子病历的这一需求，开发全院电子病历系统；另一个部分是医院资源共享，搭建区域医疗信息平台，力求解决医院和医院之间信息共享的需求。未来，我们希望在这两部分的基础上，推出第三个项目：远程医疗咨询平台。

大学毕业就创业，以校园为市场的业务可算循规蹈矩，加上社团优势能保证盈利已难能可贵。可校园创业不可回避学生群体购买力和覆盖面的问题，加上低门槛，业务拓展难度高于维系。

在很多创业者眼里，根本没有所谓的失败，有的只是学习和调整的机会。所有的失败都不是弯路，而是通往成功的指示牌。

而现实总不会一帆风顺，2006年转型医疗信息化业务后一年便出现了危机。由于项目研发周期过长，我们失去了基金会的项目支持，公司直接面临倒闭危机。这一段时间我们一直在做系统和平台研发，微薄的收入在巨大的投入面前不值一提。公司一边在研发产品，一边努力申报基金，后来由于看不到前景，就只能注销。而注销公司的流程耗时很久，占据了我近一年半的时间，同时我还在着手注册新公司，现在回想起来，那依旧是一段艰苦的日子。

2007年关闭公司期间我依然在做医疗信息化产品研发，毕竟医疗行业专业性很强，所以我依然专注做产品，处于消耗阶段。那段时间有多苦？产品研发屡屡受挫，我被无数的问题质问着，明天会如何？我能走多远？我也不知道，我唯一能做的只有走下去。面对过程中的酸甜苦辣，我选择坚持。为此我开了第二家公司，继续走在创业的路上。

2009年在父亲的支持下合伙成立了新公司，公司在2011年和深圳通信行业的一个团队合并。由于经验不足存在一些问题，显然这次也是不顾实际情况有些冒进的合作，结果双方不和。虽然外来的团队最终离开了公司，但是他们带来了非常大的负面影响。幸运的是，早期核心成员依旧留在公司。这次合并是唯一一次非常危险的状况，一个不慎，人心一散，公司就垮了。（总的来说，这次危机也算是创业中的一次进步机会，之后我变得更踏实了一些，认识到机遇与风险并重，不会如此激进了。）

自从转型之后，我就一直在为研发烧钱，2009年新公司

从校园旅游业务转型到医疗信息化服务，陌生的市场，全新的业务模式，真可谓胆大包天。

单有技术优势和理念还不足以完成转型，一般还是建议寻找熟悉的领域切入，不然前路烧钱无数，碰壁难免。

从创业失败中学习，是创业者重要的课程。遇到一次打击，他们就会认真反思自己的错误，为下一次行动提供参考，这就是进步的机会。

签到一家情况比较特殊的医院。医院愿意把机房管理、日常维护、软件开发全部外包，给予了最大的支持。我们一方面为医院做普通的基础事项，一方面做自己的产品研发，一旦有新的成果就投入到医院进行试错，这个阶段行业经验增长、团队人才培养是非常快速的。坚持总还是有回报，经过这个快速成长的阶段，公司渐渐开始盈利，之前研发的努力看到了效果。

真不容易，一次契机把握住了，完成了 华丽转身。

创业之路需结伴前行

创业，就是要选择与你步伐一致的人，这包括我的父母和合伙人。

作者比较幸运，有家人直接进行创业支持。其实，家人最大的支持是精神力量，尤其是创业者遭遇挫折时。创业者应当善于借助支持系统的力量，比如家人、朋友、长者，甚至专业咨询人员，帮助自己度过低谷时期。

我选择创业，家人是非常支持的，父亲更是给了我非常大的帮助。我的家庭从没有人走过创业路，因此父亲坚定的支持也令我信心倍增。身为家里创业第一人，可以想象父亲承受了巨大的压力在支持我，所以不论我在创业的任何阶段，或成功，或失败，我都很感谢他。拥有一个坚强的后盾，为我源源不断地提供帮助与精神力量，让创业期间我的思路和逻辑都比较清楚，可以较好地将团队组织起来。

除去家人，一路同行的就是合伙人了。合伙人是否优秀，极大程度上影响公司未来的发展走势。如今我的核心团队一共有3个人，除我之外，其余两个合伙人都是做技术的，一个是前公司的合伙人，一个是父亲介绍的。他们都很优秀，也为公司的发展贡献了很多，所以未来公司计划用股权激励他们，具体如何分配将依据公司未来发展状况来决定。股权比例的问题从公司创建就有设计，因为公司的成功绝不是我一个人能做到的，核心团队成员也一直在努力。

可以看出创业者的个人魅力和社交能力，在无经验领域开拓，同时维系着核心团队的稳定。

等待，花开终会结果

创业是需要冲动的，但创业又不能只靠一时的冲动。有的创业者的创业原因是受到了家人或亲戚的创业氛围带动，有的创业者只是想证明自己。不论什么原因，都必须将冲动化为创业所需要的理智、逻辑思维、商业思维，同时要有耐心、经得起等待，这样才能在创业路上走得更远。

所谓"创业需要冲动"，是指创业决策需要魄力，在执行决策过程中需要克服现实阻力；

所谓"创业不能只靠一时冲动"，则是指创业过程充满艰辛，需要持久的坚持与忍耐，面对挫折、困难不放弃。

我身边长辈没有较大的创业成功案例，同辈的兄弟姐妹也没有选择创业的，我是第一人，所以没有一个感同身受的亲戚前辈可以为我指点迷津。但正因为如此，让我养成了一个凡事都靠自己的习惯。所以在我做任何事情前，都会对自己作一个评判：我究竟有哪些资源可以利用？如果我完全没有资源的话，那就必须先去搭载积累资源。

当初积累了不少经验，也确实浪费了一些时间，现在回想起来发现不论当初的路顺也好，不顺也罢，都是必然的。今天永远不会知道明天公司会发展到何种程度，包括期间看人看走眼、政策有变、客户不满意等问题，这些挫折我只是较早的遇上了，以后也会因此避免一些弯路。正如我曾因过于冒进而受到冲击，今日才能做到耐心等待。在两年前我就确定医疗行业市场广大，发展前景乐观，但条件一直不够成熟，我便蛰伏其中，不急于扩大规模。终于，今年市场进一步成熟，新产品和新商业模式的可行性即将被验证，所以我将在今年扩张团队，进行融资。我将早期的挫折化为经验，促进着如今的蜕变。

和普通人的经历不太一样，大多数人经历了先工作后发现自己不适合才创业的过程，我的起步就是创业，大学毕业后我就一直站在悬崖边上，或深或浅的试探着前进。当然，我的全身心投入不能用于要求公司的每一个人，也不能让每一个人去站在悬崖边上承担风险。

我认为保持敏感度，保持希望，明确自身的企业价值是创业的关键。我们想挣钱，但是我们决不只是为了挣钱而创业，尤其针对医疗行业，首先需要达到的目标是社会环境的认可。只有达到这一步，才能保证公司的长期发展。就我而言，钱不是创业的前提条件，我也不认同因为不满足于目前的财富而创业。

2003年大学毕业后开始自主创业，2005年成立自己的公司，一直到今天已经自主创业十多年，有过转型、间断等一些无法预估的问题出现，在这一个过程中我从没有想过放弃，[对我来说创业贵在"坚持"二字，即使有再多的不如意，我依然乐观的面对，怀揣着创业梦想与社会使命感，去做一件能惠民有意义的事业，而至于明天是否能前行，则等着未来去评判，但创业，我会一直在路上。]

其实从自述来看，这10多年前半段几乎就是不盈利状态，到现阶段解决生存问题，追求发展，回头看看所有挫败困难都成风景，这些年驱动坚持下来的动力到底是什么？自述中提到了希望/梦想/精神/坚持，这些都是心理资本的强大表现。

创业是一种挑战
我偏偏喜欢挑战性

创业是一种挑战，其中有付出有牺牲有辛苦有奉献，唯一没有的可能就是得到。

我的事业版图——电子商务

我大学是学医药的，对于电子商务领域纯属是自己的爱好和积累，毕竟现在的商务跟传统商务差别还是挺大的。再就是我的三位合伙人也都了解一些，其实也算是摸着石头过河了。对外我一直都说是大学一毕业就开始创业，但严格来讲毕业后我上过班但是只有两天，当时一是觉得上班的付出

见过不少创业者，多数都有类似情况，在别人眼中的

不务正业，

不按部就班。

跟回报不能成正比，更多的是因为我从很久之前就一直想要创业，创业这个念头是从初中就开始的，只不过那会儿没那个条件，上了大学后慢慢有了一些人脉和经验上的积累后自然就很想要创业了。

我们一开始是做互联网电子商务，主要业务是为电子商务项目提供解决方案，包括网站的相关问题，CRM、ERP整合方案等所有和信息化有关的解决方案。目前移动端的快速发展，很多企业的运营都需要移动端互联网方面的支持和供应，他们最希望的当然是全套的解决方案，不仅仅是网站的建设和运营，更多的是信息系统的完善，比如订单的处理、客户关系的管理、库存、供应链等方面都是需要信息化管理的，毕竟人工管理的各种代价都很高，对于企业运营来说不划算。而对于用户端来说，移动网络的普及让各种APP、小程序渗入到生活的方方面面，企业发现商机，自然在这一块的投资就会增多，所以我们一般是不会缺客户的，几乎不会主动去寻找客户，一般都是客户主动来找我们，我们在互联网营销方面的能力足够吸引客户，客户源基本是稳定的。

创业的压力or困难

创业最初当然是有压力的，跟同级的那些同学、同辈人之间的比较，来自家庭的压力和催促，你想想若是连自己都养不活还创什么业，解决这些基本问题后就是公司的问题，你创业开公司得能招的到员工付得起人家的工资。每个人创业的节奏和心态都不同，我们是比较稳的那一类，就是一步一步来，

创业是一种挑战，我偏偏喜欢挑战性

先把整个现金调整到能让自己先存活下来，然后去拓展业务支持公司的运营与发展，很多人会觉得太保守，不够大胆，但每个人在创业方面的选择都不同，激进和保守总归都是在向前走，选择适合自己的就好。

经常会有人会问：创业的难点在哪？大多数人会觉得在专业领域的探究最重要，但其实专业知识你通过短时间的积累已经能够入门甚至小有成就，再通过一段时间的实战就能够达到一定的高度。难点其实是在于人的管理，公司的运营最终需要人的，专业问题的解决本身就需要专业人士，怎么去找到这些专业优秀的人才并未保证他们在公司积累努力地做下去才是最重要的，而且作为管理者对市场的判断、洞察力、整个团队的维护等方面的能力是很重要的。简单点说就是维度的提高，眼界的开阔和提高要比你在专业领域的探究更为重要，尤其是创业中的公司。

在员工的选择和管理方面也要摸索自己的一套模式，你要洞察出你自己团队的关键精神，一支比较弱小的军队想要打赢一支强大的军队，那就需要一定的战略思想。作为领导者你要有自己的个人魅力，想要员工信服，你就必须得有真本事。否则对一些新人还好说，但是有能力的人自然就不好管理。而这个个人魅力也没法具体去说，比如说我吧，长得一般上班时也很少打扮，如果单看相貌似乎是不靠谱，但是我在处理一些事情或者待人接物的时候所使用的方法和对策得到一些人的认同和赞赏，这份赞赏就是靠我的个人魅力得来的，让别人觉得你就是他们的那道菜，跟谈恋爱有异曲同工之妙。人都是这样

多数企业家都是白手起家，那是一种无从选择的生存之道，初期求存活。每天都生活在一种无奈的持续性状态中，不过坚持下来的原因便是自我调节机制——宿命、希望！所以困苦中让人坚持下来的一定是精神。

马云曾经带队到美国考察过很多一流公司，他问当时微软的CEO Steve Ballmer：谁是你们的竞争对手？Ballmer说自己的竞争对手是苹果、索尼等等，最近如何和它们争斗，又如何消灭它们。而谷歌创始人Larry Page却回答说，NASA、政府是他们的竞争对手。马云问为什么？他说：谁跟我抢人，谁就是我们的竞争对手。
微软只看到了自己的产品竞争对手，而谷歌却看到了自己的人才竞争对手。!!!

所谓领导的个人魅力，包含了提出愿景的能力、阐述愿景的能力，以及给予下属个性化关怀的能力、复杂情形的决断力等。这些综合能力就构成了下属对领导的魅力评价。

101

人和人之间的信任有三个层级：第一是基于 契约 的信任，也就是说我和你签了约，所以我觉得值得信任。这是最低层级的信任，随时有违约的风险。第二是基于 了解 的信任，因为我足够了解你，所以我可以信任你，但这仍然存在可能的变化和风险。第三是基于 认同 的信任，这是最高层级的信任，因为我认同你的价值观、目标，所以我从内心深处愿意交付自己的信任。

同感，股权激励对于快速发展的企业是非常有效的激励手段，发展不稳定甚至艰难的企业，反而会起到反作用。股权激励其实就是一把双刃剑。

的，当员工看到你强大的个人能力后，自然就愿意跟你继续干下去。但若是想问有什么具体的方法这个不好明说，其实都是被逼的，没办法，当你真的在那个位置时就要想方设法去维护运营团队，只要不违法什么方法都要去试一试，找到适合自己的团队管理方法。

对于挖人这一块我是这么想的，被人挖墙脚是你的风险点不是你的核心点，核心只有一个要求，就是稳固坚不可破的主导整个企业的一个精神力量。怎么留住那些核心成员，一方面是要让他们明白在你的公司能够得到哪些实现自我价值的机会和可能，这是精神方面的管理。在当下这个社会更重要的当然是最实际的问题——钱，坦白讲，谁出来工作都不只是为了精神上的满足，更多的是赚取维持生活的经费，很多创业者会想到股权激励。

普通员工或许提高工资就能满足，但对于一些能力更强或者更有追求的人来说股权激励自然是更有吸引力的，但股权激励这种东西真的有用吗？我实话跟你讲，不一定，因为你要明白只有公司盈利你的股权才会有用，对于刚创业的公司来说，一两年甚至三四年不盈利都是有可能的，这个时候如果他们走了你不是完了吗？这个时候所谓的股权激励就是一个给自己人的定时炸弹，所以这个要辩证地去看，无论哪一种激励都要在恰当的时机采用才能管用。

创业前你要先想好这件事

现在很多刚毕业的大学生（以90后为主）想要创业，我觉得应该先做一个中肯的自我评价。我自己是个80后，对90后群体有过接触但是不太了解。我发现90后有很多非常优秀的人，但是关键是很多90后都比较注重生活，会认为生活要比工作更重要，这个无可厚非但是这类人就不太适合创业。因为创业这个东西本身就要有一些献身精神、奉献精神，不能去计较工作时长、辛苦之类的东西，因为在创业中尤其是创业前期，每天工作12个小时或者更长时间每个月可能才只有五六千块的收入，这样看来付出和收获确实是不成正比的，牺牲了生活享受的时间扑在工作上却跟上班赚的一样多，一般人都会泄气。我自己就是一个例子，我现在是已婚人士，但是创业后几乎很少回家吃饭，一天超过一半的时间都在公司度过，从早上十点左右上班一直到晚上十点甚至更晚才会离开，一旦开始创业，在工作时间方面是没有时间概念的，双休日会拿出点时间回家吃饭，平时都不会回去的。为此家人经常抱怨，我都理解但没办法，创业就是这样子。所以在创业前你要做好心理和生理上的双重准备，几乎舍弃自己的生活还要搭上自己的身体本钱。

在我看来，创业是一个最终的挑战，它需要不断地调整模式，不断地打怪升级，就跟你玩游戏一样，永远没有固定模式，总是需要不断地变化。我本身就很喜欢具有挑战性的东西，所以在最开始的时候我跟自己的朋友不断开辟新的路线。在我的价值观里所谓的终极挑战就是没有人能够帮助你，所有的东西都需要你一个人去搞定。这种模式下时间长了你就会有一种习惯，不管你做什么事情，都有一个后备计划，那都是潜

选择创业其实就是选择了另一种人生，充满风险、失败、高投入等等。并非所有人都适合这种生活方式。

有的人是真的忙，既当员工又当老板，既是销售又是财务，但到底家庭与创业之间还是需要平衡的。给自己贴个创业狂人标签，应对家人需求，得头两说。

意识里开辟出来的。

　　长久的摸索和探究你会悟出很多特别的东西，作为一个创业者（管理者）你需要学习的真的很多，而且需要不间断地学习。

看得出这是一个
特立独行、比较
自我的创业者，
享受自己成长也
会总结个人发展。
祝少走弯路，
多些亲情！

高科技创业中的踏实人

每次说起我的创业项目很多人表示很是高大上，因为它区别于传统的创业项目，再加上一些科技因素，就让精密机械看起来拒人于千里之外，其实不过是从事的领域不同而已，做的事情都是差不多的。

从化工专业到精密机械

我是跨专业创业，硕士读的是化工专业，搞新材料开发的，那会是在江苏。但是我工作后接触的是精密机械，越做感觉越有意思，再加上我本身就对化工专业不感兴趣，当时

本科到硕士跨专业、毕业后创业跨专业，实际上有多少人能做到？《大多数学生在选择专业时，多以当下需求为出发点，》而当时多以考试成绩而后能选择更好更高的学历为目标，又有多少人是根据自己天赋、兴趣的呢？两者孰优孰劣也未可说，就本创业者而言，他成功了

硕士选择这个专业也是由很多因素造成的。

我是硕士毕业后工作了两年，然后才开始创业至今。与此同时我目前是在读博士，而我读博士其实是因为创业开始的，我做的是机器人上的精密传动部件，创业的项目跟我现在读博的专业是相通的。我们大学的精密机械及处理加工行业在上海比较领先，在创业过程中我结识了现在的导师，他介绍我去跟他读博士，是计划之外的事情却也是意外的收获。

上班的时候我在公司是做技术的，之前也是做机器人，他的减速仪其实我在读书的时候就开始做了，那个产品还是不错的，是现在国内唯一一家能够生产的，也是拿到国家863项目的一个产品。当时那个项目引起了上海市科委、经信委领导的重视，他们特意从上海去江苏看过还嘱咐我去上海搞发展。正好那时候一个偶然的机会我与上海的一位专家交流过我的产品，觉得很投缘，他也很感兴趣，一拍即合我就去了上海跟他读博士。又因为正好手里有要研发的新项目，我就在上海注册了一个公司，我的创业生活也就此开始了。

对于融资要根据情况判断

我们做的是具有高技术含量的创业，像现在研究开发的精密减速机，目前全世界只有日本一家公司能够量产，能在实验室生产的国家也不多。而我们团队基本主要是以技术人员为主，虽然真正的核心人员只有一两个，也都是掌握技术

专注于自己喜爱的事情，并进行持续学习、深度耕耘，有相应的收获并不意外。水到渠成，说的就是这个道理。

"国家高技术研究发展计划"（简称"863计划"）是科学家的战略眼光与政治家的高瞻远瞩相结合的产物，凝练了我国发展高科技的战略需求。1986年国务院组织了全国200多位科学家对计划建议进行了大半年的论证，在我国科学技术需要急起直追的年代，"863计划"的实施有力地推动了我国高技术的进步。

任何偶遇有可能都是上天的安排，积极开展有效社交是创业者必备的技能之一。

高科技创业中的踏实人

方面的人，但是真的要把项目拿到台面上去、面向大众时就需要团队的共同努力了。人才是科技事业最重要的部分，之前在江苏海门时想招个硕士、博士真的很不容易，但是我在上海成立公司就解决了人才这一难题，无论是跟政府合作还是跟大学合作，我的导师还有他的学生都可以是我人才支持力量。相信很多创业者都有这种经历，在北上广这些地方很多年轻人愿意留下来，招募专业人才也很方便的。

现在的股东就是我跟我太太，她管财务我管技术。我们这个行业只能是小批量生产，因为资金投入大而且周期太长。我们现在就是生产有利润然后把利润再投入项目，再进行研发购买设备，再生产，这么一个模式。

也有人建议我使用融资的方式，毕竟这种高科技创业是需要大量资金的，但基本上都被我拒绝了，我的原因很简单，是因为这个产品不是有钱就能解决的，如果钱能解决的话，那国家搞了那么久投了那么多资金进去也不会连样品都没有吧。在这种情况下，我对自己这个产品是否能够量产也是不敢确定的，所以即便融资得来一大笔钱也没有用。等到我的产品可以批量生产了，到时候买厂房、买土地之类的就需要钱了，那个时候再考虑融资也不晚。

虽然属于高科技创业但竞争也是很大的，特别是技术这方面，我现在已经有9个发明专利了。但是从市场的角度来看，申请了专利也只是保护。如果别人抄袭我的，我可以拍着胸脯说这个东西是我先搞出来的，但也只能说这一句而已，若真的要说维权不是很实际，毕竟我没有那么多精力。

技术型企业早期团队组合往往几乎是纯研发型人才，这很考验老板的市场营运和沟通能力，对外他几乎成为唯一的窗口，对内还得把控研发。高技术研发团队对高端人才要求很高，也只有依托高校和政策才能得到更好的解决。

制造业投入产出比较大，而关键是资金使用效率低，往往一个周期就好几年，这样发展缓慢就更需要保持产品先进性和领先地位，这些非常考验创业者的整体把控和细节处理能力。融资对他们来说也是一把双刃剑。

投资人喜欢又头疼的创业者吧，稳扎稳打不轻易承诺。也符合技术性创业者多严谨风格的特点。此外，融资后压力也会更大，毕竟多了关注和推动，埋头研究发展的节奏必然被打破。

要是抄袭者能把项目做到十几亿元我再去告他还能有些维权的意义，但是如果都是一些小的项目我就没必要去维权了，费时费力不划算。

大环境中遇到的阻力

我现在创业也有两年时间了，说起我的创业跟别人好像又不太一样，因为我是边读书边创业，没有一般创业者那般想把产品做出来赶紧赚钱，再者是我明白我做的这个项目不是能赚快钱的项目，需要慢慢来，目标不能急躁。

目前中国有很多高校都有机械专业，但真正搞机械的是越来越少了，不少学校并不愿意耗时间去培养一个真正的机械专业团队。因为要想真的做好机械专业，学校得拿出一个很大的厂房来放置很多机床，让学生去动手、去实践、去了解。毕竟这个专业要是只给学生一本书是没有用的，他学不会的。这样一来耗费的就多了，对于学校来讲不如大力支持经济学、人文管理之类的专业，这些专业只要你教师团队够大、人够多就可以了，一人发两本书就解决问题了。

而培养也真的要注意方式，我看过很多不好的例子，比如一个研究生毕业了，他连机床怎么开都不知道，你让他画图纸搞设计，他画出来不仅不像就连所有标注都是错的，那些理论化的东西放到实际里是没有的，古人那句"纸上得来终觉浅，绝知此事要躬行"是很有道理的。

我读大学的那所高校也有机械专业，我就很羡慕他们，他们到大三大四的时候每天都能去碰机床，做实践，但是我到上海以后发现反而没了这种教学，主要是上海的土地这么宝贵，学校不可能拿出一个上万平方米的地方放机床供学生实践。这样一来反而不如非一线城市的一些学校对学生有现实意义。

"顺便"的创业，"特意"的收获

对于我来说，创业是顺便的，如果不是毕业后想要做这个项目我也不会想要去创业，但从创业中我也感受到一些东西。相比较来说我的公司是比较简单的，人员很少，大多跟我合作的都是上海大学里的一些老师或者老师的学生们，管理起来比较容易。但有一点比较棘手，当学生们掌握了公司的一些技术后我就开始要警惕一点，毕竟不能让员工们知道太多核心技术，因为很可能现在培养的学生将来就是我的竞争对手，这些我不能不考虑。

创业者在不同阶段需要不同的能力维度。沟通能力、社交技能，是创业者后期必须锻炼的能力。毕竟管理者不仅仅是技术人员，还需要具备一定的战略决策和外部沟通能力。

创业后压力肯定是有的，体力上的消耗是比较大的一部分。心态还好，现在来说我最大的压力来自于两个要验收的政府项目，主要是因为我不善于写本子，也不善于跟政府汇报交流之类的工作，可能搞技术的人都会有这种烦恼吧。

如果有一个人告诉我，他在开始创业之前就把所有问题都考虑透了，我认为应该没这样的人。若是一个人回过头来告诉我，他说当初自己是怎么怎么考虑，然后一步步去做，最后才成为老板。没有，不可能。这个人肯定是在胡扯，这就跟人生一样，没有人能在一开始就做了一切设想，然后按照设想去做，最后达到自己理想中的高度，这是不可能的，只能是小说里的场景，很多的创业都是机缘巧合，很多的成功都是曲曲折折。所以如果你想要做什么事也不用太过强求，做好自己喜欢并且擅长的事情，其他的顺其自然就挺好。

对于创业活动而言，行动实践大于理论概念。面对实际困难，如何解决问题？如何活下去？如何盈利？如何扩大规模？这些实际问题的解决，铺就了创业成功的道路。

踏踏实实地做事情
剩下的就交给时间

当时为了能上重点高中，十五岁的他，揣着借来的5块钱，独自坐车去一百多里外的市区，软磨硬泡、死缠烂打，求校长录取考试失利的自己。几十年后，已经是国内BDT咨询行业卓越人才的他，和我们讲起这个故事时，依然历历在目，让人动容。在他看来，从外企离职独自创业所经历的千万种挫折，都远不如十五岁那年的打击来得强烈……

一、从学校出来的一刹那，我就想撞车死掉算了

我小时候家里穷，当时的中专学费低，国家还可以分配

工作，所以我初中上的是一所县城的中专学校。还好，我在初中期间，数学成绩很好，得了全国数学竞赛二等奖。所以市里重点高中的老师，特意跑到我们县城，说让我参加他们的奥数选拔考试，通过就可以直接进他们的奥数班。

这对我来说，简直是个天大的好消息。那所高中是远近闻名的好学校，全家人也都很支持我，因为这次考试和体育考试的时间重了，我直接放弃了初中的体育考试，可以算是破釜沉舟了。结果，在奥数班的选拔考试中，我没有考好，失去了进奥数班的机会。天大的好消息成了天大的打击。

得知成绩后，我不甘心，向朋友借了五块钱，独自坐车去到一百多里外的市区。要知道，当时是九十年代，不像现在资讯这么丰富，交通这么发达。而我连县城都没有出过。一个十五岁的小男孩，需要自己坐车，找学校地址，找到负责的老师，得需要多大的勇气，要克服多少困难。

千辛万苦后，我找到了当时重点高中的副校长，也是那个奥数班的班主任，我跟他谈了一下午，说我这次考试没发挥好，你必须要录取我。但无论我怎么说，怎么死缠烂打、软磨硬泡，他就是不同意，说这是学校的规定，没考好就是没考好。

从学校出来的一刹那，我就想撞车死掉算了。那是我人生中最大的打击，在此之前，我周围的老师、同学、亲朋好友都知道我即将被这所重点高中录取了，现在真是无颜见江东父老。不仅重点高中的考试没通过，我还为此放弃了体育

15岁是一个男孩走向成人的关键时刻，有多少孩子能为了实现目标尝试通过努力哪怕几乎毫无可能性的一点点希望，好胜、好强可以是一种自信，也可能来自对承诺的责任。

有句话说得好：挫折是上帝精心包装过的礼物。如果你能撕开那个包装，一定会获得最珍贵的东西。当然，撕开这个包装，需要智慧、坚韧、忍耐、反思等等。

考试，连县城的高中都不一定能上。

那个时刻，我一辈子都忘不了。甚至我结婚的时候，所有的朋友都来了，还来了几十个老总，我还和他们把这个故事从头讲到尾。因为从这个事情之后，后面发生任何的困难对我来讲都是太小了。

这次考试失利的压力持续了很长的时间，还好我比较幸运，县城的学校知道我的情况后，破格录取了我。这个失而复得的机会，我非常珍惜，也非常努力，就一心全扑到奥数中，拿到了我们市有史以来第一个奥数一等奖。

一来是奥数得奖，在当时的政策下可以直接保送大学，二来那所重点高中因为奥数选拔没有录取我，我心有不甘，所以就全力地走上了奥数这条路。结果是到了高三，参加奥赛保送大学的政策取消了。这对我来说，又是一个超级大的打击，两年的辛苦都白费了，只能天天以泪洗面。

我的班主任见我这样，找到我说，你不能这样，你数学好，语文也不错，这两门成绩好，高考应该就没大问题的。虽然我在高二的时候就已经偏科，但我吸取了上一次奥数选拔的教训，对数学之外的课也还是上心的，成绩也都还可以，不至于那么差，最后努力冲刺了一把，保送上了心仪的大学。在这几次曲折，甚至充满戏剧性的事情后，我最大的收获就是：人一定要有韧性，要相信自己，只要你自己不认输，别人是不可能把你打败的。

不仅如此，这些经历还让我养成了另一个习惯，就是人一定要在某个专项上做到特别强，强到一定范围内没有人能

挫折对每个人影响不同，庆幸的是他没有失去那种执拗，以后的挫折反而与此比对成为渺小，成熟的心态往往在不经意间促成。

谁说不是呢？杀不死你的，会让你更强。

有时候我们也在想，如果他当时没有如此幸运呢？如果就此失去了进入一所优秀大学的机会了呢？他会走上什么样的人生之路，结果发现，只要信念在，路就在！

比得上，有了这个一百分的满分后，其他地方至少也要达到六十分。就像我做BDT产业的研究，在全国范围内没有比我做得更深的了，而我在别的方面也不能太差，因为很多时候需要跨领域分析的。就比如一只手创业，一定要有一个大拇指，有一个强项，同时，其他手指也要能跟上。

这就是水桶效应，最短的那块木板决定了你的容量。大部分人都会受制于这块短板。

二、咨询是最容易的，也是最难的

创业之前我在一家外企做首席分析师，那时候相对比较自由，大概快到第十年的时候，我开始有了创业的念头。一般来讲，工作十年是一个节点。很多人在这个时候，就会开始考虑转型，对人生、家庭、生活都想得比较明白了，就会考虑下一步该怎么走。

2014年，我正式决定要出来创业。一方面我觉得在外企的工作也到了天花板，8年时间，从初级分析师到高级分析师，再到首席分析师，已经是最好的了。另一方面是国家的BDT产业比较发达，北京成立了集成电路产业领导小组，还设立了1387亿元的国家集成电路产业基金。恰好这些事情我都有参与，还给中央领导写过信，做了很多相关的努力。作为这个产业链的一环，我发现相关的研究公司在国内是没有的，国内没有一家专注于BDT研究咨询的公司，而中国的BDT发展是很需要咨询公司的。公司做大了，对市场信息、大数据都有需求。

咨询公司和其他的实业公司不太一样。相对来讲，咨询公司更简单，启动资金没那么多，研发过程相对短，在外界看来也是一个比较抽象的行业。加上我自己懂BDT技术，本身就是写报告、做产业研究的，写了非常多的研究报告。并且我涉及的领域很广，整个BDT包括电视、机顶盒、LED、太阳能等等，我都比较了解，刚开始起步会更容易一些。

但是，咨询公司也是最难的，因为一般公司的产品，比如手机厂商，它有一个明确的产品——手机，让手机看起来好看，通话效果好，处理速度快，都有一个非常明确的指标。但是咨询公司是不一样的，咨询公司更多的是帮客户做参谋，是一种比较抽象无形的。

客户购买你的服务后，他就知道了这个市场是什么情况，接下来该怎么做。我们在同客户交流的时候，客户几乎都在各自领域深耕了几十年的，经验丰富，凭什么花钱来买你的这个东西呢?像麦肯锡这样的国际咨询公司，它们的品牌已经足够大，它讲的东西发布的报告，大家都相信，这就是价值所在。一个初创的咨询公司，大家连名字都没听过，也就很难认可你的东西，你需要做很多的事情，才能提高公司的口碑、权威和影响力，这是非常难的，也是咨询公司立足的根本。

跨国公司每年都有固定的预算，来买咨询公司的报告，所以只要写得好，每年报告的东西都会有人来买。因为国际上对于咨询业是认同的，它们不会说老板认为怎么样，而是说报告数据怎样，要如何按照数据去做。

国内的一些企业像华为也都是请了非常多咨询大咖，来帮它们做公司的管理、战略、企业文化。但更多的国内企业的老板觉得自己很厉害，老板觉得什么好就是什么好，让国内企业接受咨询业还需要一个过程。

思考过程充分盘点了最大劣势和问题，而非在初期就激情澎湃的罗列诸多可行资源和因素，这种思考模式或许源于他小时候的几次挫折体验，也终究成为他的踏脚石。

三、踏踏实实做事情，剩下的就交给时间

现在，我们的客户基本覆盖了全国，全球五家BDT的公司，有四家都是我们的客户，整个中国的BDT公司都是我们的客户。还有一些金融方面的投资公司，和地方政府也都是我们服务的对象。

一个初创的咨询公司能做到这样，最主要的原因是我们公司的咨询师足够专业，我自己也是这其中一员。我从前公司出来的时候，自己在行业内的影响力已经远远超过了公司的影响力，客户认同我，我的公司也就有了一定影响力和口碑。

第二是我们每年的BDT行业十大预测，已经连续写了好多年。之前是我个人在写，创业之后是整个公司来写，到了年底的时候整个行业都要来找我们"秋后算账"，来看看这个预测到底准不准。实际上我们每年的市场预测都是非常准的。年复一年，公司就会跃升更高的层次。

当然，这期间也遇到过很多问题，比如最开始团队的组建就很困难，因为这个行业对人的要求非常高。你需要懂技术，要有产业背景，要会写东西，要对市场有敏锐的感觉，还要认识足够多的行业专家和大佬，因为研究对象不仅是数据、图表，还有一个个生动的人。满足这些要求的人是非常难找的，所以我们公司目前也就只有九个人，当然，这在咨询公司中，已经是最多了的。

咨询一直是我喜爱的职业，但是走到创业这一步，从某种意义上说，就已经不是为自己而活了。很多你不太愿意做

专业的咨询公司更重要的是数据采集、分析、算法、客户服务等，尤其这类以大客户为主要咨询服务对象的企业，固定员工都不多但精，不过这类公司的外围触须其实分布很广。

的事情，也必须要去做。创业带给我很大的感受就是，人要跳出自己的舒适区，去面对自己不喜欢做的事情，然后才能成长。

我当年在做职业发展规划的时候，结合了自己的一些强项，比如数学，比如文字能力，我作文也得过全国一等奖，再加上工科背景，三者结合。所以我才能用几年的时间，从分析师做到高级分析师，再到首席分析师，这给了我很多自信，觉得出来创业应该也没问题。

但在这之前，我的第一份工作是做技术，做得并不好。在这份工作里，我开始对分析咨询产生了兴趣，但一直没有机会。转行到分析师后，我把兴趣和工作结合在一起，后面的就是时间累积的问题了。

时至今日，我的title还是首席分析师，就是因为我对于这一块是有兴趣的。但创业虽小，五脏俱全，很多大大小小的事都需要做，即便不是我感兴趣的，也没有人帮你。直到后来团队慢慢组建好，很多东西我就安排团队去做了，然后把精力专注在研究上来。但在做那些不感兴趣的事情的过程中，我学到了很多在咨询分析里学不到的东西。

包括在我创业之前，做了很多无关的事情，也是在为我的创业打基础。可能当时是无心的，就想着把自己的口碑做好，人品做好。但是到了这一天，你回过头来再看就非常重要了，[假如当时就是很功利性地去做，反而做不到现在的结果。]

再比如，我当时在公司给客户写行业报告，写完后我还

与其说创业者选择了一种 事业 ，不如说他们选择了另一种 人生 。这种人生充满了挑战和机遇，布满了荆棘和鲜花，不仅需要敏锐的观察力和高超的决断力，更需要自我革新的勇气和毅力。

充分的自信，是个体作出创业选择的重要基础。

积极地去看到过去，他很会自我反思并寻找动力，相比那些抱怨、牢骚，对个人的驱动效果是完全不同的，甚至深远迥成！

会主动地去跟客户讲，我为什么这样写，怎样理解里面的数据，而这些额外的服务都是免费的。当时没想那么多，就想说这是我喜欢的工作，我愿意分享交流，不求其他的回报。

对咨询公司来讲，前面的几年是需要辛苦，需要耕耘的时候。因为你要组建团队，组建自己的数据库，提高自己团队的研究水平，提升公司的品牌、影响力，两到五年里都是在积蓄力量。

而这些客户，在我创业之后，依然选择我，信任我，成为我创业初期的重要支持，这都是因为我无心的一点帮助。这个社会太浮躁了，大家很功利，很容易迷失。但是同时也都很聪明，谁耍心眼都可以一眼看穿。你就踏踏实实地做事情，剩下的就交给时间。做好自己的事情，时间就不会亏待你。

这何尝不是一种匠心？踏踏实实、认认真真地打磨自己的产品，其中的品质自然会被客户所体察。

你给自己打120分
别人可能只给你打80分

经常有人说，如果有一天你开始回顾自己的过去，那说明你老了。我只是想说，以我的年纪和经历来说写自传还是太早了，之所以想要动笔写下这些东西还是想跟你们分享一下，一个普通90后走到现在的一些感悟吧。如果你们能从中获得一些成长和感悟，也是我写这些的意义吧。

过去的影子已在未来初露端倪

我是1992年的，出生于上海，爸妈都是普通上班族。从小父母对我的管束不会很多。就像一般家庭一样，上学时希望你能好好学习，听话懂事。但是他们还是很有原则的，比如青春期就是管住钱，不让我去网吧打游戏之类的。现在说起以前，我爸还是很感慨的，他说那会没想到我能完成他人生的两大缺憾，一是考上名牌大学，二是创业。

从小到大我有点"别人家的孩子"那种。做什么事情都喜欢争第一，小时候学过音乐参加比赛是第一，辩论赛是第一，大学时做过公益社团，在全国大学社团排第一名。这个公益教育社团是大二接手的时候，只有核心成员3个人，整个社团的成员才14个人，到我毕业的时候有一百多个人。唯一一个就是学习不能说每次都是第一，但是最后能考上这所名牌大学也还算可以吧。有一次我跟一个心理老师谈过，我跟他说，我从小到大失败的经历好像就只有第一次创业，其他的事都挺顺的。

喜欢第一，也能拿第一，那较他人而言，思维缜密、自控力强，有很强的知行合一能力。毕业后还有哪方面变化？通常来说，思维缜密的人过于理性，不会冲动创业。

创业有时就是被别人或时代逼的

生命中总会有一些节点，或许你已经做好了执行的准备，也可能在内心已演练过千遍，但真的要迈出那一步时往往要有一个"推"你出来的TA，人也好，事业罢，总归是为自己人生的改变写一个开始，比如创业有时就是被别人或时代逼的。

2015年毕业后我选择进入一家咨询公司，因为刚毕业那会儿社会经验和创业资金都比较匮乏，所以我选择先打工来积累经验和人脉。当时入职的咨询公司也是一家创业发展型的公司，做的是涉外业务，在境外有200多名员工但是国内规模很小，我当时是入职的第3个员工。

其实我对第一份工作还是很有感情的，一方面是自己毕业后的第一个东家，另一方面是我基本见证了整个公司的发展，到我辞职的时候，公司里已经有15个人了，期间公司发展中遇到的问题我都经历过的；还有一个很大原因是，我在那家公司真的学到了很多东西。{公司的三个老板，一个是麦肯锡出来的，另外两个是罗兰贝格，因为公司比较小就有很多跟老板直接接触学习的机会，那段时间自己进步是很快的。}

工资待遇不错，同时人际关系和谐，看起来似乎没有要离开的理由，其实要不是朋友拉我去创业我可能还不会从公司离开。这个朋友是我在大学时认识的，比我大十岁，是一个外国人，他之前是在美国最大在线教育公司工作，这个公司是慕课模式的开创者。朋友当时是中国地区的总负责人，但是没做多久，大概一年多的时间就关掉了，他自己中间打过工也休息了一段时间。后来他觉得创业时间成熟了想要创业了，但在国内也不认识什么人，于是就找到了我，前前后后大概劝说了我一个多月吧，我才下决心要出来跟他一起创业。

很多人问我是凭什么判读创业时期是否成熟，其实我想说哪怕是当时我决定从公司出来自己做并不是认为时机成熟了，只能说是相对成熟，毕竟对于创业来说永远没有完全成熟的时候。

第一次创业做的是教育项目，我们负责开发教育课程然后卖给公立学校。创业亮点是融入了VR元素，不仅是那种用

任何经历都是学习，尤其是刚毕业的时候，善于学习是人的一种 特质。

听上去不怎么靠谱，文化差异很大，年龄差异大，只是因为国内缺个执行者/代理人？合伙人匹配度对企业发展非常重要。他之所以能被说服？诱惑在哪里？!!!

手机送作业做题，而是全建模的教育场景，成本很高但在当时是国外很领先的一种教育方式。

可惜的是，结果并不怎么美好。当时合伙人因为家里的一些问题不得不回国了，再加上一些别的因素我们的创业项目基本就夭折了。第一次创业失败之前咨询公司的老板还找过我，希望我还能回去。我当时真的很感激他，但以我的性格来说，既然已经创过业了就不想再回去安安稳稳上班了，再加上那时我已经有了新创业项目的想法。我认为创业讲究一个时间点，就是说有的项目这几年能做，但是如果我回去打个工回来再做可能就会后悔错过一个好机会了。

现在很多90后对自己的生活或者未来感到迷茫，其实没那么复杂，当下社会虽然浮躁但是机会很多，你想要活下去还是很容易的，当然前提是你不要奢望在上海市中心买一套房子之类的，踏踏实实上班赚钱生活还是很安逸的。

心怀谦虚也要有"唯我独尊"的自信

第二次创业我放弃了之前一直从事的咨询工作，而是选择了对外教育行业。这也是看一个人的个性，有的人喜欢做分蛋糕的事情，但是我更喜欢。我喜欢从一件事情中学到一些东西，更关注成长本身这件事。立刻开始我的第二次创业，项目是语言培训，力争做到像VIPKID学英语这样。

线上的老师自己去找，然后审核培训；国外的客户也是自己去找，通过一些国外网络推广或者Facebook等渠道；课程自己去研发。其实我感觉，创业最主要还是胆子要够大，

之前被整合，项目不是他自己掌控的，而且项目失败也非经营问题，那么下一个项目呢？

"成为一个做蛋糕的人"是很多创业者都有的一个宝贵品质。持续学习，是一种态度，更是一种能力。拥有持续学习的态度，会让人保持开放、好奇，同时又谦虚、好学；拥有持续学习的能力，就必须能够不断反思，并能接受挫折，持续改进。

创业初期的时候遇到的问题也是千奇百怪。举一个例子，当时有一个学生在我们平台购买了1万元的课程，他想要上200堂课，但当时我手上做出来的课程只有20多节，远远不够应付这1万元的课程，于是我就每天紧急做课程，第二天给他上课用，就这样头天晚上做课程第二天给人家上课，一直持续到这200多节课全做出来全上完，现在想想那段时间自己也是蛮拼的，不过也是乐在其中，因为我明白自己不仅仅是在为那1万元的课程在努力，而且是在做一套之后能给所有人上的课而努力。

胆子不小，也真有才，200多节课就这么自己摸索着完成了，是能力和执行力的体现。

创业就是一种不断探索，失败了再重来的一个过程，当时第一版课程的确是做出来了，但是乱七八糟的，选的教材不对，做的课程不对，教的方法也不对。我就开始尝试其他教材，慢慢地改慢慢地实践，这样周而复始地做。第一批的时候积累了差不多一两百个学生，后来就开始找国际汉语教育专业的老师来不断调整教材，现在教材基本成熟，其中也费了不少功夫。

创业过程中，其实很多问题都不是先考虑成熟，然后再去实践。相反，凡紧急情况出现，都是先去应对、解决，做完之后才有可能总结和反思。

比起第一次创业我的第二次创业现在算是小有规模，但在我看来发展速度还是有点慢。就我自己而言最讨厌的状态是不温不火，要么做到红火要么直接搞垮，虽说一直不温不火稳定发展比较安稳，但我不喜欢。感觉现在发展得比较慢的原因就是没有找到合适的市场推广的路子，一是我自己很多精力放在课程设计上无暇顾及其他更多；二是一直没找到合适的合伙人，本身我自己对市场推广这方面是比较陌生的，如果有一个懂市场的人去做肯定就会更快地打开局面；

理论和实践都可以成为第一步。

《三是资金问题，毕竟毕业时间不长经济不充裕，团队规模一直不大，海外推广的人不太好找。三造成了一和二，算是间接因素，也是根本原因。》

抛开这些问题，我对自己的项目还是很有信心的，我们的课程和老师现在已经比较成熟了，现在跟投资人或者参与创业比赛时说起我们的课程，他们都一致认为是非常好的课程，因此我对自己的产品更加有信心了，接下来就要集中解决海外推广这一道难道。

其实每当创业发展遇到问题时我也经常会反思，到底是哪儿出了问题？应该怎么去解决？我经常想起自己大学创建社团做公益的时候，那时候的资源比现在匮乏，但唯一突出的一点就是年轻人的那股子自信，初生牛犊不怕虎的心理，这也是很多创业人应该坚持的东西。

创业要素，课本上说得再多也没感觉，还是得自己走过才有体会。（1）持续性客户哪里来？（2）基本运转资金如何保障？（3）专业团队能力/精力。

做事跟创业都一样，持续时间长短而已。它们都需要一个信念，对自己的那种信心，也是所谓的**心理资本。**

想到才能做到，不想永远不会做到

马云有句名言："梦想还是要有的，万一实现了呢？"这句话真的想跟大家分享，很多事确实是你要敢想然后敢做。我觉得我就是一直都想比别人强，也不是说我有多少天赋，但我心里一直想要变得更强。

还有就是不要太过在意别人对你的评价，特别是创业，对于初期创业者来说反对的声音一定是大过赞同的声音，你给自己打120分的时候，别人心里能打80分就不错了，坚持做自己真的挺重要。

"顺其自然"地开启创业旅程

我的家庭中创业氛围比较浓，所以我高中时就决定创业了。我的家人基本上都有创业，尤其是我的舅舅，他创立了好几家公司，事业蒸蒸日上。舅舅比我大四岁，是他让我觉得创业是一件很酷的事情，我也要做一个很酷的人。在填报高考志愿时，我本来想报的是华东师范大学的心理学专业，但是临交志愿时，我随手填了**大学，结果被**大学录取了，调剂到了我现在的工程学院。我想，既然舅舅是这个专业的，那我就去学这个专业吧。

大学的时候，我背叛了我的专业，大部分时间都在旅

年少时自己所崇拜的人，会对自己的未来有很大影响。从职业选择到个性养成，都会看到榜样的力量。

行。直到后来我也没有去做工程师，所以我觉得我彻底放弃了自己的专业，不过那时候我也正式开始接触旅游行业。因为常出去旅行，所以经常遇到同一批人，他们都在一个叫稻草人的社团，一来二去，我们就熟络了起来。后来，他们主动问我要不要给他们做领队，可以免费旅游。一听到可以免费，我就心动了，于是在大三大四的时候，我就开始做领队了。

稻草人的前身是个社团，在2008年时变成了一家公司。如果要追溯起源的话，这个社团在2002年就存在了。创始人在毕业之后工作了一年，觉得热爱的还是当年在稻草人的工作，所以他们创业了。我在稻草人全职工作了一年半，又兼职领队工作了9年。稻草人开展的是境外的路线，后来，我也开始开展精品境外旅行。这主要是因为国内路线的竞争压力太大了，同类公司的价格已经到了很低的地步，如果开展国内业务，其实很难与供应商形成价格谈判优势。

毕业之后，有一阵子我在一家制造业的管理部门工作。或许是因为工作太顺风顺水了，老板也很关照我，我厌倦了过于安逸的生活，助长了我创业的决心。从小到大，我过的是一种稳定的生活，每天按部就班地学习、工作，后来开始

接触旅游行业，才爱上了这种生活方式。当有了比较，才会有所选择。就像我之前并不知道自己不喜欢既定的生活状态，那是因为我没有尝试过。

因为在公司工作，我没有开展旅游业务，这正因为我接触到的工程师都很爱工作很顾家，而且他们在成家后也很少

出去旅游。现在我们的客群基本上都是单身人士，情侣和夫妻出去游玩的比例不高。男生的比例也很少，一般的团队大概16个人中，可能仅有2到3个男生。因此，现在我推行的旅行主题主要是针对80后的单身高知女性。

去年年底，我带了一条古巴路线的精品团，13人的团里只有一个30岁的男生。最后，他和我们团里一个姑娘谈了恋爱。可见，旅行团的社交系统是确实存在的。一些人加入旅行团的需求就是社交，并且现在80后的单身女性的比例还是很高的，她们的婚恋观也与以往发生了很大的变化，一些女性是很享受自己没有男朋友的状态的。不想结婚，只想谈恋爱的心态是很常见的，我周围的很多女性认为婚姻是对自己的一种绑架，婚姻会降低生活质量，尤其在有了孩子之后。

后来，我通过筛选群体，筛选课题，继而通过我的客群进行口碑传播的方式开展我的精品团旅行业务。在筛选群体的同时，我们会确定精品团的不同规模。较多采用的方式是小团，现在我的团队人数基本上控制在10人左右，因为10人的交流氛围与16人的区别是非常大的，小团可以选择更精品的酒店。旅行对于很多人群来说，住已经变成了一件非常重要的事，而且在不同国家的住宿，一定程度上也反映了一些国家的特定文化。例如在非洲，我们可能有一天会住1000美元左右的房间，而白天我们会带他们去非洲的部落与当地的小朋友交流，那时队员就会感受到一个是天堂一个是地狱，就会开始思考如何面对自己的生

（手写批注）细分市场源于对客户需求的深刻理解，这段客户素描将业务服务对象和来源分析得恰到好处，那么剩下的就是产品本身。

（手写批注）个人观点：任何选择都会带来难免的得失，和创业一样。

（手写批注）这部分蕴含了对服务产品细节设计的构思，如何激发客户，满足客户各类需求，小团体服务更偏重于个性化服务。

活，这也是非常有意义的。

努力可以解决几乎所有困难

在我创业的整个过程中，总体来说我的心态是比较乐观的。一开始想不到方向、找不到渠道的时候，是挺痛苦的事情。但是，我所有负面的情绪好像一个人在深夜里已经被消化完了。在我的概念里，所有的问题都有解决途径，只是看自己在当下做了怎样的选择。如果没有找到解决途径，就是还不够努力。没有一件事情会走到死胡同，如果真的认为自己走到了绝路，也要分析原因，为什么做不成？在分析为什么做不成的时候，其出路就在于要不断地去思考为什么，因为任何事情都有解决办法。好像我除了追不到男朋友之后会选择放弃之外，我不会放弃任何事情。在工作、学习上，我觉得每件事情只要用对方法，通过努力都是可以得到解决的。

有一段时间，由于在工作上屡屡受挫，我经常失眠，这样就形成了一个恶性循环，每天都感到累与困，打不起精神来面对新事物。于是去年国庆节后，我给自己放了四个月的假，开始反省问题到底是在主观还是客观上，是客源端、资源端的问题，还是我自身的问题。我也想过换行业，但是毕竟我在旅游业有了这么多年的基础，临时换行业是重新开始，对我来说，是一笔很大的时间成本，所以，我最后的结论是继续在旅游行业死磕到底，只要坚持与努力，我相信自己可以解决任何问题。

碰到压力都有相似的自我调整过程，归因自己的努力是一切的根源，行动上自然就不那么容易找借口放弃。所以企业发展与创业者个人同步，客观的分析反思，并及时纠正是创业者必备的特质之一。

遇到巨大的挫折后，人需要一段时间蛰伏、反思，在放空后重新思索。这就像是毛毛虫蜕变成蝴蝶的过程中，需要在蛹里面静默一段时间一样。所有的信息、情绪、观念，都会重新打乱重组，重新归于混沌。但是只要重组完成，就会焕然一新、涅槃重生。★★★★

而且，我一直是看好这个行业的。中国多年的传统旅游行业是有弊端的，因此也到了转型迭代的时期。大家都在找迭代的方式和时机，以及我们的客群接受这种方式所需要的时间，可能是一两年，或者三五年，这几年需要我们努力熬下去，只有熬过去了，才能成功。

现在，我还是觉得创业是一件很酷的事情，因为我可以将自己的想法付诸实践，一直努力做下去。虽然创业的难度超过了自己当时的想象，但还是在我能够承受的压力范围之内。如果创业不难的话，还叫什么创业呢？

有点唠叨反复强调自己会创业，说服自己么？真的很是不易，类似每天起床时自己说，我喜欢/我坚持/我享受/我能行这类的激励话语。

遭遇打击，转变心态

现在我不再带队了，主要是发生了两件对我影响很大的事情。一是去年我受了很严重的伤，二是觉得自己的心态没有调整回以前的状态，找不到当年带队的快感了。所以，我要花今年一年的时间好好地沉淀自己，用更好的状态去面对未来。

最痛苦的时候是去年年底那段时间，一部分是感情的问题，我与男友分手，这让我一直很困惑、痛苦，这是我人生中唯一一次有过自杀的念头。当时我的理性不是这么想，我的感性是这么想，索性理性阻止我做傻事。我意识到，我不能一个人待着，正好我有一个朋友，他在马尔代夫有朋友，于是让我去旅行，花了很长时间缓和我的情绪。虽然理性告诉我，人是独立的，我也知道徒然的悲伤是没有意义、没有必要的，但到了一个人的夜晚我还是会感到莫名的伤心。直到今年元旦之后，我突然想明白了一些事情：即使人的一生会遭遇很多挫折，但是我们不能将眼光局限到眼前的一些情绪和关系上。如果跳脱出来，从上帝视角来看，去审视你这一辈子的所有，你就会发现当下所经历的痛苦、不堪，其实都是小事。人生很漫长，现在我才过了30年，如果预期自己活到80岁的话，我还有50年，我在未来50年还会发生怎样的变数？不会有人得知，只有将目光向前看。

另外，带队也让我产生了一种恐慌感。去年年初春节的时候，我带了一个7人团。那时，我犯了一个业内最大的错误：我把成员都当作我的朋友，同时由于出行仓促，我没有跟他们签旅游合同。但旅行结束的前一天晚上，其中的五个人敲我的房门，在我面前一字排开地坐着，与我讨论这趟旅程。他们认为在旅行中没有得到很好的体验，费用部分也不够明晰，质疑此次出游的性质是个人约伴旅行还是公司性质的旅行。他们认为，如果是个人约伴旅行，费用应该由大家平摊；并且由于没有签合同，他们认为不是公司性质的。最终得出的结论是，他们觉得玩得不开心，浪费了一个春节，所以需要退钱。

当时，我受了很大的打击，在这件事结束之后，我开始分析原因。第一，我没有跟他们签合同，这是我最大的失误，我们没有积累足够的计价团的经验。第二，由于是第一次规划这次路线，对于我们旅行的目的地，我们没有想象中的熟悉，没有做好充分的准备工作，因而引起了一系列的抱

左侧批注：

其实，这段挫折带给她的反思，是非常深刻的。遭遇失恋之所以痛苦、难以自拔，不仅仅是因为情感的重大失去，更是因为它严重伤害了人的自信，让人产生自我怀疑：我不够好、我很差劲等等。如果陷入这种思维不能跳脱，就难以修复。

但是，她最终领悟到了这个道理：跳脱原有的思维及评价，以第三者的视角（也就是文中的上帝视角）来看待所有问题。此时，就获得了更广阔的时间维度：一生，而非当下。当这个痛苦放置于一生的背景下，它就显得渺小许多。相应的负面自我评价，也就烟消云散了。

关注失败背后的问题，而非失败本身，是一种积极的思维方式。因为关注失败背后的问题，就会自然地开始分析问题、反思自我，以及提出改善方案。思维如果停留在失败本身，只会带来消极情绪。

怨。后来，我们吸取经验将行程安排在了6—9月份，砍掉了它的冬天部分，反响确实好了很多。

其实还有好几次类似的经历。去年在南美，也发生了一件不太好的事情。我们的旅行线路是从古巴到墨西哥坎昆，其中古巴盛产雪茄，而之前我从古巴到墨西哥坎昆，是没有人查雪茄携带量的。我就告诉我的队员，虽然携带雪茄有限制，但是我当年是没有检查的，这就导致队员们也认为这一次大概率是不会查他们的。但是到了机场之后，工作人员对每一个中国人开包检查，每个人携带的雪茄都超出了数量，也罚了款。虽然当时我在第一时间就把所有的钱都退还给了他们，但是确实也给队员造成了很不好的印象。

料想那个故事的结果是她把钱退还给了团员们，自己非常懊恼，很多创业者成熟后都会有一种共识，生意关系和亲朋关系绝对不能混在一起。

这让我开始反思，一个公司的经营与我之前做领队是大不相同的，公司需要在更多细节上承担责任，我也面临着角色转换的问题。如果当时我只是以一个领队的身份，告诉他们我上次来古巴发生的事情，他们是不会有太大的怒气的。但当我拥有自己的公司，在犯了错之后，他们就会把炮火集中在我的身上，因为我代表的是整个公司。我开始分析原因，也会思考为何一直存在这样的情况，今年是否能继续下去。我认为是我的心态没有进行及时的调整，以领队的身份，和以公司的创始人身份去面对客户的时候，客户的看法与想法是不太一样的。由于我当时的工作太忙，工作压力大，也没能及时照顾到队员的情绪。以前我带队的时候，只要完成领队这个角色就可以了，但现在的我还有很多潜在客户需要和我沟通工作，还会有供应商和公司内部的事情需要山重水复疑无路，柳暗花明又一村。当问题来临时，我们似乎无路可走；一旦问题解决找到了答案，一切就云开雾散了。这就是成长性问题的本质：它最终会激发人的成长。

处理，其他团队也可能会出现一些突发状况。另外，很多路线是我们第一次尝试的，因此在实际体验时的效果与我们设想的效果是有一定出入的。

但总的来说，我认为这些问题都是一些成长性的问题，不具有打击性，每件事情的发生都是在督促公司进一步完善。这些事情最终只会促使我做出一些改变，将公司往更正规化的方向去推进，去尽力解决我当时觉得可以解决的部分。

经过一系列的波折，开始对旅游服务有了重新的定义，同时也更清晰自己的业务，降低风险。这样看来创业必走弯路这句话是没错的。

接受挑战，重新定位

首先，我重新思考了公司的定位，未来我将会增加三个不同方向的定位。一是增加目前年龄段的客群的女性需求，比如，拍照对她们来说是一种非常高的期望，她们希望在旅行的地点有人为她们拍一些美丽的照片，照片在社交媒体上的传播也是最易于推广精品团的一个途径。第二，我们考虑与一些类似交大红娘的相亲组织合作。首先要保证团员1:1的男女比例，主要是要多吸进男性，因为只要把男性招满，女生是愿意花钱去旅行社交的。第三，一些商学院的学生可能会有更多的需求，我们需要增加一些商业的元素，满足他们学习知识、自我提升的需要。

另外，我也会考虑与一些小渠道合作，打破之前一贯的接散客的方式，方便更集中地开展业务、吸进更多的客户群；我还会让我们的产品更加完整。我们目前的定位主要是单身人士，从数据上来看，去年大约70%的客户来自IT和金融行业，但是两个行业的精品团是不止一家企业的。

因此，我们要针对现有的客户群，提供能够满足他们的特殊需求的活动，增加一些高规格、高层次的活动，丰富他们的旅行体验。

第二，我理顺了公司的一些流程，让公司往正规的方向发展。我认为自己第一年的成功是由于运气，只要会介绍生意，就可以活下去。而目前我们的路线主要是在非洲、美洲、欧洲，这也存在着客单价过高的问题，对顾客来说是一种试错成本，我们要降低他们的试错成本，让出口端的产品成为可能。我还会和朋友们增加上海的一些活动，比如，举办人人可以参与的周末演唱会，开展入口端的深度游，提高旅行线路的可行度，同时维护好老客户。

第三，我需要寻找一个更合适的合伙人，他具有出色的公司业务经营能力。因为当出现危机事件，比如与客户的沟通出现问题时，我们需要有能够理性处理这类事件的人，以便能快速地化解矛盾，解决问题。

这些都让我体会到勇于做出改变，才能得到最终的满足。只有当我勇敢地打开那扇窗户之后，去尝试新的生活，我才发现，我还挺喜欢那种"不带窗户"的生活节奏。

另外，我也觉得一个人不能把钱看得太重要，我对物质的追求也没有那么高。太多的财富并没有什么用处，真的赚了很多钱的话，牺牲的是大量的时间。之前我经常去大山里旅行，感受到了贫困山区的小朋友的艰难处境。有一次我在摩洛哥，拜访了摩洛哥的高山民族。他们住宿的地方就是在山上搭了一个住处，既不挡风又不遮雨。他们每天风餐露宿的，孩子们却依旧那么天真善良，总会冲我微笑。他们生活在恶劣的居住环境中，每天需要走一两个小时的山路上学。对我来说，让孩子们的生活变得更好一点，让大家过得更好，才是真正让我开心的事。

物质的索求是永是无止境的，大量的财富不能够给我带来真正的愉悦感，只有善意的传播，才能给自己的内心带来满足。

创业者是情感丰富敏锐的一类人，因为喜欢而去创业，碰到挫折也会自我谴责懊恼，希望让周围朋友/伙伴/客户满意，每次损失都会自我承担，但随着创业一路改变，开始趋向于理性，这又何尝不是一种圆满。

没有几个创业者，夜里能入眠

大学前，我从来从没坐过火车，去过最远的地方是我家隔壁市区。高考的时候意外失利，那时候心想：虽然考不上好的大学，但至少也要去大城市看看闯闯。于是抱着这样的心态来到了上海。

我大学念的是专科，比起本科院校更加自由，在大学里有了更多娱乐的机会开发自己的爱好。学校的街舞社、摇滚社当时都是我带头建立的，给了我很多的自信和快乐。大二时期我就有了创业的想法。我们家是卤味世家，有个祖传的卤味方子，我心想，既然有这门手艺，不能白白浪费，不如就做做看。从大二开始就拉着几个学校的老乡开始摆地摊卖卤味，地铁站、学校门口都是我们的根据地。那时候生意还不错，凭借祖传秘方的好口味，我们的产品还挺畅销的，几个小时就能赚到几千块。到了大三下学期快毕业的时候，我们几个老乡就靠着那两年的积累开了家卤味店。可能是我膨胀了，也可能是经验太匮乏，开起门店之后我们的卤味店反而失败了，合伙人各自返乡四散东西。最最让我寒心的是，那个时候有一个关系非常好的合伙人、很多年的兄弟，告诉我，他要把投资的钱全部拿回去，所以离开的时候带走了我当时账面上的所有流动资金，那个时候咬着牙想一定要迅速解决这样的困境，解决钱的问题。最后，只有我一个人还留在上海继续做这个卤味生意，那是非常痛苦的时期。

这次创业失败之后我做了一件事情：我列了个拜访名单，上面写了10位我认为比较厉害的老师，然后列了10个想要向他们请教的问题，就想方设法去拜访他们。这是一段挺有意思的经历。那时候恰好在看一档节目，撒贝宁主持的《开讲了》，算是大学生公开课。学生代表会带着问题去请教一些行业大佬，不管是MBA还是海归，每个人的问题其实都还是非常利己和实际，所以那时候看完我就受到启发。

"我也可以这么去做！"

然而并不是我想象的那么容易。我名单中排名第一的老总A老师，总共拒绝了我5次。当时想尽办法真的不知道如何才能说服他，最后只能坦诚地讲："A老师，对您来说的一个小时可能非常宝贵，所以您不愿意轻易见我，但是这一个小

作为首次创业，发挥家传资源优势，加上校园市场，的确比较轻易起步，但食品销售所涉及的市场规则、相关政策规定都会是正式商业化无法规避的。

真的是非常令人佩服的经历。在遭遇失败后，能够不沉沦、不停步，而是去向更智慧的老师请教，这本身就是极大的智慧。这说明作者已经做好了被批评、开始自我反思、自我改变的准备，也就是说，在拜访开始前，作者就已经有收获了。

时对我这个处在迷茫期的小伙子来说可能是影响一生的重要时刻。"很意外收到了回复，他说："你过来，我们好好聊聊。"就这样我有幸见到了A老师，他告诉我要去提升学历，脱离当下立足的圈子思考。创业要去做思维逻辑的整理。A老师的孩子们在国外念研究生，所以他也鼓励我继续去完成我的学业。还有一位区文化局的老者，非常有意思，他从头到尾都反对我之前的创业历史，认为我没有深刻认识自己，应该赶快去完成学业。说只有内在功力充实之后才能更好地掌控自己的发展状况。还有其他的几位老师给了我一些心理方面的指导，这些对当时的我来讲受益匪浅。

那时候我自己的私心是想要找到一根救命稻草。欠了很多的债，心情比较触底，想想已经是失无可失的状态，就拼命去争取一点机会，争取得到一点开解。那时候心态真的是太无助了。我当时想：哪怕天天去和10个人斗嘴，这些人的见识、阅历都能让我有收获。不管是好的反馈还是不好的，对我来讲始终都是内心的释放和解脱。虽然经过真的对谈之后他们大多数都反对我继续创业，让我找一份工作稳定下来，但我太想坚持自己了，太想证明自己能行。因为家里就我一个独生子，如果不能有成绩，父母就希望我能回家种地，那时候我咬着牙也想说继续做下去。拜访过这些老师们讲真的我轻松了很多，人在低迷的时候不管是有人羞辱你也好，打击你也罢，心理上来讲都算是一种陪伴。

最初那家卤味店我后来还在经营，它后来慢慢好起来的时候我自己也在反思关于团队的问题。在带团队上我踩了很

也许这10个老师的建议，最后并未直接被采纳，但能够与他们沟通、对话，本身就是对新思维方式、思考角度的吸收与学习。

有阅历有见识的老师，从自己的角度提出想法，就好比给土壤提供了更肥沃的营养，使得作者可以重新吸收到自己的思考体系中。

金钱是有效的外部刺激，它会激发人的欲望，但是这种刺激比较脆弱，容易被更强的刺激所替代；价值观则是内心深处的需求，它的驱动是持续有力并且难以被替代的。

这是很容易理解的，儿时缺乏的东西，在长大后特别需要补偿和满足，以此弥补过去的缺失感。

某种程度上，也是一种领导气质的展现。

多坑。可能是因为刚刚进入社会，不懂得要大家一起去设定一个目标。那时候觉得赚了很多钱，就要用钱来激励团队，但是后来发现，一个团队要能走的长久，重要的是要有正确的价值观。钱本身是不能成就一个创业团队的，人和人在一起还是要有一些共同的奔头和信仰，可惜那个时候并没有想到应该去找个懂行的人咨询一下。自己很膨胀也很不知天高地厚，单纯地以为做卤味生意就是控制好口味就行了，团队只要给钱就可以了。后来发现，餐饮这个行当太细节了。小到油盐酱醋，大到原料供应链、食品药监局备案这些其实都是要认真处理的事情。

我是一个从农村走出来的孩子，小时候没有什么物质基础供我发展爱好、去参与各种有意思的活动，所以大学之后我反而很迫切地想要赚笔钱来享受一下。大一开始，除了第一学期的学费是我爸妈交的，剩下的费用都是我自己交的。我那时候特别喜欢跳舞，就去各个酒吧跳舞，一晚上跳3场，每场400—600元钱。一晚上可以赚1000多元钱，经济逐渐开始变得好起来了。我觉得自己是天生具有领队气质的人，有时候在外面聚会，虽然我舞跳得不是很好，但就是很想去表现自己，哪怕我歌唱得很一般，还是有勇气大声唱，总能获得掌声。不管出来创业还是生活都很享受自己成为焦点的感觉。创业其实某种程度上也是满足了这样一种心态。我自己非常吃惊。在我创业失败之后并没有马上灰心丧气，反而发现自己太喜欢这种创业的感觉了。期间我其实也有去企业面试过。但几十家企业都因为我没有职业背景而不肯要我。偶尔有些企业招聘我去做销售，但我打心底不愿意去做这样的事情。

毕业前夕我独自带着卤味的项目参与了基金会的创业课程，当时做模拟路演的时候受到了评审的肯定，并且成功获得了天使基金的资助。这对于那个时期的我真的是莫大的鼓励。在欠了一屁股债的情况下还是咬牙做下去，感情生活其实给了我很大的鼓励。我之前的女朋友，大一开始交往，一直在一起三年半时间。她家庭条件比我家好很多，这让我更想在她面前证明我自己，也确实在这些激励下慢慢好起来了。

回首我的创业并不算成功，赔了十几万元，现在重新起航，但我不后悔。当时的干劲让我觉得很畅爽。即便女朋友走了，事业也停滞过。但是勇敢地拜访了10位很厉害的老师之后其实我自己也释放了，创业真的压力很大。每天睁开眼，几万元的开销；很难找到一个志同道合的合伙人；每天有无数的事情要做。都说创业者是傻子，我想想也对。创业者，夜里能睡得着觉的人估计真的很少。但是大概也是在这些过程里，才能真切地感受到人生的成长吧。

太过顺利安逸，前文也提过自我膨胀，这种起伏是人生必然面对的成长规律，促使反思，自我否定，自我探索，创业的过程加速了这一成长周期。

偶然造就的创业"伊甸园"

印象关键词: 坚持、不惧挫折、专注

对于大部分创业者来说，创业的魅力在于其无限的可能性。它永远不会一成不变或命中注定，也没有一条标准化的方法和路线。正因如此，挑战与机遇并存，创业者在对梦想的追逐中造就了无限的可能。有人说，成功的创业是偶然的。似乎确实如此，创业的每一步都在选择，其结果有时很难预料，虽然我们一直朝着远处的目标前行，但走近了，才发现步入了另一片"伊甸园"。10年的创业生涯使我"一不小心"走进了自己的创业"伊甸园"，而纵观我的创业经

历、机遇、抉择似乎都源自"偶然"。

初生萌芽

我生于江苏泰州——这片充满人文气息和乡土人情的土地，养育了泰州人敬业勤劳、勇于挑战、不怕吃苦的性格，我也不例外。在大家庭中亲族好友的创业氛围影响下，我也很早就立志要走创业的道路。

2006年，借着上海市开始鼓励大学生创业的东风，作为一名计算机软件研究生，凭借着代表母校参加首届"花旗杯"金融科技创新大赛获得的5000美元奖金，拉上两位同学自筹资金5万元和上海市大学生创业基金复旦分基金无息贷款5万元，我的第一个创业项目就这样开始了。当年的中国互联网还不算特别发达，很多实体店还没有"触网"，采用互联网进行网络营销也远没有深入人心。针对于此，当年的我们的互联网项目便是与餐饮、美发、休闲、娱乐等实体店铺合作推出电子优惠券，希望成为一家电子优惠券平台企业。

早期我们的平台经营还算顺利，在上海各个大学城周边地区的发展可圈可点。可随着时间的推移，靠线下扫街发展商户的模式需要依赖强大的地面团队和资金，在盈利模式还不是很清晰的当时，这样的经营必然会遭遇发展瓶颈。为了改变这种情况我一直在力求转型，偶然间了解到了"B2B"模式。考虑到当时中国B2C网购刚刚兴起，以"当当网"为代表的一批B2C企业都获得了融资，并大力发展在线返佣模式。在线下发展受阻后，我果断将业务由线下转为线上，力

坚持创业2年以上的，几乎都说自己不怕吃苦，到底是从小养成的还是创业磨炼的，或兼而有之？

创业也受家族氛围的影响，耳濡目染一些常见的经商理念。

2006年处在创业野蛮生长时代末期。

集合区域内商家各种优惠券引流的方式，2006年有流量几乎就被认为有价值，现今还得看价值转换模式和能力。

模式改变了，那么相应的团队、业务、成本等都会带来变革，线上平台早期产品研发投入大，后期市场拓展投入大，最终还是要落地于线下。

← 求把平台打造成为一个"网络购物返利平台"。》》

古希腊哲学家赫拉克利特曾经说过，"这个世界唯一不变的就是变化本身。"市场瞬息万变，创业者和企业自身也在不断进化。如何在变化的环境中，不断调整自己以适应变化，这的确是一个复杂的课题。我能做的便是密切观察市场动向，迅速采取措施。

这次转型本身还算及时，但线上的互联网创业模式对市场推广以及资金的要求比线下反而更高。转型后的企业一直面临着现金流的压力。虽然也一直试图寻找外部资金，可一个学生气还未脱的刚毕业的大学生，加上一个早期的不成熟互联网项目确实也很难获得资本的青睐。我屡遭碰壁，企业经营的压力越来越大，公司出现生存危机。

的确如此，学生那点启动资金不足以支撑线上平台开发和技术团队成本，加上市场拓展也需要砸钱，好在当年线上获客成本比2015年后低很多。

对于当初的互联网市场来说，很多业务都只是刚刚起步。选择互联网电子优惠券领域创业也只是从大学生日常生活需求角度考虑，当时只是觉得这个事情有需求，有价值，但对创业所需要的技术、团队、营销、资金等配套资源自然不怎么理解，未能取得好的结果也实属正常。对于当年的业务，我可以很坦诚地承认和接受它的失败。

否极泰来

这种画句号的方式很有仪式感，敢于面对意味着重新站起来的信心，旁观者体验一下强者思维的模式。
☆ ☆ ☆ ☆ ←

2009年是我难忘的一年。某天早晨，天已大亮，可我并没有像往常一样早起上班。或许永远不用上班了，我郁闷地想着。就在前一天，合伙人纷纷向我递交了辞职信。怀着沉重的心情，我召开了最后一次会议，这次会议同时也宣告着合作的结束。这个结果真的不是我想要的，散伙的滋味和分手一样痛苦，那段日子的心情跌入了深渊，创业也陷入了低谷，但我依然选择继续坚守。

经历了这次打击，我反而对创业的理解更加清晰了起来。"创业的目的、方法和途径究竟是什么？"我不断地问自己："我到底能做什么、擅长做什么、喜欢做什么？"再次选择创业方向，我便决定结合自己的专业优势，做自己能做和擅长做的事情。考虑到当时移动互联网刚刚兴起，智能手机还未普及，我敏锐地感觉到面向企业的移动应用开发应该是一个很好的方向。这次致命的打击没有将我打倒，反而让我向阳而生，我更加冷静，更加沉着，在我眼中挫折不再等同于失败，我也不再畏惧受挫，每一次出错都是成长的机会，都是经验的沉淀。

构想成型，说干就干！我重新制定了清晰的发展目标——面向企业移动应用领域，做一款跨平台的企业级应用开发框架。从组建团队到产品研发，我都亲力亲为，产品的研发也取得不错的进展。2010年年初，我正式确立公司转型，并将公司改名，主营业务转为企业级移动应用开发。这标志着新的创业征程的开启。

走向专注

新生的公司在自主研发的跨平台开发框架的基础上，推出了面向不同行业的移动应用解决方案，并针对客户的不同需求，先后开发了面向零售、金融、销售管理等领域的产

创业者虽然没有详细解释为何会发生这种逆转，但是可以想象，所有合伙人的撤资和离开，会带来怎样的失落和打击。有时候，人在绝境反而会特别清醒，这是因为所有表象都破碎了，问题、矛盾反而清晰地呈现出来。当绝境来临，人反而退无可退，可以直面问题了。

我理解转型为向企业提供技术支持服务，这比c端客户拓展成本低了不少，产品能否标准化，又是两个不同的发展方向。

品。当时，出于对这一市场前景的看好，一些大型公司，比如华为、IBM等企业也纷纷推出各自的移动应用解决方案。公司的产品也具有自己的独特优势，产品获得了包括世界500强在内的企业客户认可，公司具有不错的发展前景。

然而由于公司拥有多个产品线，公司研发资源捉襟见肘，销售团队在面对多元化产品和市场时更是无所适从，企业的营销面临困境。市场前景虽然很广阔，但企业的实际业绩却很难做起来。企业定位看似很高大上，但却没有一个强有力的抓手。

正当我为公司的定位一筹莫展、未来规划心乱如麻、一切都向着危机发展时，戏剧性的一幕出现了。一个偶然的机会，我认识了一位在统计调查行业的老前辈，当时我并未抱有希望，也从未考虑过该行业，但他告诉我，统计调查行业非常需要移动调查这样的软件，并带着我走访了几个典型客户，当场就有客户表示感兴趣。回来后，我抑制不住心中的激动，立即着手进行研发。现在回顾当时，可谓是火烧眉毛，巧合之下一位老者为我指点迷津，及时带我走出困境，同时我也感受到了集思广益的重要性，不放过任何一个可能，才能帮助你的道路越走越宽。

之后我便意气风发地推出了移动调查产品，准备迎接攀升的业绩，但实际上我并没有完全脱离困境。公司有多个业务同时发展，精力分散，难以做精做强，增加移动调查产品看似扩大了市场，实则将我们推上了又一个风口浪尖，公司危在旦夕。于是当机立断，我决定集中优势先把一个领域做

贵人相助？那不仅仅靠气运，平时人脉的积累、个人情商财商的体现，同时也是敏锐度和执行力的统一。

简单的对话和走访，其中却蕴含着极大的机遇。创业者之所以激动，是因为他敏锐地感受到了这其中所蕴含的可能性。

好，通过分析市场的反馈和反复比较，最终决定把公司业务专注在"统计调查"这个细分领域。聚焦、聚焦、再聚焦！我一次次地告诉自己，专注才能成就卓越。这一"聚焦"行为虽然只是出自市场的权衡，甚至可谓是被迫的选择，但从此却把我引入了另一个世界——一个崭新的计算机科学和社会科学融合的世界，这怎么不能称为偶然呢，为了创造更多的偶然，我告诉自己不要害怕转变，不要畏惧舍弃，偶然就蕴藏在每一次的挑战中。

永无止境

统计调查的核心是社会科学领域的调查研究方法论，聚焦后的公司，以计算机科学和社会科学为基础，专注于市场调研和社会调研领域的数据的采集、处理、统计、分析和挖掘等业务。公司业务模式简单清晰，产品聚焦，市场聚焦，公司营收连续实现了高增长。随着在统计调查领域的深入发展，公司也不再只是单一提供移动调研技术服务，而是围绕统计调查行业，提供全面的基于数据科学的"小数据"和"大数据"解决方案。客户逐步拓展到了各类政府统计部门、高校科研单位、市场调查公司、大型品牌企业等。

近年来，公司产品先后支持了多个大型全国性调查项目和数据平台建设项目，如部委、上海财经大学、南京大学、武汉大学、中山大学、地方统计局数据平台建设项目等。

我从未想象过，有一天会与社会科学结缘，会迈上这样一条道路。在企业聚焦发展的过程中，我发现自己对这一领

这里没有商业逻辑，但有创业轨迹，从第一次创业懵懂几乎注定失败的体验，第二次以为找到了方向却只是弥补之前的错误，第三次聚焦找到爆发点，如果没有第一步，何来最后成熟？

域始终充满了好奇和兴趣，这也是我未曾预料到的，但这恰恰给了我莫大的喜悦和前进的动力。一个人能够找到一件自己真心喜欢的东西，并且它还和自己的事业结合得很紧密，这可以说是一种幸运！我也当然更加珍惜，为之努力。

我确信，我已经找到了自己的创业"伊甸园"，但这最初可能是出于一种商业的本能，抑或是自我价值的新发现。在这个"伊甸园"里，每天都会有新的发现，追求至臻是永无止境的。

重新审视我的创业经历，似乎从创建互联网平台、由线下到线上、产品转型、专注统计调查行业，每一步都充满着不确定的机遇和偶然，但是理性地分析后发现，这些偶然中似乎都蕴藏着必然，贯穿始终的依旧是战略、市场、团队、技术、资金等。讨论"创业成功是偶然的"这一命题的真伪本身并没有意义，因为创业本身就是充满着不确定性，而成功本身也自有不同的定义。但创业路上没有放弃，就没有失败，努力寻找自己的"伊甸园"吧！

今天的情形，都是过去一连串的 决策 所决定的。看似偶然的片段，其中有其必然性。如不断钻研思索、咬定青山不放松的精神，对机会的敏锐识别与把握，不怕吃苦、及时调整的态度。

花草中窥见机遇：
生物学博士的水培之旅

我从未想过，会在花花草草与水培中窥见未来的一抹机遇；也从未想过，这些会影响我这么深，带给我无限憧憬与希望……

我是一名生物医学博士，毕业已经两年多，现在成立了自己的科技公司。

与其被大家称为"浓浓的学术气息的生物学博士"，我更愿意另一个名称——"优雅的音乐家"，因为创业之路就是一条音乐家的谱曲之路，我喜欢在创业中享受生活，在生活中享受创业，一如音乐家将生命融入音乐，将音乐化为生命。

水培：植物也变"性"

我的创业之路集中在"花草与水培"方面。为什么要做这个领域，一方面是我本身学术的研究领域，另一方面是，当时的机遇。

如果有人了解花卉行业或者之前养过花，就会知道养花的人面临一个最基本的问题，就是不论普通的花还是名花(像君子兰之类)都非常不好养活。原因要么是水浇多了，要么是水浇少了，要么是土里头有虫子。尤其是土，土的原因非常复杂，营养成分的细微差别，很可能就会导致花养不好。

土作为一个核心的因素，困扰过很多人，所以我们就想干脆把土拿掉，专门种在水里，因为市面上确实也有一些种在水里的植物。我们就开始试验，结果发现很多植物从土里拿出来很快就不适宜水的环境，不再生长，我们就猜想这中间一定存在某种技术能使不能种在水里的花卉也具备在水里存活的能力，要不怎么有些植物能泡在水里，有些不能呢？然后我们就开始不停地试验，起先利用最基本的无土栽培技术，在此基础上进行植物改性，中间也失败了很多次，但最后研发成了我们自己的植物水生诱导技术，它能使只能生长在土里的植物具备水生的能力。

目前为止，技术上我们已经可以使三百多种植物具备这种能力。水培比土培好，主要在于土的限定因素太多，而水培则更方便，也更加清洁，使人在审美的过程中不需要有负担。过去养花还是有代价的，买回去像养宠物似的，得悉心照料。但是水培植物就简单得多，即使出差一个月，只要有点水，它就能活得很好。如果还觉得不放心，加几滴营养液，所有植物所需要的营养都能补给上来。此外我们研发的产品都是市面上能买到的，并且结合了颜色、视觉审美方面的考虑，花的存活率和长势甚至比土培的还要好，像兰花、君子兰和马蹄莲都上市了，新的产品也在陆续推出。而市场上同类产品和技术我还没有看到。

小尴尬：博士来推销

这种清洁的、简便的培植方法确实非常吸引人，谁会不喜欢如此毫无负担的审美呢？但作为新兴产品，前期必须得大量推广，我和一群文质彬彬的博士生同学们在推销上就遇到过很多困难，中间产生了许多波折。

开始开展这个项目时，我们是找朋友试养的，他们觉得好就会推荐别人买。通常我们会让他们试养半年，因为有些花开始养得好，后面反而会被泡死，所以我们必须测试植物的稳定性。

对于一些群体单位，比如像咖啡厅，通常很需要这种清洁的装饰，我们会选择免费送养，有时候他们的同行还会求推荐。试用下来，产品口碑很好，好评如潮，可到后期需要买的时候，气氛就尴尬了。他们会说原来送不是挺好的吗？现在怎么这么贵？这时候我们的面子会非常挂不住。

不过现在想想这种情况也不是特别糟糕。它是每一个O2O企业在产品或服务补贴结束后，都不得不面对的一种用户量逐渐下降的正常现象。不过我们由此明白面对不同的群

娓娓道来的言语，没谈理想/情怀/理念，这就是这位创业者的特质，客观理性。

水培植物在当年还是比较新的技术应用，如何进行市场细分估计这位创业博士还要多考虑。

很多技术型创业者都会遇到类似问题，就是需要向自己最不擅长的领域进军。"苍天饶过谁"，要想成为成功的创业者，必须将自己的短板补齐。

免费送养到实际掏钱，这个过程测试消费需求，也可以验证当初设想的客户区间。当然，预判的客户群体准确与否还依赖于对客户市场的理解和积累。

体，需要推出不同规格、档次的对应产品，而不是对所有人群都推销同样的产品，甚至只推销高端产品。换句话说，就是用户与产品需要细分。整个过程中，我们逐渐摸索到一些商业规律，渐渐地也能准确把握用户心理，从而把他们的实际需求纳入产品设计及定位之中。

一方面，用户因而更容易理解与接受我们的产品；另一方面，一些高端客户则是有意想要帮助我们。有时候去写字楼推销，前台了解情况之后，我们居然被告知由副总来接待，实在是受宠若惊。

他们有时候会给我们提很多的商业规划。比如说南京路有家茶餐厅，那时候我们经常跑过去蹭吃蹭喝。一来二去熟了，他们的经理就非常诚恳地告诫我们少和这类大餐厅合作，因为它们更多是要求翻台率，对回头客反而不太重视，所以餐厅美化到什么程度并不是最重要的，反而一些中低档餐厅需要更多地去接触。这对我们后期产品推广目标锁定有很大帮助，比如说后来我们了解到酒店需要大型盆栽，而办公室人群普遍青睐小只的水培植物。

所以说除了最初面子上有点挂不住——而这些问题也都是正常的商业和社会规律——此后不断与客户交流过程中，遇到的人都很好。他们不但为我们出谋划策，帮助我们了解市场和客户需求，而且使我们这一群初出茅庐、脸皮还比较薄的学生心里感到莫大安慰，很感谢他们。

从问题中获得成长，这是很多创业者的路径。"摸着石头过河"，是在环境不确定时获得生存，一种非常实用的方法。

过程中肯定碰到过不少冷遇，而这位创业者看到的是让他感动的积极反馈，打破自己脸皮防线去跑商家，积累客户反馈。但一直围绕替代原有室内摆放的景观植株的想法，会不会有别的不可替代的应用场景呢？

创击：团队的离散

每一位创业者从前期规划到企业成型都不会是一帆风顺的。我的团队亦是如此。

我至今还清晰地记得，申请天使基金前，我们团队有十三四个人，大家都很有激情。因为项目试运营效果很好，包括前面说的写字楼、咖啡厅都很喜欢我们的产品。所以我们常常会想，呀！这个产品一经推出一定会很有市场，大家都很兴奋！

可是当我们准备把植物从实验室搬出来要大规模投入市场的时候，各种问题纷至沓来。比如不同的客户对容器审美和价格等要求不同，我们该如何设计产品容器，从而最大限度地解决众口难调的问题？从团队总研发到生产再到销售，周期跨度很长，很难有精力深入该怎么办？水培植物的绿化与现有绿化必然会形成强烈的竞争关系，初创企业如何才能抵御外部那些实力强大的传统绿化行业的竞争？

诸多问题接踵而至，团队就出现了热烈讨论。但因为人多，脑袋就多，各种意见满天飞，而且彼此都很坚持自己的意见。虽然我觉得他们说的都有道理，可是总得定下一个。可一来二去，总也定不下，项目也没办法运营了。面对各种问题一时间无法解决，从而使团队对未来的发展产生更多的不确定性，很多人因此失去信心，有人直接放弃了。

我为此抑郁了很久，怎么一开始大伙儿那么有激情，人那么多，很热闹，现在就只剩下几个人了？不过现在我也想通了，创业其实就是一场大浪淘沙的游戏，真正坚持的人会

早期团队决策共性问题，十多位伙伴学生时期就一起合作创业的项目，难免会出现讨论热烈有余决策难下的困境，这也看出这位创业者或许性格温和，被大家接受的领导有时候是因为人际关系的焦点，而不是意见领袖。

热情的头脑风暴与真刀真枪的创业之间，有着非常大的差别。这其中的试金石就是实践。只有那些指引实践、在实践中存活的想法，才是真正有效的。

留下来，项目也才会因此越做越好。我很庆幸当初和几个同伴一起坚持了下来。其实当初我也犹豫过，不过我犹豫的少，我的犹豫战胜不了我的坚持。

后来我们坚持不断尝试新的方法——和客户沟通，和行业内的批发商沟通——最终改变了原有的商业模式。把伸向销售的手收回来，专心自己的研发和产品生产，将销售的利润留给渠道商，也就是下游的园林公司、代理商们。单从容器的问题来说，他们才能更好地把握终端客户的需求，不同的代理商面对不同的顾客，自然就会有针对性的购置容器，而且他们还可以从容器中得到利润。

而且我们也从与传统绿化公司的竞争关系，转变为互利合作的上下游关系了。舍去面对终端销售的利润，换取更多的批发商对产品的订单。

这么看似不经意的一个小小的转变，是我们对项目坚持不放弃、不断试错种种努力的结果。因此，对我们而言，坚持就是胜利，你坚持了，卖煎饼果子都能成事！

还是替代原有绿化的思路，好在能建立稳定的销售渠道，这是个好的开始。感觉团队还是缺市场营运人才。

困惑：未来何去何从

团队是任何一个创业公司都必须经过不断磨合才能解决的重大问题，那么对于我这支毫无创业经验的团队来说，我觉得钱倒不是问题，虽然说我们现在盈利还不多，但是利润率比较高，因为前期成本低，而且技术上比较成熟，某种角度来说，市场上目前还没有我们的同类竞争对手。

但是我们需要指导，比如在未来方向上的决策以及如何经营管理。我们现在谈融资，也不是为了融钱，主要是希望找到一个合适的投资人能在未来的方向上给予我们指导。

投资人投进的资源有时候比资金更重要，融资多轮仍然失败的企业有很多，失败的原因有很多共同点，其中一个就是，资源整合能力不够，导致企业不能迅速扩张而被同行企业超越或者无法拓展新业务而资金链断裂。所以，我们更希望团队加盟的是能有更多业务资源的投资者，也正因为他们具有这些紧密相关的资源，他们也更能清晰地与我们一起把握这个项目的未来。

逐渐建成一家以植物科技研发和产品生产为主营业务的高新技术企业是我们对公司的定位。未来一段时期，我们将深入开发水培植物技术，创造更低成本、更高效的水培技术，但也不仅限于水培技术的持续开发，而是以不断满足人们追求更加清洁、美观、方便等舒适享受为根本目的的植物绿化方式。我们不仅会不断地扩大水培植物品种，更将以水培特色的室内绿化景观产品为主营产品，不断将水培技术为主的无土栽培技术与室内外景观园林艺术设计相结合，为人们提供更加低廉而美丽的综合绿化景观产品，不断满足人们对绿色生活的持续追求。

此外，我们希望能够更好地将水培技术应用到现代农业生产中。无土栽培技术从20世纪60年代开始，就在发达国家得到广泛应用。美国最早进行了无土栽培蔬菜商业化生产，栽培面积超过2000hm²（公顷），荷兰有64%的温室采用无土栽培技术，日本的无土栽培面积约300hm²，其中水栽培占80%以上。

随着农业现代化水平的提高，中国无土栽培面积发展也呈直线上升趋势。因此，开发包含水培技术在内的无土栽培技术，将更好地为中国的现代化农业发展提供更强的基础。

总的来说，我们将不断以技术研发为核心竞争力，以植物水培技术为基础，不断开发新的无土栽培技术，应用到室内外绿化以及更广阔的农业生产中来。

音乐家：生活和创业的和谐并奏

生活和创业有时候看起来是两个相互对立的因素，很多创业者没有假期，只有全年无休，因此常常把所有的时间都扑在创业上，而几乎没有时间顾及其他。我其实不是这么看的，我喜欢在百忙之中抽出时间来做自己喜爱的科研项目，而且两方面进展得有条不紊、相得益彰。

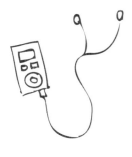

其实我觉得科研和创业是有内在同一性的，而且做科研更适合创业。科研就是针对某一问题不断地探索和研发，创业也是以技术为核心去开发某个项目，两者都是不断地试错、不断地寻找解决方法。某种角度上，科研的核心就是创新，而创业与创新密不可分，所以两者根本上是不矛盾的。对我而言，创业不是一项苦力活，而是一种生活方式，一种我非常喜欢并且带给我快乐的生活方式。到目前为止，我还在做一些本专业微生物方面的项目，虽然公司比较忙，但是我还得干些我喜欢的事情。有新技术诞生的创业对社会有益，但是也要适应自己的发展，否则如果变得很痛苦，创业也坚持不下去的。

创业表面上看起来非常艰苦，有些朋友开玩笑说："你出去还得注意交通安全。"但是当你解决一个难题或是说服一个很难说服的人的时候，你自身价值就在过程中逐渐建构起来，那种愉悦是难以言说的。而且往俗里讲，它的后期受益会很大，比在某间公司里做技术员来得更有价值。不管怎么样，创业带给我很多，我非常享受这种生活方式。

创业过程中我受到过别人很多的帮助，所以一直非常愿意将这股正能量扩散出去。我很喜欢一句话："不戚戚于名利，也不汲汲于富贵。"因为我把创业当作一种生活方式，在这种生活里我找到了安然与快乐。很多创业者初期可能会非常急躁，也有可能放弃一切创业外的爱好一头扎进事业里，因此忘记了家人、忘记了伴侣，可能也因此而茫然惶恐过，但是希望我自身的故事能给出了另外一个截然不同的创业模板，让其他人有所受益。

最后我想说一些心里话。

第一，坚持是最重要的品质。团队中从人多到人少，之所以有今天的成绩，关键在于坚持。

第二，靠智慧，整合资源的智慧。在整合的过程中，是要付出代价的，就要有一个舍得的智慧。

第三，逻辑思维也很重要，至少要有规划。商业需要理性，情怀是一种附加值。

第四，把资源整合起来充分利用，效率会更好，成本会更低，团队会更有效。

创业之路，艰难困阻，但也乐趣无穷。

我愿，我享，我甘之如饴，我亦勇往直前。

总结思维中充满着积极的积累过程，还有着远大的行业理想，真是一个充满书卷气的创业者。

比较全面的创业经验总结。认知（理性决策）+意志（韧性与坚持）+资源整合。

这是比较典型的对性别刻板印象，在大众眼里，"女性+创业"是非常独特的搭配，仿佛创业这条路只是为男人设计的一样。

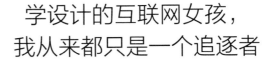

学设计的互联网女孩，我从来都只是一个追逐者

[80后女生，创业小老板。]这些title好像为我的人生赋予了很多不一样的色彩，因为被翻译成大众语言就是年轻的女孩子、小有成就的年轻女孩子。现在想跟大家分享一下我"不安分"的创业之路。

羡慕，"小有成就"意味着在收割快乐之外，还能自己选择生活方式。

　　先说说我的现状，目前的公司是我人生第二次创业，业务主要跟互联网有关，2014年7月注册，已经拿到天使基金，现在算是小有规模了。

　　有人打趣我："哎，你现在大小也是个老板了。"每闻此言我也只是低头笑笑，其实创业的人都知道，对于创业公司来说，老板其实就是为员工服务的。公司有三个合伙人，分别负责业务、法律和运营三大块，现在公司里全职在岗的有5个人，还有一个兼职的技术，大致情况就是如此。

如果想问我是怎么从一个学艺术的学生走到现在做互联网公司的创业者的故事，那得先从我的第一次创业开始说起。

一

我的第一次创业是在大学三年级的时候，当时做了一个手绘墙工作室。说起来当时创业的理由也是被现实"所迫"，我就读的大学学分制是开放的，我又是一个比较喜欢什么事情往前赶的人，大一大二的时候我就尽量把自己的选修学分基本上都修满了，剩下的必修课程频率很低，每周一般两天的课程，大把的时间无处安放，所以我就想干脆创业开个公司好了。说干就干，行动力确实是我比较自豪的一个特点。当时有朋友谈起这事，他们就说这个网页设计方面正好可以跟我自己学的设计专业结合，我就拿出了一年多的精力去学习了一下，初有成绩以后我就开始认真找项目了。

当时是这么想的，因为我们学校绘画专业的学生最多，接触的资源也大多跟绘画设计有关，恰好那时候很多人装修或者为了装点家里喜欢在墙上画点什么，其实就是顺应了潮流吧，两者一结合，弄个手绘墙工作室不错，第一次创业就这么开始了。

当然第一次创业并不是我自己一个人，有一个学习网站设计的朋友是我的合伙人。那会儿我在工作室里的位置相当于广告公司里AE那个职位，主要是跟客户沟通，学校里有很多绘画

没拖延症就很了不起，还往前赶？这种人很少见。这种特质会对自己和周围朋友都有不少积极的影响。

执行力强是创业者的重要特质。多数创业活动，往往是疲于应付每天层出不穷的各种意外，天天满脑子各种奇思妙想。相匹配的超高的执行力、反应力是生存的创业必备技能。

专业的学生找兼职，我就作为学生画师和客户之间的联络员，我帮客户设计好图案敲定好一些事情，然后派遣画师们去完成绘画工作，就是类似O2O的模式，只不过我也负责做设计罢了。

创业中也遇到过一些状况，最大一次波折是创业一年半到两年之间，当时业务下滑得厉害，很多我培养的画师自己出去接活，而且替代类产品大量涌现，比如几十块的壁纸之类的，冲击力有些大，我当时是遇到了一个瓶颈期，但好在我有足够多的客户案例积累，接了一个合肥的工作项目，类似于武宁路超市的那种3000多平方米的外墙彩绘。这样一来积累了足够的利润率，公司也撑下来了，（但是整体已经开始走下坡路了。）

第一次创业算是小有成就，其实很大一部分原因是当时的互联网还没那么大众化，我抓住了时代潮流的发展苗头，把自己擅长的设计跟互联网结合在一起，没想到真的闯出了一点小天地。后来我就拿着自己赚的第一桶金买了房子，总得给自己一个保障的小天地嘛。

我第一次创业还是止于毕业后一年，创业的结束也是被现实"所迫"，当时互联网越来越开放，很多画师开始自己做工作室，导致我们的客单量下降，再就是用工成本翻了一番，我感受到压力，当时也想过如果我再单独开放一个工作室的话也行，但是中间的毛利率会降低将近一半，思来想去我就决定放弃，当然并不是关闭了这个工作室，只是不拿那么多精力去经营了。偶尔有单子也做一点，去年还接了一个不错的项目，像迪士尼里面的画室就是我们参与进去的。

有一单没一单的业务模式最不稳定，如果客户没有持续以及一定的业务频次，那么企业生存问题迟早会爆发，这类企业比较多采取轻资产配以多外围团队。

二

我算是对自己未来比较有规划的人，毕业后结束了自己的第一次创业，因为我明白以后更多还是想往互联网方面发展，所以毕业一年后我就一直在互联网公司上班，一方面可以积累经验；另一方面，就是对自己在设计创意方面的磨炼会增强，毕竟之前做手绘墙工作室时客户对于设计的要求不会很高，也就禁锢了我在设计方面的创新和追求。

毕业后有一定资本积累，然后去公司上班继续积累经验，很稳又不失任性。

在创业者人群中来说我是一个比较"保守"的创业者，就是会积累一定的生存资金再去闯荡的那种，做不到真正放手一搏那种境地。毕业后在三家互联网平台公司工作过，边赚钱边升级自己，都是为了创业做准备。

在职的时候我已经开始了人生第二次创业，也就是现在的事业。

最开始的时候公司是承接一些外包业务，比如给一些大企业和快消品做品牌活动、会员网站或者各种APP等项目。我真的是比较"胆小"的类型了，正式开始全职做公司是接了很多外包项目并且拿到了创业基金后才开始的，我当时估算了一下手里的资金足够支持我创业一年到一年半的时间，我才"敢"完全放手去做。虽然创业者需要很多勇气，但是破釜沉舟的路子显然不适合我，大约很多女性创造者都会这般，给自己留点退路才更安心。

看得出追求一定的保障，然后再去迎接挑战，风险意识很强。

说起来其实创业路上也不断在收获一些东西，去年我拿着跟金融公司定制开发的一个记账型软件参加了一个比赛，比赛名次也还可以，拿了第二名，然后拿了一些相关的业务自然也就得到了一些基金，很多风投也找我在谈合作。但当时觉得运营成本高再加上行业内已经有一些巨头APP的存在，各种原因，我就没有继续那个项目。

现在的我们是做了一个熟人借贷平台，就是通过周边距离和二度人脉来推演你的朋友或者是你的邻居，哪些朋友需要借钱，那我们会去匹配两块的熟人的借贷需求，然后中间我们会穿插一个金融服务型软件。这个项目我们已和上海数字认证中心谈好了战略合作协议，他们会帮我们提供人脸识别和电子借贷凭证的法律有效性，所以在我们平台上你和你朋友之间借钱的所有电子借据，都是未来可以作为证据通过法院直接追讨款项的。

而我们现在也面临着很多问题，有运营方面的，还有就是电子合同的有效性方面，所以创业的路是永无止境的，不是你做出一个项目就可以，事无巨细有好多问题需要处理。

三

创业小有成就后也有不少人问我，你当时究竟是怎么开始创业的呢？作为一个学生创业的那些基础是怎么来的呢？我明白所有人问的这些问题无外乎就是想问，创业资金是怎么来的？坦白讲我的第一笔创业基金是父母给的，不止于钱财方面，就是"创业"这个概念也是从父母那边得来的。

我是一个福建姑娘，也就是大众嘴里常说的南方姑娘，好像一提到南方姑娘，大众的想法就是比较精明，很会赚钱。在这里想帮所谓的南方姑娘们辩解一下，并不是所有南

（手写批注）不建议大家去学习这类项目，P2P贷类项目当时缺少规范和政策环境，而后就成为历史。

本创业者提供的是软件服务。

方姑娘都命里带风，这个还是要看个人的成长经历和环境。我父母都算是自己做事情的，父亲是做工程项目，母亲经营着一家门店，从小我就对从商这件事很感兴趣，那我应该就是属于大众嘴里最地道的那种南方姑娘了。

家庭环境对孩子影响真的很深，这类家庭出来的孩子只要有机会多会毫不犹豫地选择创业。

而我父亲在针对孩子创业方面是很豁达的，他很鼓励我在上学时的"瞎折腾"。因为我从大二开始就不跟父母要生活费了，全部自给自足。当时父亲就给了我5万元，当时他是这么说的，这5万元给我算是这两年的生活费，我自己拿来当生活费也好，拿去投资或者创业也好，亏了就让我再去上班赚回来。现在想想其实就是变相的一种创业鼓励吧。有一部国产动漫《哪吒魔童降世》火遍全国，里面关于"父母的教育对孩子命运的影响"这一观点，我算是感同身受，也真的很感谢父母对我的这种教育。

确实，家庭教育的作用真的很大。有这样的父亲作为后盾，大学时期就拿出资金鼓励孩子去尝试、闯荡，这就给予了作者极大的安全感，以及去尝试的勇气。

大学就开始创业，刚刚毕业就靠自己买房，很多人听了我的经历会觉得"哇，开挂的人生啊"。虽然跟很多大咖比起来尚有很大一段距离，但仍有一些刚刚毕业的年轻人或者初期创业者会跟我打听创业那些事儿，讲真的论我现在的年纪和经历真的不足以为人师，我也是路上的人，也在探索中找寻着前进的那条路。

如果非要说点什么，那作为一个比较保守的创业者我就想跟大家分享，衡量好自己想要的东西，然后列出自己现状所能承受的范围，最后大胆去做吧！

衡量成功的标准并不单一，每个人在创业中得到的也不尽相同，与君共勉。

创心之路

两次创业：试错与重构

我2004年大学毕业就开始创业了，当时的学校老师不支持我创业，认为这会影响学校的就业率，但我还是坚持创业，最终两年后以失败告终。我认为大学应届生创业如果没有足够的阅历与相关经验的积累，是会欠缺火候的。至少以我自己的经验来看，无论是在人脉、阅历还是企业管理经验等方面，大学生都没有系统性的认识，所以创业的失败在一定程度上是必然的。尤其是我们做关于硬件产品的开发，更需要一步一个脚印往前走，经历一些失败是在所难免的。

那时的创业是我一个人的创业，因为我不喜欢一成不变的生活，喜欢挑战一些别人不理解但对我来说有意义的事情。也是由于当时的机缘与环境，那时的电脑刚刚普及，我开始意识到服务外包是一个比较大的市场。于是，我寻找了几个合伙人专门为企业做服务外包的业务。我们大大小小接了一些订单，也挣到了钱，但还是未能实现企业的规模化。

反思我这次的创业经历，一是我没有经验。我们作为一个大学生创业团队，合伙人有七人之多，这在2004年是不合常理的。另外，由于大家在工作中没有明确的分工、分级、决策和利益分配等，创业纯粹是一时兴起，因此，虽然挣到不少的钱，却无法实现公司的正规化和规模化，未能形成合伙人之间的有效约束。我意识到这不是理想的创业状态，我对什么是真正的公司产生了疑惑，我们的企业没有科学的战略规划和发展方向。到了后期，大家有了不同的业务方向，加之有一位合伙人身体抱恙，于是我们的公司最终解散了。

现在看来，虽然第一次的创业失败了，但却是我收获最大的一次。正因为第一次的试错，才使我对合伙人还有公司的结构、管理、战略方向，有了比较系统全面的认识，为今后的重整旗鼓、再一次创业奠定了基础。所以，我非常感激第一次的创业经历。

第一次创业失败后，从2006年开始，我在知名电器公司工作，负责了七年的产品技术。一开始是信念和希望支撑我在公司的工作，我认为自己一直会有上升的空间。但是当我花了大约六年的时间上升到中国人可以到达的最高

很多创业者骨子里都有那种"不安于现状"的因子，一眼就看到头的生活是他们难以忍受的。有高远的目标、看到机遇会兴奋、希望尝试、遇到困难不罢休的精神，都是创业者的独特特征。

这段看似简单的总结，却几乎囊括了大多早期创业夭折项目的通病，值得体味。

失败到底是错误，还是迈向成功的机会？在很多创业者眼里，没有失败这回事，所有的失败，都是可以从中学习的机会，也是通往成功的必经之路。

人对当下的生活都有意识或无疑是设立目标的习性，首位的肯定是自己最为关注且愿意投入大量精力的，有的是家庭目标，有的是娱乐目标，也有健康/社交/兴趣等等。

这个无人关注和反馈的小问题，最终成为作者的创业起点。看起来是无心插柳，其实正是这种善于总结反思、不轻易放过问题的精神，培育了后来的创业项目。

位置后，我感觉到这样的状态并不是我想要的；我厌倦了每天两点一线、一成不变的生活，我认为生活需要过得更有意义，于是我便离开了。因为我是一个喜欢设立目标并为之不断努力的人，如果没有了目标，我就会感到迷茫，人生便失去了意义。

七年之后的我重新开始了创业，其机缘来自于我在公司的工作。我在公司负责产品售后的技术支持，每天会看大量的用户反馈数据。我在数据中发现，每个月都有较多用户询问小朋友如何正确使用电视机、电脑而不伤害眼睛，而这些反馈意见在大企业里往往是会石沉大海的。无独有偶，2003年春节，我哥哥两岁不到的孩子哭闹着要玩平板电脑，哥哥当时对我说，如果能有一个产品管住小朋友就好了。后来我把这个想法反馈到了公司事业部，意料之中，最终没有结果。于是，我想自己做这个产品，便开始了我的第二次创业之路。我找到了另外两个合伙人，从2013年开始，我们的团队都在做大量的市场数据的用户调研，包括家长对我们产品的使用反馈，这让我们意识到这个产品的确是被大众需要的。

我们产品的定位和目标市场由整个团队一起制定，主要方向是儿童的教育和互动智能发展。关于公司定位，我们的短期目标是做智能硬件，中期目标是往跨平台和跨领域发展，做一个综合性的互联网公司，我们可能有多款产品支撑，但最终是靠平台化的数据和用户流量来进行整体的盈利和估值。最终目标是做品牌，因为其实任何企业发展到最后都是要形成品牌、文化，这样一个企业才能永葆生机。

寻找合伙人：先志同后道合

按照当时我对创业的理解，合伙人的组合是非常关键的，这关系到企业的生死和未来走向，这也是从我第一次创业的经验中得出的。因此从这方面来看，第一次创业可以说是"成功"的，没有第一次就不会有如今明确的方向。合伙人的组成从两人到了七人，都是平时打游戏认识的。我的合伙人之一就是一起玩了八年dota的朋友。所以，找合伙人需要先"志同"，才能"道和"；要先有一个兴趣相同，然后才可能在一起共事。

现在我们团队的创始人一共三人，一是CEO，主要负责所有对外的事务，例如负责市场、销售、对外投资等；另一个是我们的硬件工程师，主要负责产品的硬件设计和研发；还有一个是经验非常丰富的研究工程师。

我们的三位合伙人的分工和组建主要基于：一是，我们需要做技术的人，实现产品的功能；二是，产品的交互和体会，以及产品的功能定义；三是，每一个创业团队最缺的角色就是将产品卖出去的人，即硬件团队。2014年5月，在硬件完成之后，我们认为还缺少一个软件合伙人，最终我们找到了一位有20多年经验的架构师作为软件合伙人。

2015年，我们又找到了第五位合伙人。随着产品的演变，产品的结构与设计是非常重要的。因此。我们认为硬件团队需要一位好的ID工业设计师，后来我们有幸请到一位，

规划非常华丽，在当时来看的确很"先进"。不过研发电子产品要控制研发周期，关注用户需求变化，此外，还要考虑营销和知识产权保护等等，需要控制的环节太多。

主要负责工业结构设计。

我们团队的架构除了股东一层外，还有一个Creative Centre，即创意中心，大家共同组建的一个虚拟部门。创意中心包括外部员工、内部员工以及股东，这个部门用来大家共同创造。

理工男的严密思维逻辑经营企业，尽善尽美。

产品研发：不忘初心、见解独特

我们的产品研发从最早一代到现在，有了很大的改变，从最早的想要研发类似摄像头之类的产品，变成了如今具有概念性的产品。在此过程中，我们遇到的最大问题就是一些硬件设计上的瓶颈。在尝试了三代产品后，目前的最新一代产品，在电路、材质、构造、外形等方面都有了较大的改变。

在产品迭代的过程中，我们的产品在功能、性能、稳定性以及外观等方面都有了改进。另外，我们也会考量成本的问题，只是对目前这一代产品来说，我们没有进行太多的成本控制。例如，同样是硅胶，如果是不同品牌，其价格就会有很大的差异，针对不同人群的硅胶也大有不同。如果是给儿童使用的无毒无害的硅胶，其价格是普通硅胶的几倍，所以有些方面我们无法控制成本。既然我们定位的是儿童产品，所以我们不会偷工减料，而是坚守最初的产品定位，严格要求自己，不忘初心。

如果我们的产品有人逆向研发，其实也是有其可行性的。但目前市面上没有人研发我们的产品，因为具有很强的壁垒性。从始至终，我们的电路都是在大家集思广益之后，进行了一段一段的电路演变，因此很难做出一套完整的方案；而且在我们小小的产品里，集成了很多传感器，我将之定义为航空母舰，因为它有很大的扩展性，具有自我净化和繁殖能力。因此，有人会说我对产品的理解很独特，这其实是一种不断摸索的过程。

我们的产品在不停迭代，前期我们靠自筹资金是没问题的，但由于研发产品成本很高，从2014年9月，我们就开始找合伙人，引入第一笔资金。从开始我们比较简单乐观的估计，到后来我们意识到需要寻找投资人，以弥补资金缺口。最终，我们选择了一家最快的投资者，以便抓住时机，更快地进行产品的研发。到现阶段，我们的前期研发过程基本上已经结束了，剩下的是软件优化和体验优化。目前我们的团队有14人，包括5名合伙人和9名员工，未来我们可能会扩充到18人。如果没有资金流入，我们就无法发展到现有的规模。

在早期研发没有资本注入的情况下，这样扩充团队还是很危险的，其实可以将已经实现功能的产品迭代进入市场，边销售边升级，也可以验证市场环境对此类产品的反馈。

对创业的激情、做到极致

目前，我们企业前期的孵化阶段结束了，即将真正地面对市场，所以我最近比较紧张，早晨六七点钟就醒了。虽然压力很大，但是我还是保持着良好的心态，是对产品的激情和热爱支撑着我往前走。我把我们的产品定义为一个很有趣的东西，因为它可以往各个方向延伸，实现智能硬件之间的跨界组合，这意味着产品应用性范围的扩大。目前，我们围

对一件事情富有热情可以带来极致的推动力。困难、压力都会因为热情和喜爱而变得渺小，成为迈向终极目标的小插曲。

绕着平台化的电子硬件产品，发展了许多衍生产品；同时，我们通过技术和战略合作，将产品与一些动漫形象结合，使产品更有卖点和拉伸力。

如果让我重新选择，我还会选择创业，将我们的产品推向大众。我们曾针对儿童的父母群体开展过1000个样本的问卷调查，结果显示，这一群体对于我们产品的需求程度非常高。其原因在于，之前我在公司做产品调研时，一款产品上市后，在将产品的一些功能罗列给消费者后，得到的反馈大约是50%的正向购买意愿，而我们的产品正向购买意愿高达98%。正因如此，我要让我们的产品日臻完善，而不能盲目地推行。人们的需求度越高，就意味着期望值越高，对于产品的要求和标准也会提高，这一点非常考验创业公司。所以，我对做到极致的要求很高，也从来不会做违背原则的事情。

我觉得我们企业的核心是产品。我们的员工基本上都是父母，也正是基于自身对于产品的需要才走到了一起。其实，我们一直强调的是企业文化，整个公司，包括员工行动的指导力都是基于以结果为导向的文化。公司也会有许多人性化的规定，例如，不规定考勤打卡、有儿童的生日假等，这些都是很吸引人的。

值得钦佩的创业情怀，这个动力推动了创业团队2年多无产出的研发，最终产品问世，之后衍生品还是其次，先看营销情况。

迎难而上、劳逸结合

在讨论产品、公司发展决策的过程中，我们难免会遇到一些分歧，但我认为，如果是为了解决具体问题的分歧则不是问题，最终我们都会达成一致，我们的解决方式是投票。在建立公司之初，在决策机制上我们就制定了一致行动人协议，以保证所有的对外投票保持一致，因此我们公司的决策实际上由股东共同完成。我们一周举行两次重要会议，一次是产品会议，涉及公司的产品和内部管理，大家的身份都是员工；第二次是股东层会议，涉及公司的企业战略，在投票时每人一票。我认为其民主体现在，由于每人的专业领域强项不同，大家会更多地听取来自各自专业领域的人的意见，这时我们就不会上升到投票形式。只有在股东会议层次上才会有投票。

考虑周详的团队决策机制，避免了早期内耗，提高了管理效率。

我们遇到的最大的问题是资金短缺，现在我们主要通过众筹的方式募集资金，目前的融资已经到了PA轮；另外一个问题是产品亟须曝光，因此我们酝酿了一年多，在产品推广宣传方面花费了大量精力寻找媒体的资源，我们与科技圈的主编也有了较多的沟通，最终得到了较好的反馈。

其实，我的创业与生活并非全是好的一面，比如我们因为研发产品，两年没有盈利；常年没有周末，鲜有陪伴家人的时间。其实不仅仅是我，每一位合伙人都有这样的压力，我也因此而动摇过。我曾收到过几个高薪聘用的offer，但最终选择了放弃，因为如果想要公司持续经营下去，总要有人在此全面付出。

生活中，我要感谢我的爱人，她给了我很大的支持。爱人是大学老师，很有亲和力，又有教师的天然的气场。她对珠宝有一些兴趣，因为她学历高，英文也很好，所以她开始

创业不易，做创业者的家属也不容易。家人的支持，是创业者的精神动力来源。

一家人两种创业
版本，基于人脉
和资源的贸易型/
基于技术和产品
的研发型。

涉足珠宝圈。她和一些来自斯里兰卡、缅甸等国家的珠宝商都熟络了起来。一来二去她就变成他们的供货商，倒有一种无心插柳柳成荫的感觉。

至于自己十年后的生活，我给自己制定的目标是45岁退休，这样就意味着剩下的时间是留给老婆和家人的。等到公司步入正轨，我希望将公司完全交给别人，这是我们每个人的目标，但具体能否实现要一步一个脚印。年轻的时候我会觉得自己时间太多而想要创业，而现在我不会再一次创业了，因为朝九晚五的工作和创业是两种完全不同的生活方式。自从创业以来，我每天都要工作到凌晨，现在自己的身体大不如从前了。之前每个月我都会和老婆至少出去旅行两次，背着包和帐篷就可以露营，而现在已经两年没有旅游了。曾有一个日本友人问我想要辞职的原因，我回答，我不想45岁的我，还坐在这里。

变中求稳、对创业者的忠告

在我的创业生涯中，有几件事情令我印象深刻。一是能邀请到CTO合伙人，这是我当时最兴奋和骄傲的事情，因为我坚信志同道合的合伙人是最重要的事情，人和才是一个公司成长最关键的因素。二是我们资金紧张时，申请到了政府（非上海）的资助。在经历了四轮面试后，我们成为该市重点扶持项目。这让我们增加了对产品和项目的信心，也给了我们两年的保障，因为我们不再年轻，无法像90后创业一样凭借一腔的激情，而不顾后果，我们需要在变中求稳。

创业给我带来了几个感受。第一，创业不是自己的事，而是一个家庭的事情；第二，创业者不能盲目地创业，一定要有经济支撑。我认为勒紧裤腰带、喝粥创业的故事，在现实生活中是不存在的；第三，身体比事业更重要，创业者一定要平衡好身体和生活。

有规划、激情、稳重的技术型创业者。

创业，最重要的是活下去

一、我们家的"五年规划"

我之所以创业，跟我的家庭有很大关系，或者说是我和我妻子规划好的。起初我对自己的人生没什么想法，走一步算一步，很单纯，但生活是残酷的。毕业后第一年，我就和我现在的妻子结婚了，第二年我们有了孩子。为了家庭的未来，我们就制定了一系列的 "五年规划" 。

第一个五年规划，叫"学习改变命运"，就是我们念研究生继续深造，但不是两个人同时，而是一前一后。她先考的研究生，期间我工作供她，后来她毕业了我再考研究生，

这真的是个非常好的方式。比起宏大的目标，阶段性目标更能激发人对美好未来的憧憬，让人倍增信心和决心。因为它更加具体、有针对性，既能产生动力，又不会让人知难而退。

她上班来供我。这样一来，收入有保障，学习的人比较安心，孩子也有人照顾。等两个人的研究生读完，孩子也长大一些，第一个五年规划就算实现了。

我们的第二个五年规划叫"稳定压倒一切"。因为我是山东人，山东的文化更遵循传统，家庭观念重，推崇稳定。这五年，我们俩在各自的公司埋头苦干，期间碰到一些职场上的挫折，也都坚持做下来了，甚至可以说是"忍"下来了。

现在的年轻人不喜欢"忍"，工作一不开心就拍屁股走人了，这肯定是不行的。"忍"也不代表当老好人，一味受气，而是有一个平和的心态，踏踏实实地多学知识、多长经验，不断提升自己在专业上的能力。

到第三个五年规划，我们已经攒了一部分钱，就开始"创造美好生活"，来到上海工作买房，一家人开始了更好的生活。到了2014年，我们的第三个五年规划也完成了。回顾之前的经历，我给自己定了下一个五年规划——"创业走向新生"，然后就走上了创业的道路。

> 规划人生的人往往是对当下有着较强的发展焦虑，对自己要求高，潇洒任性的生活反而会让他们愧疚焦虑，成就导向更明确。

这四个五年规划，每一个都不是我们拍脑袋想出来的，也不是一开始就确定下来的，而是一步步前进，不断构思更新的结果。中间会有意外发生，也都会做相应的调整，但整体的方向几乎没变过，一直坚持下来了。

"坚持"说好听点叫坚持，说不好听点叫偏执，说得再不好听点叫精神病。很多有成就的人，都是偏执的性格，能比别人在一件事情上坚持更久。在做一件事情前，想清楚这件事是不是你想做的，如果是就要坚持下去，哪怕遇到困

> 耕耘得到收获，是最幸福的事情了。但并非所有的耕耘都有收获。方向必须正确，阶段目标必须合理，还需要有坚持和努力的决心。当然，根据实际灵活调整目标也是诀窍之一。

难，也要坚持下去，到了最后，你一定会成功。

二、工作十五年，我想有一份自己的事业

在创业之前，我在一家上市公司工作，当时恰好北京举办奥运会，我们是中标企业之一，奥运会的一部分供餐就是我们部门负责的。在做奥运会供餐的项目之前，我已经工作不少年了，但这个项目才让我真正知道自己的极限在哪。

奥运会前后差不多一个月时间，我们部门在这一个月里，基本上没怎么合过眼，整个过程非常辛苦，项目计划极其缜密复杂，我们签的合同和"生死状"差不多。任何一个环节都要经过公安、质检和第三方等签字同意流程，如果供奥食品出了问题，负责人是要承担很严重的后果的。

我们团队一开始有三十几个人，过程中有人坚持不住，直接就退出了。大家每天除了干活，就是各种沟通汇报，确保进度能够按照计划推进，一旦有偏差，就要马上采取救急措施，让项目回到正确轨道上。最后项目保质保量完成，我们身心都遭受了巨大的"折磨"，但收获也非常大，团队彻底锻炼出来了。

一个团队的全部成员，全身心地投入到一个艰苦的项目中，并成功完成，这不仅仅是能力的提升，更是一种 团队精神 的塑造。这样的情境会让团队凝聚力空前提升。

这次经历对我影响很大，更重要的是我接触到了很多行业大牛，了解到他们的工作是什么状态。慢慢地，我心中也有了新的追求，希望能像他们一样拥有自己的事业，闯出自己的一片天，所以就开始了自主创业。

至于为什么做职业教育，一方面是因为我在企业里看到很多刚毕业的学生，在职业生涯刚开始的阶段，非常容易走

弯路，甚至连基本的技能都掌握不了，好的职业教育对他们来说非常有必要。还有一个原因是我在读博士期间，创新研发了一种大数据算法，而好的大数据算法需要匹配合适的应用场景，才能发挥最大的作用，我就第一时间想到了职业教育和大数据算法的融合。

后来随着了解的逐渐深入，我们发现走职业教育这条路是很正确的。如果把企业作为大数据的服务对象，项目要盈利比较困难，因为企业对预算控制得很严，都希望一分钱掰成两半花，而且同类竞品多，市场也比较成熟了。但职业教育领域，大数据的应用比较少，传统的教育方式还是依赖师资和经验，而且实际的效果并不好，通过大数据实现教育的个性化培养，不仅能减轻老师的负担，对学生来说也是一种全新的学习方式。

我之前在企业里面待了十几年，看到过不少企业的兴衰起伏，对职场有丰富的经验，相比于其他教育领域的人有先天优势。为了深入了解职业教育，我还特地到职业院校，去做了两年老师，打入"敌人"内部，同时在做老师的过程中也拿到了一些项目资金支持和优秀的教育资源。

资源对创业的起步，是有非常大的帮助的，这对国内的任何企业，都是绕不过去的话题。这个资源不一定是钱或者人脉，也可以是很多细节的东西，就像刚开始的时候，我们的技术平台，是跟计算机学院的学生一起做的，不仅为我们节省下了不少成本，还锻炼了他们的实践能力，积累了很多经验。

想创业的思想在前，而后找商机和项目，危险的地方是自己想出来的市场需求可能没那么美好，如果可能还是依托产品或则本身对行业理解特别深刻的熟悉领域下手。

充分地了解自己的创业领域，站在对方的视角看问题。

计划执行力超强行为的表现。

当前的职业教育领域存在不少问题，比如它的教学目标用一句玩笑话概括就是：家长不闹事，学生不出事。其实就是三个字："哄孩子。"为什么要哄孩子呢？因为参加职业教育的学生，都已经成年了，算得上是半个大人了。老师再想给他们传输知识，还不是像高考那种至关重要的知识，就很容易被抵触，甚至产生厌学情绪，就只能哄着学习。

我们解决这个问题的办法，就是基于大数据算法，为每个学生勾画出一个大致的形象，找出几个主要特征，然后老师就可以针对这几个点去教。有的学生想补这个领域的知识，想加强某一方面的能力，都可以通过大数据实现教育的个性化。

为了让同学们对知识产生兴趣，我们还会借鉴慕课的形式，把书里的知识点做成微课、短视频等形式，激发他们学习的积极性。将来我们还想对传统的教育考核方式进行优化，让学生用项目数据或实际的创业销售额讲话，把游戏设计的机制加入进来，提高学生的成就感和参与感。

三、创业，最重要的是活下去

目前，我们的团队连我在内，一共就三个人，可以说是少之又少了。因为我们主要是为学校提供服务，服务对象不是社会或者第三方，而是学校里的学生。学校使用我们的平台，学生进来培训，然后我们向第三方收取费用。所以我们的规模可以精简到最少，用最少的人做最多的事，这也是小微企业的特点。

真的是教育中的一个难题。职业教育中，学生究竟是为了什么而学习？如何切中他们的痛点？

非常不错的产品体系构思。

如何利用大数据、网络资源，这是当前教育创新的重要内容。

创业，最重要的是活下去

很多小微企业拿到一笔钱之后，就要招秘书、招HR，然后很快就死掉了。小微企业首要的任务是要解决生存，能活下去。我们公司的财务就是我，HR也是我，一人兼任数职，之后我们想招一个专业负责运营的人，这样我可以在前面做市场，给他铺垫各种关系。但目前来说，三个人就够了，也能把事情做好，在什么阶段就过什么日子，一定要认清自己。

有自知之明，量体裁衣。活下去确实是创业初期的最大任务。

创业过程中，挫折已经是家常便饭，但我们做的是教育行业，赚不到钱什么的都是其次，最大的挫折还是我们的教育理念不被接受。

比如，我在申请项目时，专家说我这个不是大数据，成千上万的数据才是大数据。我说，虽然我们的数据量没那么大，但是我们从任何一个细微的动作到结果，都能找到相应的特征，找出规律，大企业有足够的数据量，但数据彼此不相连，叫什么大数据呢？老师听了就不高兴了，最后我的项目就被毙掉了。

我们现在的专家教授，分析为什么国内出不了创新型的人才，说是因为我们接受的是填鸭式的教育，需要改变，让学生敢于提问，拥有批判性思维。虽然他表面上说是要有批判性思维，等学生提出不同意见的时候，他又不接受，觉得他说什么你听什么就行了，还是用老的那一套固有思维看待事情，说的和做的完全不是一回事。

个人经历以及个人观点，每个创业者对行业和市场都会形成自己独到的理解，也是因为他们的理念积累过程的个性化。

还有一些老师教的知识已经比较陈旧了，好是好，但不解决实际问题，学生花工夫学完之后，并不知道怎么用在工作中。老师不觉得有什么问题，因为几十年来都是这样过来的，所以说人的思维是最难改变的。我可以解决教育中遇到的一些问题，让这个项目盈利，但是如果大家的思维不改变，意味着我这个项目在今后还会遇到更多的困难。

创业公司最重要的是活下去，但我希望我们的项目不单是盈利，还能创造出社会价值。现在大学教育跟社会实际需求是有差距的，我们希望能通过自己的努力，把这个差距缩小一点。同学们在我们这里学习之后，可以打破之前教育体制给他的条条框框，能掌握专业技能，拥有良好的职业素养，成为对社会有用的人，我们的使命也就算完成了。

并不清楚这位创业者教育类平台的产品实效如何，拥有使命感的创业值得我们钦佩，但当务之急还是解决企业的生存问题。

始于情怀，施从理性

我个人认为我还算蛮感性的，这大概也是所有女性创业者的通病。我要避免这一点，我接触过太多的女性创业者。有意思的是，99.9%的女性都是为了自己的一个情怀去创业。就像我，我觉得这个东西棒我喜欢这个我就去创业了，但是男性创业者有很多是，他觉得这个能赚钱，他就去做了，这是一个很好的盈利模式，这样去做的话，能够赚钞票能够被复制出来，他就去创业。那么我觉得女性会对这个事业悟得更深。但是女性在数字方面会差一点，还有在项目的一个完整性的考量上面会差一点。男性在对一个事业的完

确切地说，男性女性的决策模式的确是不同的。男性偏好使用理性决策模型，按照问题—方法—选择—行动的思维模式进行；女性则偏好使用综合决策或者直觉决策，对事物的分析和决定都是综合考虑各类因素，包括情感因素。

整性的考量上和对数字的敏感度，以及对盈利的敏感度上明显要比女性强很多。但是他可能对这个事业的一种发自内心的热爱和钻研精神方面不如女性。所以我从一开始发现这一点的时候，就在想，我是女人嘛！我要提高自己的理性精神，不要冲动，要提高对于数字的敏感度，要去充分地把盈利放在第一位来考量，当我跟其他的女性创业者分享的时候，我们作为创业者，考虑的第一个问题不是实现梦想。我很现实的，考虑的第一个问题是你怎么养团队，你养了团队再去实现梦想，如果你连团队都养不住，活都活不了怎么去实现梦想。所以说第一步先是盈利，第二步再去往实现梦想上考虑。

对于男性女性创业的区别理解，也说明这位创业者自己认同自己的感性倾向，然而能够如此分析、逻辑推进表达的，其理性层面也不低。

我觉得不要在只有一个情怀的时候就去创业，也不要再只有一个好的赚钱的方法的时候去创业。我觉得创业真的是需要谨慎、谨慎、再谨慎，因为是对自己和家人的负责，而且创业绝对不是一条只有快乐的路。它可能就是比打一份工有更大的满足感、价值感、成就感，但是任何东西都如同是一个硬币两面，它一定也有比打工要付出更多的辛酸。痛苦累心、彷徨迷茫是一定要扛下来的，生生扛下来。这些其实有的时候在真的经历过才知道。中间的辛酸和泪水是很真实的，所以一直以来我给想创业的朋友的一个建议就是"慎重"。

没错，创业非常艰难，尤其需要强大的抗压能力、耐挫能力、坚持能力。

拒绝舒适圈——突破自身熟悉生活环境，毅然选择独自闯荡

我父母亲的家族圈，所有的家族成员都是在同一个大型

国有企业工作。所以我算是我们家族里第一个跳出来的，离开了这个圈子。所以刚开始是成为大家的一个众矢之的，现在成为大家的一个榜样。

当年我想要离开主要是因为我中学的一些经历。我中学也算是个学霸，但是比较喜欢玩的那种学霸。但是我考研究生失利了，就是有点吃了偏门的亏。我比较感性化，对于自己喜欢的科目甚至能走火入魔，然而我当时有一门小综合，就是那个法律文书的专业，而且我报考的是南大的商法专业。最后我就没有通过，没有上线，就失利了，当时对我打击蛮大。其实我一直认为自己很70后的，就是我们会有很多传统的东西在我们身上，我们说不清道不明，这些东西到底是对还是错，但是这些传统一定会深深地影响我们的行为和思想。比如说，当时我就觉得自己要读书，我就要上名牌大学的研究生，但是其实我并不清楚自己为什么要上研究生，我为什么一定要这样去做，其实更多时候是周围人认为你该这样做，大家认为那个时代这样是对的，所以当时没有考上研究生对我的打击特别的大。我在寝室里边自己封锁了一个月，也不跟家人联系，觉得没法面对，因为父母亲都会关心我研究生考得怎么样？没法面对，后来我就索性出去玩了一趟，然后在网上整个投了一波简历，选好的企业投了一圈，不管他招不招聘，我就投。因为我只有两个选择，要么回家族所在的企业，如果不回，我得去一个相对来说，它不排外的一个地方。坦率地说，当时我觉得上海和北京都是可能比较排外的，会比较难适应，年轻人除非你有比较好的优势。

像我们这种学法律的本科应届毕业生，无非英语好一点，再没有其他任何优势，所以我当时去了南方。

取其精华——日本留学及工作经历带来的思想上的改变

我觉得我们在国外待过的人有这样的一种义务，就是把国外先进的文化先进的东西带进来，去冲击国内不良的商家，使他们未来能产生变强的意识。我在日本和韩国的时候，他们的女性消费护肤品市场是比较规范的，它的价格不浮夸，广告也不会乱吹，护肤品的成分都很安全，价格跟它的工艺和成本相当接近，基本上是符合的，不像国内，(一些品牌甚至是十块钱的成本能炒成1000元，而是把绝大部分的成本用在请一个明星去做代言，然后去热炒，让它疯卖。实际上那个产品的品质根本就不行。)

我去日本的时候，其实内心蛮排斥日本和日本人的，我觉得忘记历史就意味着背叛，忘记过去就意味着背叛。但是我发现在一个国家生活久了以后，不管你是否喜欢这个民族，不管你是否喜欢这个国家，你一定会耳濡目染地受到这个国家的影响，它的文化它的行为习惯。在日本，我还是被他们的一个精神所感动。他们的百年企业非常多。他们哪怕做一个炸饺子的小店，也能做成百年企业。我跟很多的人去谈论你要不要做连锁，他们是在这方面没有野心的，他们的关注点不一样，他们的关注点是我要做好这件事，而不是像中国很多企业是要赚大把钞票。所以我觉得这种精神是对

每个创业者对行业的理解都是通过自己的经历所得，这些充满个人独有认知，决定了她对自己产品定位和创业之路。

日本企业的 匠心精神，的确值得学习。当然，这和日本国家的地理特征、规模特征有极大的关系。当规模扩展的可能性被削减时，就必然会在质量、内容方面精益求精。

的。中国现在已经处在一个所谓的破坏式发展的阶段，是时候应该催生一些稳健的能够对消费者真正认认真真踏踏实实做事的、想要把某一个行业做到极致的一些企业。我不敢说是百年企业吧，应该催生出一批认真的、纯粹的企业，但是因为他毕竟过了这个80年代90年代的这种开放之后的一个打泡沫的状态。

可以看出，创业者希望把自己的项目做得重质量同时又兼具规模化的企业。

我的企业就不是做大众化的，它是做美妆护肤媒体的。就是我刚刚看到的那个初衷，我觉得凭什么日本女人可以享受到的东西，中国的女性们要经常被一些产品骗，被忽悠，要被虚假的东西骗，我们只不过是爱美而已，你为什么要给我那种成分不好的东西，让我得黑斑，然后很多红血丝，皮肤角质层被剥得越来越薄，像角质层一旦变薄，它是不可逆转的，它就会变成永久性的敏感肌。所以说敏感肌会有很多问题，我就觉得国人为什么老是干一些自己害自己的事情。所以我当时就有这种想法，我要么做品牌，要么就做终端的平台，要么我就做源头的制造。可是制造需要投入的成本太大，周期又长，我又不能直接摸到市场，而且我只能做一个商品，我不可能所有的东西都做；如果我做终端的话，我就去考察了很多中国的化妆品厂商，考察完了以后，我觉得不能做国产的东西，并不是因为我不喜欢国货，这是一个实际情况，我觉得我们一定要正确地认识这个问题。我不敢说美国、日本或者韩国货就是比中国做得好。也不能说我喜欢外国的东西，我就是崇洋媚外，不是这样的。你应该反过来去叩问自己，为什么我就不能认真地把它做好，现在崇洋媚外变成了国产品牌销售的一种广告词，而我就觉得这种东西好，你把所有国外先进的东西都不要用，我们都不要去享受，我们不要用它，不要了解他，然后闭关锁国，就让你们这帮国内的企业进入不良竞争环境，那到最后会发展成什么样。

我相信这位创业者对自己的行为有着坚定的使命动力，无论个人理解是否客观，但这份高尚的目标会感动周围的人，对内贯彻会形成独有的企业文化。

背叛不过是常态——坦然面对合伙人的聚散

从日本回来后，我是想死心塌地一直干下去。但是一方面是遇上两国关系正处在低谷期，公司不敢放长期的固定资产在中国，我也没办法保障之后都没有这样的风波；另一方面，我当时遇到了我的第一个合作伙伴，她是苏北人，她们那边商贩的市场意识都是非常强的，所以我就想着自己做，开始鼓动自己做。再加上当时日本总公司撤了，我们这边的客户和渠道已经做起来。我当时要不干的话，自己对客户没法交代，包括我们公司有好几个员工是从湖南、大连大老远奔我而来，所以就把那个摊子接下来决定再做几年。

这方面表现出了责任感，配合之前自述中表现出的使命感，这是一个很容易感动他人的女性创业者。

但是后来我的这位股东却背叛我了，当然那段时间我也很难过。我们的风格和思维，做事业的思维层次是不太一样的，我是要做事业，她是追求短平快，就是那种捞一笔算一笔，哪怕我供给你不好的东西，我赚到了就再换一个人去赚，中国这么多人够捞的，所以这方面后来亏空了公司里的一些钱。我虽然是学法律的，但是改变不了根源是女人。我又比较容易信任人，所以我信任她以后，她的账户我都不查。为此，我身边很多朋友提醒我，我却没有太在意。我觉得这种事情不会发生在自己身上，一直到我日本的供货商都来提醒我，这就让我很吃惊，我查后发现这个费用很大的，只不过我没查这个费用去哪儿了，因为其实这个问题很明显。后来我就请她离开了，也算是花了不少代价，而且我是被她坐地起价。但是我觉得这些都不重要，人心失了是最大的损失，所以当时比较难过是失去这份信任。

吃一堑、长一智，创业合作不是普通的交朋友，容不得想当然的、主观的信任。中国人普遍习惯基于个人了解去信任一个人，而商业活动中则更适用基于契约的、规则的信任。

寻找合作伙伴首先还是要看 价值观 是否一致，或许有求同存异的空间，然而完全无法兼容相反的。

日记督促我成长——以写日记的方式剖析反思自我

我的思考有一定方法，我比较喜欢写日记，因为我写日记的时候会反思自己，包括自己做的一些不好的事，哪怕是有一点点私心的事，我都会在日记里深入地解剖自己。其实当时就是私心的你并不是真的百分之百为这个人好，你是有私心的，也会去剖析自己，会去思考。我觉得这个应该是我的一个优点。而且我一般写完日记后会变得开朗、更加的清晰。

对于作者而言，写日记成为一种良好的自我反思方式。良好的自我反思有利于客观分析问题、自我总结，能够很有效地弥补可能的决策误差。

不强求，也不放弃

任性的青春

为什么会创业呢？大概和时代潮流有很大关系。

我本科阶段在日本大阪大学留学，那时候对未来规划很清晰，我父亲在国有大集团工作了一辈子，希望我也能进入这个集团。因此给我的职业规划是大学毕业回来进入他所在的集团工作，年薪可观，生活稳定。所以对于创业这件事情我本来是没有什么冲动的。但是因为家庭的原因，我大学时期赌气肄业回国了。那时候非常心高气傲，觉得自己很厉害。但是回国之后很快就被现实打击到。因为没有大学文凭，其实在中国社会就少了一块敲门砖。我初心其实很想进日企，但是因为没有文凭，没有日企肯录用我。那时候比较年轻，就拼命地做些体力活。我在全家做过收银，卖过手机，做过中介，在国企混过一段时间，总之浑浑噩噩做了很多杂七杂八的工作。

后来有一个偶然的机会，有个朋友请我去扬州做日语翻译，因为他公司有个日本领导。于是这份工作做了很多年。这几年的时光把我回国初期的傲气打磨得几乎不剩什么。感觉自己变得圆滑也更能隐忍。但是好景不长，金融危机爆发之后公司业务下滑得很厉害，老板做了很多民间借贷无法偿还，最后公司倒闭了。公司遣散后我拿了一笔钱回到上海，心里非常失落。那份工作在当时收入其实很不错。2009年的时候，基本工资2000-2500元，但是我能拿到8000-10000元在扬州，日子过得舒适又开心。

鼓足勇气的创业

回到上海之后又鼓起勇气重新去日企面试，又一次因为文凭的问题被拒绝，那时候萌生了回去重新念书的想法。但人进了社会对于读书的迫切就被削弱，自己心里懒了就很难鼓起勇气回到学校。那个时候又恰好，我同父异母的弟弟开了一个小影视公司，所以我就过去散漫地混混日子。然而正是这个决定让我遇到了我的太太。

我太太是个相当独立自主的人，遇到她之后她发现我对影视比较有兴趣和天赋，就鼓励我自己出来试试看。那

一个没按常规成长的创业者，从20多岁开始任性赌气，或许这些经历也会成为财富，只要不是浑浑噩噩地混日子，那么任何经历都能带来成长。

生活中充满着机遇，"人挪活，树挪死"，只要脚步不停，惊喜总会有的。

太太的鼓励只是诱因，踏上创业之路应该是迟早的事，可惜没有说合伙人冲突的产生过程，不过对于任何团队而言，**团队决策规则越早定越好**，磨合不好就是这种散伙的结局。

个时候不知道是哪里来的勇气，就觉得，我能行。于是硬着头皮开始去一家一家谈业务，给大公司做影视外包。随着业务的发展公司的人也越来越多，从两个人变到四个，从四个变到八个，人最多的时候公司里开会有三十几个人，那时候心里还觉得挺开心的。但是后来因为股东们对于公司发展方向的意见不同，频频出现分歧甚至最后不欢而散。这个过程非常痛苦。

回忆起来很轻松，但那个阶段我们的生活简直太差了，钱都投在公司里，家里就没有什么钱，那时候我和太太还没结婚，处于同居状态，家里最没钱的时候，交完房租买完日用品我们几乎一点钱都不剩。怎么办呢？我们把床底下扫了一遍又一遍，找到了35块钱，然后我们俩那个月的生活费就35块钱，一个馒头，早上一半，晚上一半，中午她在公司吃，我就不吃，真没想到一个月还就这么活下来了。我当时想说这种事情她都陪我度过，还有什么困难不能战胜呢?可以勇往直前了吧。当然后面事情其实并没有很大的好转，公司缓缓过了好几个月才见起色。

35元一个月的经历真难想象，短时途境中激发潜力。

我第一次接触基金会其实就是在那个非常艰难的时期，我和基金会的老师第一次见面，他就推翻了我当时的所有创业点子。一开始非常不开心，但后来想想当时自信满满的这些点子，有的时候并不是真的很好，而是我把自己给麻痹掉了，在一无所获的同时我想到了一些东西，这些东西在我现在看来可能很傻。但在我很落魄的时候忽然出现了这个点子让我很满意。这其实是一种自我催眠，点子并不好，只不过是让我开心了一下。所以那时候觉得，即便不是很好的点子，但是我还是要试试看。

自得其乐的人生追求

和基金会的老师聊过之后有些很大的启发。他给的建议的最大的用处，现在看来就是让我的脑子去运转、去想，而不是在家混日子。即便那时候我并没有调转想法，还是按照我想做的事情继续去做。后来运气比较好，接了几个单子并且有几个长期合作，也顺利地存活下来了。

我认为自己与很多的创业者比起来还不够努力，是一个很不成功的创业者。我爱好自由、和平，这可能是双子座的特质。我平常生活中比较懒散，但是工作并上不懒散，比如接了一个活，我可以三五天、一个月、两个月坚持加班去做，但是平时我不会刻意地去加班，比较随性。所以说我不是一个很成功的创业者。我的要求很简单，一日三餐不愁，想去哪里玩就哪里玩一玩，有活的时候做，没活的话放个假出去旅游。我不想改变世界，只求温饱。

创业原本就充满着个性色彩，按自己的想法去活，带着合得来的伙伴一起玩，当然还是要具备基本的组织盈利能力。

我没有什么融资ABC轮的野心，现在的状态我自己觉得还挺满意。因为我是做影视公司，影视公司一个月接了两单，今年就不用愁了。我和我的合伙人就是这么合计：今年接了一个大客户，做了两单，那么今年我们就可以休息。想要去玩，那就去。我从不做伟大的设想，比如说"接了两单只是开始，接下来我们要怎么怎么样，拿下什么什么市场。"

有人会问，一个男人，没有野心那创业干吗?对我来讲，创业是为了养活家庭、发展自己，我觉得随缘，让事情慢慢发展，等哪天真的需要我站在这个位置上的时候那我会毫不犹豫地担负起这个责任，现在还不需要我站在这个位置上。每次跟客户谈业务，我都会以后面十几步的东西作为想法而不是只谈当下。很多影视行业大部分都是一锤子买卖，这单赚你50万元，那单赚你100万元，后面就不管了。我喜欢细水长流，这单我只赚你2万元，你后面的单都给我就行，这也是我公司的发展战略。

从日本回来之后我和家里人关系很差，除了我奶奶几乎不往来。曾经在公司运营很差的时候，差一点钱，我跟我爸说，我爸说没有这个钱，不用找他。我说借我可以吗？他说借也没有。其实我总共就需要借3万块。第二天我弟弟要买房子，我爸直接打了三十万元给他。这个事情让我觉得靠谁都不行，只能靠自己。后来差的那三万块钱，是我老婆参加公司健身大赛赢回来的，一个月硬生生瘦了15斤！有时候我想想自己的前半生除了上了个还不错的大学，简直毫无亮点，但因为我老婆，后半生仿佛熠熠生辉起来。其实我现在也没有特别突出，但是最起码衣食无忧，每天开开心心，我和我老婆讲，起码现在这个星球上，你想去哪里玩我们就可以去哪里玩。所以从心理层面讲，创业到现在我很开心很舒服。

和我的伙伴一起，作自己就好

有关公司的梦想我还没想过，先活下去。我们营业执照刚拿到，连激励目标都没有。我的合伙人是个很文艺的小伙子，他毕业几年了，非常有才华且技术过硬，但他是一个很容易崩溃的小伙子，偶尔让我也很崩溃。但在工作的事情上抗压还可以。他过去是我同事，下属，抗压抗得太过了，我就说那就跟着我干吧，我们一起合伙坚持至今。我看过他在公司连续五天没有回家，就一直坐在桌子那边。工作上抗压力很好，但是其他方面就很容易崩溃，是个介于疯子和天才之间的合伙人。所以我经常暗示自己：我正常就好，公司由我安排战略，他安排战术。案例接了下来，要怎么做，我们一起来商量，以创意合伙人为主，而我比较了解客户的喜好，了解客户的东西以后我们再修改。战略方面他完全听我的，战术方面我完全听他的。

我们用赚来的钱去养活自己的梦想。不喜欢把创业说成什么我要改变这个世界，先活好再说吧。我在这方面比较理性，先把自己吃饱了，我再考虑说是不是有闲钱做些实现自己梦想的事情，这个钱要是我能把控住的，而不是拿别人的钱，这样的话就不是我的梦想了，这样就要加入很多他人的东西。

不管是创业还是生活，我都不想强求自己也不想强求他人，爱的反面不是恨，是冷漠，所以我就很冷漠。不需要做给任何人看，就把自己做好，我的目的很简单，就是把自己过好，过得舒服。

如果能解决持续盈利问题，那么如此自由的人生真是令人羡慕。

认定一件事，就坚持做下去

一、创业三个月，赚了一百万元

我第一次创业是在2010年，当时凭着一股冲动，觉得创业很好玩，也能赚很多钱。创业的前三个月内，我们就赚了一百万元，客户包括阿里、腾讯和很多高校，几乎是不可想象的成果。但到了2011年，团队就解散了，原因是当时的股东发生了分歧，三个股东达成不了共识，有想做下去的，有想把这一百万元分掉的。刚好有一个客户邀请我加入他的公司，态度很诚恳，我也就答应了。

在那一家公司我做了三年，在这期间我负责的是人事，

价值观不统一，
创业无法继续。

也是集团人事部的老大，不过因为和老板的理念存在偏差，便有了二次创业的想法。第二次创业前，我心里也很纠结，因为那个时候我已经结婚了，恰逢孩子出生，家里人觉得创业太辛苦了，都希望我老老实实上班。

但我的职业发展和当时的公司规划有冲突，我只能选择退出，偷偷摸摸地开始了第二次创业。我是之前是做HR出身，对培训非常了解，第一次创业也是针对大学生做职业教育的拓展培训，所以二次创业也是从培训入手。

当时国内的HR行业，都在模仿国外，没有创新。公司想了解一位应聘者，信息只能来源于简历和上一家公司，难免不准确；或者就是靠面试时的表现，多少会掺杂其他因素。而我发现，现在的人都是从学校出来的，学校就是人才的发源地，如果能在学校里为学生提供职业教育的培训，应该会对他们未来的发展有帮助。

像国外尤其是美国，初高中就会教学生职业规划，上大学只是提升具体专业的知识和技能而已，毕业后直接就能在行业里创造价值了，国内则不同。当然，改变国内的教育体系是一件很长远的事，但如果能从大学期间，就为学生提供职业教育的培训也不算晚。

比如你是大一，我就可以教你，人力资源分为绩效、薪酬、招聘、培训这几个版块，大一上半年我们让你初步了解这些，暑假寒假的时候再提供一些岗位给你去实习，而且都是免费的。这样一直到大四毕业，再出去找工作的时候，学生就会少走很多弯路，企业也能招到更多合适的

"做生不如做熟"，选择熟悉的领域的确是适合创业起步的明智选择，只是职业培训行业门槛低，社会资源要求高，服务产品迭代快，竞争激烈。

应届毕业生。

还有一些培训是需要门槛的，比如报了我们精训营的学生，如与某会计学院合作，学校老师帮我们组织学生，我们经过审核，学生得到我们的认可，才能进入精训营。我们面向学生的培训都是免费的，这不是说我们在做公益，而是我们的盈利点是在企业身上，企业会给我们提供相应的费用，我们服务的客户大多是世界五百强，比如国家大企业等。

对行业的理解决定了创业者的业务模式，如果能长期得到稳定企业客户合同，很快能度过生存阶段所谓0-1，而后就是为这些企业做针对性标准化服务产品。

二、能做就做，不能做就不做

因为是第二次创业，所以我吸取了之前第一次的教训，在合伙人的挑选上比之前严谨了很多。每年过完年上班的第一天，我会和所有股东开一个会议，我第一句话就是，今年还要不要接着干？不想干的现在说，要干的就一起把规矩定好……

从第一次创业中得来的经验教训，吃一堑长一智。

有一个合伙人心思不在公司的运营上，而是如何去拉拢和控制其他股东，一旦开始勾心斗角搞政治，团队就会丧失战斗力，所以没多久他就离开了。还有一个合伙人是同我八年的兄弟，我看中他在品牌包装方面的能力。但后来我发现，每当项目进展不顺利，他就会抱怨没有资金、没有资源。可是创业就是要解决问题的，什么都准备好了，也就没有问题了，还要你来干吗呢？只是抱着打工的精神，是没法创业的。

创业过程就是不断淘汰和挑选的过程，筛掉不合适的，留下志同道合的。

这样说好像我很挑剔的样子，但创业团队的创始人就是得有这个决心，特别是在用人方面。就好比我们后面有洪水来袭，需要爬到山上去才安全，我提出这个生存的办法，如果大家不同意可以提出来，但一定要有道理，如果说不出什么道理，只是一味反对，那对不起，请先跟我走。

还有一个合伙人，他是被我开掉的老股东的徒弟，老股东把徒弟招进来，反而自己走了。这个合伙人跟我的管理意识、做事风格都是一致的，坚持的原则也是一样的：诚信、公平。我们都是喜欢做事的人，要么不做，做了就坚持下去，哪怕遇到各种困难。

这个合伙人一开始的工资只有两三千元，在上海都没法生活，都是他家人在补贴他，所以每次我和他出差，在能报销的费用之外，都用自己的钱补贴他的开销，不让他花钱。我觉得创业合伙人之间一定要相互理解、相互支持，离开只能说是理念不契合，好聚好散。

就像当年腾讯的第二把手离开腾讯之后，带走了百分之十的股权，马化腾是百分之十一，几乎就是第二大股东，但他没有干涉腾讯的事，也没有跟马化腾去闹。当人走到这一步的时候，看的风景已经不一样了，如果他还停留在股权、钱、投票权这些上面，也不会有现在的成就。

除了上面说的两个合伙人离开，我们的核心团队目前为止还没有人主动离开的，能做到这一点，就是因为我们一直坚持"诚信、公平"的原则，有就有，没有就没有；能做就做，不能做就不做。

比如我们今天接了一个项目，然后立马形成项目组，有人觉得自己能做，有什么方案，想要哪几个人配合，说出

合作伙伴以打工者的心态投入工作，那只能由创业者深入执行层面，掌控每一个执行环节，很累！否则，就激励你的合伙人，通过手段和理念引导他们心甘情愿与你共担风险，因人而异、因能力而异。

当老大不易！！！！

很高效的内部组织模式，只是对项目团队能力要求比较高，早期团队人才紧缺啊！

来，那这个项目就交给他。做好了，项目收入就分给这个项目组的人，同时我在背后做好 Plan B，即使项目失败也能承担风险。但我不会说因为我给你做了 Plan B，就要参与你们项目的利润分配，这些钱仍然全给你。这样一来大家都很有干劲，主动找活主动做事。

三、一定要做一个善良的人

我一旦认定了一件事，就会坚持做下去，这可能和我在部队的经历有关。虽然我是和平年代的兵，但也有训练，也有野外生存，还从安徽徒步拉练走到南京，那几年的生活，让我学会了坚持，所以能一直创业到今天。

遇到困难咬牙坚持，这是创业者的基本素养。在部队经过锤炼，会受益很多。

即便再坚持，再有勇气，也会有恐惧害怕的时候。第一次创业的时候，就是盲目的害怕，怕客户跑了怎么办，没钱了怎么办。现在也会有害怕的时候，怕合伙人和员工做到一半离开了，怕某一个项目出问题，影响公司的整体发展。

所谓的惧怕，就是准备不足带来的焦虑。第一次创业的劣势是没有想好就去做，缺少规划；第二次创业是担心风险控制不好。

第一次的害怕我觉得就是不成熟的害怕，没有想明白未来该怎么做。第二次，我已经想明白了，害怕的就只是过程中出现意外而已。哪怕我们的员工都知道明天公司没钱了，大家也能继续做好自己的事情，因为他们知道，资金的事情有我来解决，无谓的害怕和担心是没有用的。

这几个字的精髓就是谦虚谨慎，不断学习。

我部队的领导给我说，你进了社会后，要"多听、多看、多做、少说"，这八个字影响了我一生，也是我们公司的文化之一。这八个字从字面意思上，大家都能理解，但是真正做到不容易，很多职场人士都不能做到这一点，我到今天还在学。

除了当兵，我个人的家庭经历也对我影响很大。我爸在我走入社会的时候对我说，男人要有事业心、责任心和上进心，我和我的员工也是这样说。去年我离婚了，离婚的时候我问我女儿，你相信爸爸会成功吗？她还小，什么都不懂，就说"相信"，这个答案给我巨大的勇气，我想我一定要成功。

另外，离婚这件事对我的刺激也很大，现在我也会跟她开玩笑，问她为什么不选择我？有时候我也会问自己这个问题，反思自己错在哪里。我爸在我离婚之后给我写了一封信，他这一辈子只给我写过三封信，第一次是我中考，第二次是我高考，每封信讲的都是家庭的历史和父母的心情，每一封信我都细心珍藏着，在我最艰难的时候，我就拿出来看一看。

创业需要家庭支持的，这也是认同的一种表现，创业是孤独的。

在我女儿出生之前，我就决定了让她做自己喜欢做的事，我不会在意她的学习成绩，只希望她能懂得怎么去和别人相处，希望她心地善良。我是信佛的，我一直相信一句话，"日行一善。"人一定要做一个善良的人。

197

美女博士开饭馆

2015年，对于博士在读的我，是值得回味的一年，我的第一家属于吃货的店在五角场红红火火地开张啦！回顾两年来的经历，觉得既好笑又满足；一切都源于一份不期而遇的礼物。

常青藤和小生命

我和孩子爸爸在读硕士的时候是同一个班，两个人都特别喜欢吃，出去旅游基本上满世界吃，完了还要继续琢磨新吃法。时间"嘀嗒"而过，我们结了婚，读了博士，当一份世界排名前十的美国名校全额奖学金摆在我面前的时候，我发现自己怀孕了……

当时我爸建议我拿掉，因为他希望将来我能去高校当老师，而高校当老师，必须得有国外留学的经历。他觉得老师有寒暑假、工资稳定，还受社会尊重，各方面都好。但是我怀孕了！有那么个小东西在肚子里，我怎么能舍得拿掉呢？我就想，要不就算了吧，我舍不得！所以普林斯顿大学就没去成。现在我老公有时候还会问我后不后悔，其实我觉得还好，我也没有比留洋归来的人差很多啊！时间自由，我可以有足够的时间照管孩子，利润还能和我上班的工资持平，我已经很满足了。况且我和孩子爸爸都对吃这一块那么感兴趣，也算事业、家庭和爱好兼顾了吧。

餐馆除了事情琐碎一点，其他都还好。我专门雇了一个店长，平时对他待遇好一点，就相当于把我的利润分一点给他，他把时间分一点给我，我更轻松一点；而且待遇好一点，就算他做得不好，我把他辞了，再招人也好招。我现在辞人特别干净利落，刚开始的时候还觉得不好意思——大老远把人辛辛苦苦叫来又没用人家，所以一般我都会给些补偿。我觉得我做得已经够好了，人家就算不感激涕零，至少也会觉得我这个老板还可以。结果我老公加了一个"面点师傅群"，那个人在群里讲我傻，说遇到了一个好傻好傻的老板！我老公就笑我，你看吧，你给了人家钱，人家还说你傻！弄得我现在辞人绝不拖泥带水，我不占你便宜，你也别占我便宜。原先学校待惯了，心里总想着礼尚往来那一套，

人生抉择可以照见人生观，我们到底会选择自己真正需要的，当然之后也可能会后悔，但如若回到当初，何尝不是又一次重复呢？因为你还是你。

刚学会当老板，很容易混淆人情、面子、生意三者的关系，最终成熟的标志之一：能划清边界，何为商业关系？何为情谊？

后来跟一些创业者聊天，我就开玩笑说，资本家的嘴脸还是要有的！

"伟大的"早餐计划失败

我的第一个店开在大学附近，有一天我突发奇想去学校吃早餐，结果发现食堂的早餐太难吃，我就在心里琢磨开了："食堂人这么多，如果能有10%的人来我店里吃早餐可不就好了？"于是我每天天不亮就起床，熬好粥，做好豆腐脑，特色山西卷饼用锡箔纸包好放在保温箱里……

刚开始想得特别好，那么大一个食堂，又不好吃，十分之一的人给我，我就生意兴隆了，就没想到招徕不到人。当时那个早餐计划，在我看来简直就是惠民工程，价格比食堂贵不了两三块钱，质量提升了好几个档次，还附送午餐的优惠券，可是没什么人来吃，券也没人用，他们是觉得券的优惠力度太小还是什么的，我到现在都不清楚具体原因。这样持续了一个月，我就把早餐给撤了，因为做早餐得加派人手，一个月下来连人工费都赚不回来，我自己每天大清早也要起来，太辛苦了！我对早餐很感兴趣，不知道大家为什么都不愿意在早餐上下功夫。后来我老公给我分析，他说可能一是学生可能真的在乎多出的几块钱，二是完全靠学生不行，应该把附近居民区和写字楼的白领考虑在内，他们的消费水平比较符合店里的早餐价格，我的重心设定错了！

学生早餐需求未必是好吃，而是方便、快捷、便宜，除此之外，还有个基本的消费习惯影响，那么好吃才能起到吸引分流客户的效果。

不过我想这跟我的理工科思维有一定关系，广告宣传这块很弱，之前美团、大众、饿了么都在找我，我都不特别感兴趣。因为我自己出去吃饭，从来不用这些软件，出去吃饭，见啥吃啥呗，弄个软件捣鼓来捣鼓去，麻烦！但是"饿了么"一个大学生特别执着，天天打电话劝我用"饿了么"——"你就试试，用得不好你再撤，又不会损失你一分钱！"最后实在拗不过他就上架了"饿了么"，结果效果特别好！订单"哧哧"地往上涨，现在"饿了么"订单能占到所有订单的30%，它的优惠力度也特别大，满20就减7块还送饮料，学生们就说10块钱和食堂差不多，还有饮料送，吃得还比食堂好，好实惠！

移动社会，互联网应用还是需要传统行业的接纳和融合，外卖服务降低了实体餐饮店市场宣传的成本，30%的销售额占比应该还是没有充分发挥外卖优势。

　　外卖起来之后，很多之前不知道我店的人也知道了我的店，堂吃也带动起来了，慢慢多了很多新顾客，可能是因为我在"饿了么"上面多写了一笔——"手工面不适宜打包，实在不是万不得已，还是出来吃吧！"

　　这件事启发我网络使用的重要性。亏我还接受了这么多年的教育，一点都不与时俱进。我老公就说我，你又不老，怎么跟老人一样，只喜欢逛实体店？人有时候真的要学一点新东西。之前我们采购都去菜场，但菜场的人都只看重大酒店的供货，嫌我们的量太少，经常爱理不理的，价格高，还不准时送。我就上网去搜，还真的有在线供货商，油盐酱醋菜，什么都有，价格比菜场便宜20%到30%，晚上11点前下单，第二天早上9:30之前就送过来了，而且特别准时，到货了可以当面验货，如果不新鲜拒收就可以了，那边也会把钱退给你。网络在线真的非常有魅力，节约时间，节约成本，现在我的外卖、采购、招聘都是线上的，非常方便！以前总觉得东西很完美才能推出去，就容易陷入怪圈，比如说我早些时候想做外卖，总在想，不行；我的产品不够优秀，不行；我还没找到送外卖的人……直到"饿了么"硬生生把我推上线，我才发现其实有时候并不需要做到百分之百完美，一定火候就可以推出去了，然后在做的过程中慢慢修正反而更好，干嘛一定要把那些东西看得如此么重要呢？

女性创业者风格往往偏向保守稳妥，这一反思的过程也是适应环境、寻求创新的突破的过程。

我家有女终有成

"你一个书呆子，我都做好给你收烂摊子的准备了！你就去历练历练吧，别让我收不起就行！"90年代就下海的爸爸开始并不看好我，但是"虎父无犬女"，历经了两年的磨练，我还会只是一个书呆子吗？我家有女终有成，爸爸该卸下心中的千斤担了吧？

我现在一共有两个店，我老公帮我打打下手，管理、财务、报税和招聘都是我来负责，产品采购和厨师的选择由我老公来管，因为是他老家特产和菜系，还有一定的资源。最初在招聘厨师方面我们还被人忽悠过。本来我们的大厨都托的是家里亲戚，但是亲戚就会有些问题，他会觉得他是老板的亲戚，和老板有一层特殊的关系，就不服从我聘来店长的管理。所以后来我们也改成在线招聘了。但就有那么一个人，他基本上什么都不会，就把自己说得天花乱坠，我们给他开了很高的薪水，结果他做的面还没我老公做得好吃呢！现在几批人招下来，我们基本上看几眼就能鉴定师傅的手艺怎么样了，不会再被忽悠了。

餐饮业投资高，所需掌控细节太多，事务繁琐风险又大，真欣佩这对高学历夫妻。

我爸开始并不看好我，他觉得书呆子下海不会成功。但是做餐饮和其他行业不同，它的要求没有那么高，不像我自己的建设工程管理专业，创业资本投入太大了，中间一个环节出了错可能就很难继续下去。餐饮门槛不高，只要你踏踏实实用心去做就肯定能做好，也不要求你有多美味，家常的味道就可以了。吃完了回去肚子舒服，不能这边刚吃完，那边就拉肚子，那下次再好吃，人家也不来了。这两年我也接触过一些做餐饮的，层次偏低的比较多，他们就不太关注食品安全。不是说书读多就怎么的，也不是说他们有多坏，他们压根儿就没这方面的意识，不讲究，不重视，自己吃他们也觉得无所谓，脏就脏点呗，吃了这么多年也没事儿。所以我觉得餐饮这一块应该多些讲究的人进来，把餐饮做得更加规范一点。

但是创业也不光光是把东西做好，它还需要一些更加综合的东西，比如说管理、资金、创意等等。所以之前有人问我担心店里的人偷师吗？我一点都不担心，因为有些东西是学不会的，我每天都会有些新的想法，尽管一些想法尝试后没有效果，但正是那些有效果的想法使我的店与众不同，所以即使有人去学，也只能学到我旧的想法，新的想法学不去的，毕竟脑袋长在我自己身上。而且，一般来说，他们没有那么大的魄力，他们每个月辛辛苦苦攒那么点钱，不会轻易投资的，除非有百分之百的把握挣钱。有时候听他们聊起来，他们会互相打趣说将来要是去创业就要去食堂包档口。之前有个玩得很好的店员，我们就开玩笑地问他要不要入股，他就不太敢。

现在店里做得还挺好的，很多邻居、朋友都想合伙注资开第三家店，但孩子毕竟还小，我的精力有限，所以还想缓一缓。可是计划一旦落实下来，成功的概率是很大的，因为前面两家的店很多经验是可以复制粘贴的，而且新的想法还在不断地出现。而且合资的话，他们的风险也不大，因为我跟他们说过，如果投资盈利了大家就有分红，赔了我也会慢慢还给大家，所以大家还是很乐意的。

也算私人贷款的一种方式，除非对盈利很有把握的复制模式，不然还是以财务合伙人的方式合作开店更规范更商业化。

你好，生活！

该生孩子的时候生孩子，该创业的时候创业，生活之于我，如同一盘能够自由选择前进或后退的磁带，慢慢悠悠，却演奏出最和谐的旋律。这不是神灵的恩赐，而源于一位创业家义无反顾的魄力。你好，生活！让毫无畏惧的人有那么的选择！

我工作很好找的，offer也拿了很多，但因为孩子都去不了，因为一般公司都要求早上8:30准时到，下午5点才能下班，孩子爸爸又在设计院，更没空照顾他。所以我都没有体验过朝九晚五的生活，还想着等孩子大点了，就把店交给孩子爸爸，反正他天天喊自己"上班狗"。

说实话，有个创业项目在这里，我们心里好像有了底牌一样，生活变得轻松起来。孩子爸爸就说，哪天我上班累了，我就回来开店；等到你累了，咱们再换回来。生活好像变得特别有指望，哪怕有一天我们都不去上班了，经济上也不会断了来源，更主要的是，永远也不会没事做。我有个朋友在日企工作，不知道为什么公司突然把他负责那一块全部迁到外地去了，上海这边一下子全部解散了。公司给了他一年的年薪做为补偿，开始他很开心，想着有年薪又不用工作太棒了，结果才过了两个月，他打电话给我说好无聊，以前每天都很充实，现在天天在家给孩子做饭还不如上班。所以我想人还是得忙一点，谢天谢地自己开了饭馆。

offer拿到手软，却没有体验过朝九晚五的生活；美国常青藤前十大学的全额奖学金；博士延毕两年。这一切都源于一位母亲对孩子无私的爱。孩子成了我创业的主要动因。我积极乐观，将他人眼中的牺牲变为前进的动力，成了另一层面的赢家。也许有一天我会步入职场体验朝九晚五的生活，把经年所学回馈于社会，我依然对自己今日的处世智慧印象深刻，并坚信不论我身处何处都能做得很好！

感恩家庭的温暖和为家庭考虑的一切，这位女性创业者舍弃的是令人羡慕的，选择的是让她幸福的。

205

创业和玩有区别么？

我的生活一帆风顺么？本科4年，支教1年，本硕连读，现在开始了创业，与心仪的女孩结了婚，在喜欢的专业读博。人生几大目标，我的生活真的看来非常完满，我自己也这么觉得，能做自己喜欢的事还能挣钱。

我的本科专业是金融，可自从接触计算机后就特别喜欢那种编程实现自己逻辑的感觉，所以选修了第二学位"计算机"，大三开始实习，接触到金融咨询和量化两个领域，收获巨大，当时第一次学习到体系和建模的思考方式。本来毕业时候已经找好工作，学校说能保送硕博，我知道自己不喜欢考

说明作者的思维比较灵活，能够在跨度比较大、性质不同的领域进行思考和工作。

试，但有继续读下去的机会肯定不会放弃的。期间还支教一年，现在算是在读博士。当时我就想，工作对我来说应该能很轻松找到，虽然我在一家大公司的机器中成为一颗齿轮般地活着，拿着高工资过着金领生活可能是最好的结局，但这一定没办法发挥自己的能力，也不能选择自己喜欢做的事，另外就是我喜欢和人打交道，形形色色的都能让我觉得新奇开心，先去读书未来必定会出现更好的选择。现在看来的确如此，只有创业能满足我内心的需求，而且赚得也不少，现在每天的乐趣就是在寻找新奇的东西，实现并变现。

好奇、有创造力，肯定不满足于按部就班的工作。
一帆风顺，学业、事业、婚姻一切都有了，那么选择自己喜欢的事折腾一下，何乐而不为呢？

我考虑到现在有非常多的创业团队，而且几乎每一个创业团队都想着去做一个微信公众号、网页或APP，但是却很少有团队可以做。而且我还可以依靠金融学方面的知识，通过研究大数据，帮企业把握公众号之类的运营潮流。

这个想法在我脑海中久久挥之不去，毕竟这不仅是我喜欢的方向，而且还具有很大的价值。于是，我下定决心从事这个行业。

无法自拔的创业

我特别喜欢写代码，每天都会去想一些新的思路，然后通过代码怎么实现，一旦有新想法和灵感就迫不及待地搞。结果学校里有公共微信平台找到我，让我帮忙解决营运上的技术问题，就这么开始创业了，说也神奇但有时候感觉这也是必然。至今还记得清清楚楚，2014年2月，博士一年级时，我注册了自己的公司，并申请了雏鹰计划，获得20万元的无

非常鲜明的性格特点，兴趣驱动、好奇先行，活得恣意纵情，这是非常良好的体验。

息创业资金，真正开始了我的创业生涯。

至于担心业务怎么来，我比较喜欢定位自己是小而美的企业，目前也不打算融资，毕竟没有产品，而且去核武器般地开拓市场也不是我能承受的。至于业务多是朋友和老客户推荐，也得益于我喜欢和人打交道，朋友自然就多些。有一次我们这来了一个实习生，本身不怎么上心这个工作，没几天就跑了，平时我们还经常聊天谈点专业话题。后来，他去看牙医，牙医大概和我一样也是一个健谈的人，就聊起这个实习的工作，小朋友就说是做微信技术的，牙医说他还有个病人也是做微信的。结果牙医热心搭桥，这个客户最终成为我们的长期合作伙伴，去年一年就签了我们40多个项目，原来他们为客户提供内容，我们合作后解决了他们技术上的问题。这样的例子不少，我还有老师介绍的客户，和老客户推荐的。所以说，创业只要自己技术过硬，坚持总是有价值的。这件事也恰恰印证了这样一句话："创业是一种坚持，坚持中会遇到意想不到的事情。"

当然我也碰到不少坑，和甲方谈合同完全是一路交学费走过来的。记得当初有一个客户，和我们签了技术合作协议，还是一家上市公司，能和这种公司合作对我来说很难得，顺利完成工作后，他们当时和我们签合同的团队换人了，结果1年多了我们后期款到现在没给，这也给我了一个教训，以后与这种大机构合作要注意账期风险。由上至下的业务执行人员没热情，甚至不配合；而由下而上的合作发现，只要是个官都会发表自己的意见和想法，沟通成本非常高。

非常同意，坚持是持续积累和量变到质变的过程，如果发现坚持的同时非但无积累和增长，那么或许就应该反想想是不是方向错了？人错了？

以承接项目为业务模式的，如果没有持续项目渠道和稳定的客户源，那工作节奏起伏很大，团队又以外部人员兼职为主，这种模式管理压力较大。

工作累点不怕，消耗太大吃不消。为了避免风险，现在我们都会和甲方签订需求确认书，哪里变动需要成本我们也会尽量在前期就把可选择的方向给到甲方。现在找客户我更多地会选择自己喜欢的且没怎么接触过的内容去尝试，这样不仅仅能赚钱，还能学到许多行业知识。真是一路走来都是弯路，好在经过这些更清楚了自己公司的定位、业务方向，从开始想做自己产品，发现技术力量不足，然后就考虑怎么转型，从产品内容和人员两方面着手，经历过这些后发现又回到原点，只是更坚定了而已。

看来困难挫折有时就是最好的老师，胜过理论说教。

建立自己的商业规则和风险控制机制，不断丰富自己的创业实战经验。

人是永恒难解的问题

现在我不担心业务问题，这两年过来最让我头疼的是人，因为是软件技术输出为主的服务项目，但又不可能长期雇佣很多程序员，所以经常是招募一些兼职人员辅助我们完成工作。开始我找了一些学生来帮我，但多数非常不稳定，今天做了明天走了，严重缺乏职业精神。后来，我选择找外部有经验的人员来，发现也有问题，有一次我请个程序员帮我完成部分模块，在我看来两三天就能完成的工作，他说要一周并答应下周一交付，我想也行只要你能完成晚几天也没事，到了下周一他突然告诉我做不了，没办法这种事发生我只能自己上，因为计划外的我只能晚上做，结果熬了2个通宵才在客户承诺时间完成工作。这种擦屁股的事让我太太都劝我别做了，太辛苦。谁让我喜欢呢？当然以后我就慢慢开始有意识地积累一些长期合作稳定可信的合作者，并且给予他们预期更高的报酬。而且我也开始挑选客户，有选择地做老程序工具和技术方案这种，纯粹写代码的项目少了。碰到形形色色的人也算一种阅历，有人总希望少干点活，这类人还总嫌钱少，合作下来发现多半能力平平。

早期老板首先是学会团队管理，同时也时刻做好准备，自己是所有工作缺口的超级替补。

"没有他们的支持，我不会这么勇敢"

创业上的成功，不仅仅来自于一个人的努力，家人的支持也是必不可少的。家人支撑着我，才使我可以站得更高，走得更远。

创业初始，我还只是一个博士一年级的学生，并没有那么多的资金。注册公司就需要十万元，这十万元全是由我父母提供的。我想如果没有父母的支持，创业的想法再好也只可能是"水中月，镜中花"了。

妻子也是在我创业道路上一直支持着我，我和妻子认识了六年，彼此之间了解很深。创业中，难免会有很多压力，一直是妻子陪伴着我度过那些最艰难的时光。有一段时间，我忙得不可开交，两三天都没怎么睡觉，都是妻子一直陪在我身边给他支持。自那以后，忙过去之后，妻子一直叮嘱我早点休息，身体是最关键的。时间一长，精神面貌也好了很多。

幸福的让人嫉妒，保持良好创业竞技状态的保障。

我时常在想，如果没有我身边的妻子，爱我的父母对我的支持，我应该也会创业，但未必能像现在这么满足开心，现在，我几乎可以说毫无顾虑地去地做所有我想做的事情。

"创业 on the way，我乐在其中"

回溯这么些年，我觉得，在这网络新时代里，学会利用自己独特的优势很重要，我感谢本科我对金融和计算机专业的选择，带给我对技术世界的更深思考；我感谢家人的支持、妻子的陪伴，我才闯出了一条属于自己的路；我感谢时代赐予我的机遇，创业之路尽管会有困难，但并不可怕，一切都能解决。

最重要的是我觉得只有喜欢，人才会去坚持，才会去承受。创业是一种生活状态，我还 on the way，路途遥远，我亦乐在其中。

非常羡慕这种生存状态，创业不是压力，而是自己感兴趣的事，有家人的陪伴和支持，困难和挫折都成为前行路上的垫脚石。

不觉折腾，只觉乐趣

我从本科毕业到现在，一直在自营电商领域上进行创业。回顾这些年的经历，创业对于我来说，并不是一场高风险的挑战，更多是一种自我选择的目标。如果让我用一句话总结，我会说："我享受创业的道路，不觉得折腾，只觉得乐趣无穷。"

喜欢不安分的日子，且享受那么折腾的生活，这类性格似乎就不可能适应朝九晚五的日子。

"本科英语，就业三年后，读中国历史的研究生"

我本科是学科技英语，在校学习的内容除了英语还要学很多专业的课程，其中就包括通信电子，记得那年毕业时要求我们用所给的材料拼装出一台收音机来。现在想想还挺感谢这么个跨领域的专业课程设置，单单学英语，多数毕业后的择业方向以当老师为主，不过我自认为是个特别坐不住、爱折腾的人，也就没走寻常路。记得那年毕业我做了一些科技翻译的工作，比如我给保时捷汽车的特别晚宴做翻译。毕业刚开始在翻译公司，当时过得一般，但是还是比较满意的，并没有创业的打算，毕竟创业这个活我心里清楚并不是很好干。

本科毕业的第一年，我在北京的公司做简体中文的翻译工作，第一年很平淡就这么过去了，我又坐不住了。感觉无法忍受北京恶劣的天气，接着就又去杭州待了一年，其实做的事还是一样。记得当时我有一个同事是做法语翻译，虽然从事相似的工作，他的收入却比我高很多，而我们这种新出道的英语翻译酬劳被公司抽走大头，工资一直很低。

2010年我毕业的第三个年头，我认识了一个上海女朋友，机缘巧合下开始接触电商，并且第一次有了创业的念头。所以说，机会总是会出现在身边，只要不停地折腾就总会有惊喜。

英语真是我的敲门砖，我打算自己开个淘宝店，从最简单粗暴的电商起步，内容自然还是我的英语特长，语言对我而言非常容易学习，可为什么那么多人就是学不好呢？！我就白天做做翻译工作，业余时间通过开店收费指导别人学习英语，当年网上做这个服务的不多，我只要和客户聊一下，了解到对方的英语学习阶段和水平，我给他一套学习方案。

看来当年的这方面同类服务产品不多，能这么野蛮尝试也算一个不错的开始，这类服务随着竞争对手的出现好日子不会太久。

当时真的竞争少，我一个月最高能赚到好几万元，甚至还有些供不应求的情况。

在这段时间里，也发现了一些问题，感觉翻译工作压力大，电商英语教学也不是长久之计，还是得继续读书或许会有所改变，学历还是很重要的。所以决心读研，我很清楚自己的首要目标就是提高学历，而不是专业内容本身，最后很轻松地修完中国历史专业研究生所有的学分。

对我来说，学习并不是问题，我学习一直都很轻松，在读研究生的时候学业并没占用我多少时间，同时也一直做着原来的电商业务，通过读研究生，接触到了很多新鲜的人和事情，也找到了很聊得来的合伙人，同时我也很感谢大学学的英语专业，几乎成为我人生路上的敲门砖，为我后来的创业道路带来许多裨益。

如此自信，学习能力意味着他可以适应各种领域，几乎算是想干啥干啥。

对自己的认知标签，给不停折腾的生活作了很好的解释。

好奇心、能学习、不安分。

"接受折腾，挖掘乐趣"

我算是一个孜孜不倦对这个世界充满好奇，很爱接受折腾也很爱自己折腾的人。

无法忍耐那种枯燥乏味的日子，喜欢接触新鲜的知识，打破不同领域的壁垒，我在自我探索的时候，真的是非常快乐，安稳对我来说简直就是煎熬。

我的语言自信源于我的英语老师，当年本科选择英语，是因为我不擅长英语，所以想要通过学习弥补这个缺陷。学习过程中对我影响最深的一件事情是，大二的时候，有一次在看书，老师指着我的教科书说："你不要看这个教科书了，你把莎士比亚的原著进口书，就是没有汉字版本的买一套来，遇到不会的用英英词典去查，坚持读完，你的英语就可以了。"我记得读了快三个月，刚开始觉得很困难，但后来渐入佳境。等到读完的那天，说来神奇，我的英语不知不觉就那么上去了，后来越来越能感受到英语的魅力，所以开始看电影不看字幕。虽然背台词方面没那么优秀，但是不管经历各种各样哪种类型的考试，我都能轻松地解决掉。

对英语的学习和提高，开启了我语言学习的大门。后来我又折腾着自学了拉丁语，其实拉丁语相当于中国古代的文言文和现代东亚语言的结合。在发现西方语言也就那么回事，就是一个一通百通的过程后，我也探索了更多别的语言，这些语言上的优势给我的电商创业之路提供了很多捷径。

接触电商之后，我发现"搜索优化"领域里，计算机、编程的知识也是非常重要的，所以我也自学了计算机及很多相关的知识网络，发现搜索引擎里还是有很多奥秘的。这一个小小的发现甚至给我硕士论文带来了巨大的便利。研究生论文里所有的材料几千个引用的来源，我做了一个小工具程序，就两天时间，用谷歌把全世界就这个领域的所有资料收集起来，而且自动把它做成一个纲要。可能我身边很多同学花费了很长的时间和精力来搜集材料，我就两天，超级轻松。那个时候我有了一种感觉，折腾的东西永远是有用的，现在用不着以后也是能用上的。

一般人真做不到，学习的同时为了提高学习效率还会拓展周边能力，甚至编程和编搜索引擎。

在接触电商后，我通过计算机和语言的知识，以及自己的思考，还做了一个ERP系统，开始自己做内容做生产，提供内容帮别人服务，类似于一个自动管理货架系统。比如做商品发布的话，原来的系统是需要很多项目团队一起完成的，可能需要一个编辑做文案，一个美工来做图，后台需要运营，前面的客服需要去沟通和咨询，其实这一切都很花钱的。对于广告商来说，如果在这一块投入太多钱，可能利润不够；但如果投入太少的话，就达不到营销的目标。在我认识到这个痛点的时候，我开始有意识地把很多工具组合起来，因而做成了ERP系统，很好地解决了广告商们的痛点。

"旅游也有新思考"

我还记得，最近和周围的人组团一起去越南、柬埔寨旅游，在当地生活了一个星期，与其说是旅行，更不如说是完全体验生活。

在市场逛的时候，我发现其实那边的电视机相对于国内的价格贵了将近十倍。其他很多工业品也是这样，利润特别高，所以我在想能不能我也做这个生意。

在当地闲逛农贸市场、电器市场以及和当地人交流的过程中，我发现跨境电商并不难，难的是需要关系。柬埔寨、越南这样的东南亚国家，市场制度很不健全，所以如果做生意的话，是一定要具备一些社会资源，否则只有一条死路。而且它的货币在美元的攻击下，已经崩溃掉了，随之而来的是市场的崩溃。东南亚国家的商品市场和国内的形式完全不一样，他们的市场是完全各自独立的，并没有什么工业，他

们所做的工业更多是为发达国家提供配件和零件。

其实这些事情，同行的人并没有注意到，所以其实我自身对于细节的发现，还有对于商业的思考和嗅觉，还是很敏感的。毕竟创业就是这样，习惯性的深入思考，也许一个小的机遇，就能打开许多你无法想象的创新世界。

分析市场不能只看到机会，同时也应多研究当地市场经营环境，如政策、人文、金融等环境。

"我更喜欢一个人的生活"

创业的这段时间，我觉得我的理性帮了我很多，在看问题的时候第一反应是，怎么解决，而不是情绪的过程。反观现在在创业路上，还算比较顺利，这与自己的风险管理能力较强离不开关系，我一直都是发现大坑就不走了的人，所以高挑战高风险高回报的事情，我是不会选择的。

我更喜欢独处，不愿意委屈自己，讨好别人，虽然一直是一个人生活，但现在唯一的牵挂就是父母了，毕竟创业这些年，父母给了我不少支持，虽然不是金钱方面的，但是情感上还是一如既往地支持我，偶尔一个人累的时候，和他们打个电话，都会觉得还是很开心的。创业看起来很痛苦，但是我还是很享受其中的，毕竟探索和折腾是我一辈子的追求。有父母的支持，有自己性格的影响，还有目标实现时的满足，我就很愿意在这条路上一个人"安静地折腾下去"。

又是一个 任性自由 的创业人生，跳脱活跃又喜欢折腾，大概只能聚集探险团队了。

我几乎把所有都贡献给了创业

一、从商业角度来说，我们是不成功的

我第一次创业其实是在2009年，那时我还在读研究生，对未来还没什么计划，然后就想注册一个公司试试。当时目标非常简单，就是想了解一下注册公司的流程，仅此而已。但是注册完之后，觉得可以接触一下这个领域的工作，包括销售、技术、运营等方面，慢慢开始深入观察整个行业链。

这期间，我主要是做生物制药的产品开发，我本身对开发也感兴趣，但产品开发需要很多东西。首先是要实验条件，我出去兜了一圈，都没有人愿意提供资金或实验室设

这是一个为了创业而创业的开始，类似体验生活，想试试就干。

备。一年之后，我明白求人不如求己，然后就开始去做销售做技术服务，自己赚钱筹备实验室，直到2013年终于有了自己的实验室，也招募到了一些研究生和老师，然后大家一起来研发产品。

我们刚开始的目标比较散，没有形成严格的产品线，随着产品的逐渐增多，我们自己画了一个产品链，包含了30多个亚类，我自己负责半数以上的基因产品，其他人各自负责几个产品，形成比较完整的产品线。因为单独的产品，特别是没有量化生产的产品，别的公司都不大愿意接受的，也很难带来效益。但如果有了一个产品线，再去和经销商谈代理，谈销售，就容易了很多。

最开始我想做诊断试剂，因为诊断试剂只要做成一个，就可以一直使用下去，回报率非常高，一辈子做成一个就够了。但诊断试剂有严格的限制，必须要拿到相关部门的批文，从实验室研发完成，到最后的上市，中间有一系列很复杂的手续。这个时间可能需要3-5年，资金投入大概要300万-500万元，对我们来说不大可能做到，所以就转向研发科研试剂。

科研试剂的特点是只要你在实验室做成了，并经过一段时间的稳定性验证，那就可以直接投放市场，相对来说比较自由，所以我们就定位在这个市场。因为我也是从实验室出来的，对日常使用的各种试剂和设备都很熟悉，就把这几十种设备和试剂做成了整个产品线。

国内的医药企业基本上都只做一两个产品，数量不多，

一年时间解决实验室问题，感觉这位创业者很有恒心，这并非工作职责，也非外部压力，完全依靠自己内驱力执行，而且维持一年，最终完成个人设定的目标。

第二步，产品系列搭建、研发。

产品切入的思考模式，创业早期产品设计需要考虑能短时间内形成现金流并且能快速进入市场，最好是低竞争环境。

质量也不太稳定，或者是山寨别人的几个产品，勉强凑成一个小的产品线。我们就希望做一个体量更大的、综合型的生物试剂研发企业，这样经销商从我们这代理，就能直接拿到产品链上所有的试剂。这样一来，既方便了销售渠道的统一，也有利于长期的稳定合作。

因为我们的公司起步没多久，所以我们的绝大部分精力都放在了产品研发上，销售的部分都让经销商来负责。这可能也跟我个人做事情的习惯有关，我觉得我的产品要足够多、足够好、足够稳定，才能往外推广，再拿赚到的钱来改进产品。

我们的产品质检一般都要3到6个月时间，比其他公司都长，确认足够稳定了，才会把产品投放市场，达不到这个标准，我是不会投放的。短时间赚到钱容易，但建立好的品牌和口碑很难，一旦口碑坏了，之前的努力都白花了。所以我们做得很慢，脚踏实地，一点点打磨我们的产品。

可能从一个纯粹的商业角度来说，我们现在是不成功的。因为我们手里已经有了好产品，却还在反复验证，不停地花钱，搞得运作很困难。包括我们团队内部也有过分歧，觉得可以先把东西卖出去，让公司活下去，之后再考虑品牌和口碑。

我也不确定现在的商业模式对不对，但至少在产品质量上，我有底气说，我们达到了业内最好的水平，已经比一些进口的产品还要好。只要公司能再坚持一天，我们离成功就又近了一点。

企业理念的一部分，很早就有口碑品牌意识，这种文化有利于形成品牌影响力，对于企业长期发展奠定良好的市场基础。

科技类创业且有自己实体产品的，这样循规蹈矩的发展模式可谓风险小、周期长，最关键就在开始产品线设计时有无偏离实际市场需求。

二、如果有员工足够优秀，我愿意让他来做 CEO

创业之前我是个很内向不爱说话的人，因为做技术性的工作，每天都在自己的专业范畴，对外面的世界也了解很少。但创业带领团队之后，不得不去了解外面的世界，主动与别人交流，也慢慢打开了自己的视野。比如我刚开始去推广产品的时候，都不好意思去进入人家陌生的办公室，但如果我不去，团队里的人都没饭吃了，只能硬着头皮上。

当老板只能正视自己的短板，主动改变。凡是想回避或者拒绝改变的，受影响的将是整个创业团队。

我们团队现在总共是14个人，大家也都是热爱这项事业的。有些人也有自己的工作，只是对研发感兴趣，而且自己也有实力和技术，就过来施展才华；有些人想在医药研发领域做出一番事业，但就和当年的我一样，受限于条件，需要和其他人一起合作，才能有做研发的机会，而大公司都不提供给他们这样的环境，只希望员工老老实实上班。

我把实验室提供给他们，还有一些基本的试剂，彼此之间更像是互帮互助的合作关系，今后他们想要成立自己的研发公司，我觉得也没有问题。就像是梁山一百零八将，一群有理想的青年共同搭建了一个平台，在这个平台里做自己热爱的事业。

开放的心态，也能吸引志同道合的专业人才。

我对我的团队说，为什么我喜欢出来创业，而不愿意到别的公司去给别人做研发，就是追求一种自由，所以我也不会给大家太多的约定和限制，大家都是自由者。在这样的氛围里，每个人都很轻松，不分上下级，大家和我的交流也都像朋友一样，我们最大的股东，就是看到我们这样的氛围才加入的。

如果有一个成员，依靠自己的技术研发了一个产品，然后把它卖出去，我也觉得没有问题，只要用卖掉的钱补上研发的成本就行。不过我相信，他做出东西来还是会愿意交给我销售，因为拿单一的产品出去，经销商成本会很高的，还不如就放到我这里，让我们来帮他做销售，帮他赚钱，他可以有时间去做下一个产品的开发。

即便他研发的产品足够多，可以自己批量销售，我也不担心，我还会扶持他去做销售，因为这是一个共赢的结果。我创业之前一直想做研发，但是没有人愿意提供实验室给我，所以我拥有了自己的实验室之后，就不希望有人会和当初的自己一样，因为外在的环境限制了自己的才华。

模式从自己研发产品，开始转变，以实验室为依托，帮助其他研发者提供销售服务，最终是整合了他们。

除了提供好的环境给每个人，我有时候还会给大家组织一些副业，找点其他的事做，让他们增加一点收入。因为公司的产品没有卖出去的时候，也就没有收入，但总得让他们能养家糊口，才能坚持把事业做下去。

当创业公司做到一定规模，接下来就要考虑招人的事情了。我虽然有过三年的工作经验，不过都是在医院工作，医院的同事关系都是比较简单的，所以我也清楚自己的管理能力，尽量不瞎指挥。

未来如果团队里的哪一位成员，不仅有一定的技术实力，也懂资本的运作，还能把握市场规律，那我愿意跟他合作，让他来做CEO，我去做个CTO，继续钻研我的技术。大家一起把产品做得更好，把公司做得更大。

三、我几乎把所有都贡献给了创业

在生物制药这个领域，国家每年百分之七十到八十的科研经费都被国外的进口公司拿走了，因为做实验的人用的东西都是进口的。医院里的医生大多也是开进口的药给患者，然后实际上我们现在的很多产品，质量绝对能达到进口标准，甚至比进口的还好。

我们团队里面的人，和我一样都是研究生出身，我们研究生期间，一个月拿几百块钱的补贴，但导师每年有几十万元、上百万元的科研经费，都花在进口公司上。所以我们就希望，将来能够在国内，有我们产品的一席之地。

当年跟我一起在实验室的同学，不管是转行做销售，还是纯粹的做技术，甚至帮人代做课题写文章，随便一种方式都比我赚的多。但长远来看，我相信自己的选择是不会错的，即便是我眼下想盈利，只要把手上的几个技术卖出去，或者把个别的产品卖出去，也能有给公司带来上百万元的收入，只是我更希望把这份事业坚持下去。

我最初的实验室很小，设备也有限，但依然花光了我所有的资金。后来赚了一点钱，添个设备，再赚点钱，再添个设备，才一点点慢慢做起来，到今天终于可以做基因工程相关的研发了。生物制药行业的研发其实是非常危险，很多材料都是有致癌风险的，或者有剧毒成分，比如很多材料都有强致癌性，即使你戴着手套也没办法完全保护。

可能会有相对安全的替代品，但替代品价格都很贵，对初期的实验室来说，必须要考虑成本，所以我们很多时候明

知道这个有毒也得用。当然也没有视死如归那么悲壮，基本的生命安全还是要保障的，毕竟团队大多是有家庭有孩子的，只是工作里的风险会尽量不和家人说罢了。

我妻子和我一样，也是校友，也是从实验室出来的，对实验室里的事多多少少知道一点，但知道的可能不多，因为她主要是做临床医生。幸运的是，她很支持我的创业，包括我团队里其他人能一直坚持，也和他们家人的支持分不开。

我妻子原来在上海工作的，后来我创业了，她就辞了上海的工作到外地，一个很重要的原因，就是她想给我留下足够的空间去创业。因为如果她在上海，孩子也在上海，我就要分很多精力在照顾她们上。包括现在家里的房贷也都是她在负担，可以说在空间、时间、资金各个方面，都给予了我最大的支持。包括我们双方的父母，也都是努力不打扰我，

家庭的支持让创业者变得更坚定。

在这一点上，我真的是非常幸运，也非常幸福了。

家人的支持给了我很大的动力，很多时候我觉得做不下去了，只要一想到家人对我事业的付出，我就觉得没有理由放弃。包括我辞职出来创业，也有一个原因就是孩子出生，我希望能给他提供一个衣食无忧的成长环境。可能我随便到一家公司，都能拿到三、五十万元的年薪，但假如以后所在公司经济效益不好，我年纪也大了，就没法保障家人的生活水平了，命运要掌握在自己手中。

另一个原因，就是我真的想把这份事业做好，做出价值。我以前上班的时候每天工作八个小时，到家就很累想休息了。我现在的话平均每天的休息时间不会超过六个小时，

每个星期有一半都是凌晨三四点钟睡觉，熬通宵都是经常的事情，过周末早就不要指望了。

　　以前觉得创业很自由，会有大把的时间，会赚很多钱，但实际上完全不是。特别是在创业初期，我几乎把所有时间、精力和金钱都贡献给了创业，甚至还有自己的健康。我原本想让更多的人战胜疾病，拥有健康，为了这个目标，我现在只能把自己的健康暂时放在一边，但我觉得很值得。

一个 技术男 的常规创业故事，对家人负责、对伙伴接纳、对产品要求严格。唯一 不确定的 是产品营销路线。

创业需要一个良好的心态

创业需要一个良好的心态

2011年，我从大学毕业，机缘巧合去了航空公司工作。虽然工作很不错，只是我心里一直有一股冲动的劲，想要出来证明自己，最后只待了7个月就辞职了。辞职之后也不愿意去更差的公司。从航空公司出来，心态也和之前不一样了，闲了几个月后，去了我爸所在公司里做事。在小企业里面什么事都干，所有事情都涉及，能力自然也提高了不少。

这几段经历让我对自己的认知有了很大的提升，学会了自我剖析。最开始会有自我否定，但后来开始总结，归纳分

大学期间参加各种社会实践和工作体验，能帮助我们毕业时找到适合自己的工作，或者坚定自己的方向。
**

析，认识到自己应该做什么，怎样作更好的决策。

在我爸公司里做了半年，觉得是时候踏走出创业这一步，就出来创业了。我大学期间学的是电机自动化专业，但是我也学了金融和法律方面的知识，像常规的公司法、合同法和一些外贸的东西我都研究过。我妻子呢，在金融行业做了几年，会计方面也有经验，教了我很多。可以说创业公司需要的大部分知识，我都是知道的，起步也就比较顺利。

创业公司经常遇到的就是资金问题，当时我们还挺巧，出来第一个月就接到 50万元的单子，至少养活了我们大半年。因为是初期，员工的工资不高，广告、办公室布置都很便宜，就是意思意思一下而已。除了工程安装会垫资的问题，其他事情都在我们的能力范围内，做起来也就不像其他创业公司那么困难。

但在创业的第二年，公司就碰到了瓶颈，接不到新的项目了。当时我和团队就沟通说，如果到了年底还是没有收入，公司就解散吧。解散之后，大家再找其他机会都行，总会有办法的。还好，在第二年结束之前，我们遇到了一个新的机会。

当时一个做光热的大集团进行转型，想开发光电这个新领域，然后就看中了我们的技术实力，包括团队的可靠性，就联系到我们，想要收购我们。双方沟通之后，觉得都比较合适，这应该是一个正确的选择，就把整个公司并入到集团里了。再之后公司就上市了，我也算是做了高管。不过我的感觉是自己还在创业，我和几个公司高管还在努力做下一步

顺利的开始，不少人也是因为眼下恰好有个单子，然后水到渠成地开了公司，选择创业。单一项目为主的业务模式，还是缺乏持续发展的基础。

的计划，现在无非就是责任和压力比较多，但是焦虑会比较少一些。

我觉得创业还是需要有一个良好的心态，有些创业者背水一战，不成功便成仁，然后拯救公司于水火。我就不是这种性格，我倾向于做更加稳健的事，不会很极端，这种性格可能做不了多么大的公司，但也不会为一些事情不择手段走向极端，整体心态都比较平稳。

从来不吵架的合伙人

创业一路走来，整体都是很顺利的，我感觉一方面是我的心态比较平稳，风险控制比较好；另一方面就是我们更加接地气，很实际，而不是说疯狂地营销，发展好的时候也没有随便扩招。

创业当时也有痛苦的时候，晚上有时候会睡不着觉，心情比较急躁，人很焦虑。主要的焦虑还是来自于收入，毕竟收入不是很稳定，最艰难的时候工资也发不出。而且我会想，如果两年之后我还没有成长，那么我跟同龄人、同学比起来会落后一大步。另外会觉得如果受到挫折也是对自己信心的一个打击，这件事情没有做好，肯定会觉得自己能力不够，会有一些自我否定。

除此之外就是对于未来的恐惧，因为之前一直在了解相关情况。但真的踏出那一步才发现自己的勇气真的比较大，真的不知道后面是什么样的。我们做的行业是全国最早的一批，所以我们没什么可以在创业之前调研的，政策刚刚出

在企业起步的关键时期，被收购了。少走了很多弯路，自述中省略了很多内容，比如为何会选择他们作为收购对象，如何谈判的，业务是如何融合的？等等。但我相信期间创业者个人沟通能力和社会资源起到了关键作用。

来，觉得这个东西来得早不如来得巧，来得早这个市场还不一定发展起来了。

比如说我项目谈妥了，我会马上做一些试验，执行的过程中工人的操作会不会有一些伤亡事件，工作做完了，收款也会有一些压力。后来一段时间会怕接电话，认为电话讨论不会有好事。在加工过程中，一些小螺丝都舍不得扔，什么事都自己做，当时社保、公用基金、法务等都是自己做，当然也借助了一些外部的力量。

比如说我的财务顾问就是上海大学2011年毕业的，他现在在做投行，帮我做财务顾问。我的法务顾问是复旦的一个法学硕士，也是做这个的，当时关系比较好，所以就免费帮我做。我除了遇到的比较大的问题是资金上的困难，别的坎儿基本上没有，包括我和我的创业合伙人，合伙两年基本上没有什么争吵，大家都能互相理解。

我的合作人是我本科同学。他硕士毕业，毕业一年后工作一年，当时国家发了一个政策就是居民都可以做光伏发电，可以并网给国家，还有补贴。这个政策一出来我们就觉得这个市场会起来，然后我们就做了。我们就是先去的，是做这个的第一批。

我和合伙人遇到困难也不会吵架，因为我们的财务都很透明，财务不会有问题。决策也不会有问题，因为决策都是两个人一起商量出来的。其实大家都会说两个人的股权是挺危险的，如果出现一些诱惑可能就会不和谐，但是我们都会沟通。

难能可贵的合伙人关系，相互理解的基础是目标一致、信任基础、沟通方式、包容心等等，总之很难很幸运。

在公司并购、上市，我做了高管后，首先是责任心没有变，这也是本身我自己的一个性格。对任何事情我都是比较认真的。然后现在焦虑没有了，偶尔的焦虑是来自项目的一些执行。比如说，我最近在上海电气投了一个两三千万伏的电站，然后电站还没有并网，遇到一些问题，这些问题很难解决，比较棘手，因为这个如果并网的话每天的利益应该是几万块钱，相当于每天都有一部分钱都流失了。

我不会成为乔布斯那样的人

创业中当然想过很多次放弃，我会和我老婆沟通，但是我老婆会一直支持我。因为她自己本身也有这样的抱负，也想做这样的尝试，但是因为有一些原因，比如说结婚生子，没有走出这一步，那么我走出这一步她就很支持。

我把我老婆当作人生导师，她对我很好。我是从农村出来的，家庭教育就导致自己的格局小。后来在老婆的帮助下，我改变了很多，对事物的看法也有了很大的不同。

其实我能意识到自己的另一个缺点，就是缺乏坚韧，耐力不足。后来我自己去川藏旅游，锻炼自己的耐力。所以我知道自己的弱点，然后去往这方面去加强。我高中那会儿表达能力很差，不善言辞，那么从创业基金会路演开始，我就想锻炼自己沟通和演讲的能力。

我和我老婆是在大学认识的，那个时候就是谈朋友，喝喝酒、打打篮球，然后出去旅行。大学期间谈恋爱还是很重要的，两人经历一段感情后，对人与人之间的认识会更加

这位创业者除了本身能力外，还拥有足够的运气让人羡慕，业务选择的时机、合伙人、第一个项目、太太、收购……

深，也会提高情商。读书那会，我的成绩不好，但是有一个心态就是我觉得我父母条件还可以，我就觉得无所谓。

但后来毕业之后真的发现父母也会老去，他们的能力也会变差，就意识到自己得站出来。我的心态就是从我妈炒股时学习来的，炒股和创业都是一个道理，在困难的时候不放弃，顺利的时候意识到风险。

我不会成为像乔布斯这样的人，因为我成长的环境、性格已经决定一切了，不可能走这种路线。而且本身从小也没有互联网环境。但是现在想想，觉得跨出创业这一步还是对的。即使我不成功，亏了很多钱，我还会这么认为，因为这一个经历，对人的一个成长，我觉得是不一样的。

对于未来，我没想那么多，也比较乐观，开开心心过日子就行。当然。我也希望我家孩子长大之后，没那么多压力，知书达理，开开心心就可以了。希望十年之后，还是可以做开心的人吧！

创业让我变得更完整

不要在热情里走火入魔

我们公司主要是做在线英语教育，因为我在外国留学过一段时间，回来之后发现国内的英语教学，有很多地方都做得不对，特别是口语表达上有很多问题。学生们就算英语成绩很好，出国之后，和当地人的沟通依然有障碍，更无法感染别人。所以我就组建团队，设计了一个产品，朝这个方向去做。

在这个过程中，走了很多弯路，也错过了很多机会。

我们是国内第一个做出语音识别打分这个技术的，比流

市场上很多同类产品，一个充满竞争的环境。

利说还要早。当时，我们和流利说差不多同时突破百万用户，但是他们在百万用户之后的发展，特别是融资上就比我们快很多了。相当于我们从100到103，他们就从100到300，等我们从103到110，他们就从300到1000了，整个速度和节奏都不一样了。

现在回忆的话，其实当时的团队方向都是对的，落后的主要原因还是在我。我那时没有经验，对融资的认识不够深刻。在已经有好几家投资公司有投资意向的时候，合伙人和我说要"欲擒故纵"，保持高冷反而会获得更好的融资机会。于是我们一直没有接受融资，甚至还拒绝了一家很大的投资公司。

中断和这家投资公司的合作后，其他投资方以为是我们的商业模式有问题，也全都跑掉了，一下子就失去了所有的融资机会。我们不得不考虑转型，从口语工具转为社交媒体，再转到考试教育类，再到后边做知识付费，中间拿到了一个天使投资，但天使投资的钱花完之后还是没有找到出路，然后就开始了一个漫长而痛苦的时期。

原本我有两个合伙人，我们三个各占三分之一的股份，好多创业者问过我，说创业最大的忌讳是什么？我觉得最大的忌讳就是创业的时候股份平分。因为平分就意味着有分歧的时候决定不下来，如果有一个大股东，那就可以让他作决策，犯错了让这个人来扛，这样才能提高执行力，而创业就是要快速决策、快速执行和不断试错。

这两个合伙人都是兼职创业，各自有各自的工作和事

融资的效果的确不容小视，如果这类低门槛同质化产品多的环境下，一旦有某项优势得到融资可能，那么就能很快发挥资本效率拓展市场，奠定优势。

有了好的idea和项目，还需要及时补上资金，这些都是对创业者综合能力的检验。

股权分配方案不是很合理，兼职的团队成员严格地说还是属于外围人员，很难和企业同甘共苦。

233

业，只有我是全职在这里做。刚开始发展良好的时候，各方面的问题都没有凸显出来。当我们融资出现问题的时候，公司面临很现实的问题，第一批走掉的就是这些兼职的人，因为他们都是有退路的人，对他们来说立即止损是最好的选择。

这次挫折也让我明白了一个道理，就是创业不能在热情里走火入魔，也就是大家常说的"自嗨"。热情和理想化的东西肯定需要，它能支持你在最难的时候扛过去，但如果陷入热情里，你就没法看到其他的东西，也没法理性地分析问题了。

也就是说，创业的激情需要及时地转化为理性冷静的思考和决策。

像刚才说的股权平分，这个问题本来就很明显，属于结构错误，但当时被自己的热情掩盖，觉得不是什么大问题。自己就像一个火车头似的，一直使劲地把这团队往前推，问题和瑕疵都拉不了，直到方向出了问题，或者动力没那么强劲了，才发现在错误的方向走了很远，甚至战友们都跑掉了。

这也称为管道效应，指的是注意力和思维变得狭隘的过程，此时个体的思维、注意力不再灵活，而是陷入了线性模式。一些该注意到的问题也被忽视，一些需要及时扭转的决策也无法作出决断。

在热情里走火入魔，还会导致你过于专注手头的工作，眼睛看不到身边的人，比如说家人、投资人、对手、团队和团队背后的东西。包括一级市场二级市场，它们之间的关系是什么？家人为什么会不支持你？团队成员之间为什么缺乏沟通？等等。

之前我在公司很严肃，有时候一进公司，大家就没人说话了，气氛很诡异，就像以前班主任来了似的。现在我就比较灵活地去演好老板的角色，就是该严肃的时候严肃，该笑的时候笑，该给大家过生日的时候就组织过生日，即使我自己的生日都不会过。这就是CEO的职责，CEO不仅要成为公司最有热情、最有动力的人，也应该是最冷静，眼里有每一个成员的那个人。

我手机里装过十多个贷款APP

公司从2012年成立，五年时间，数次转型，数次融资失利，经历了无数次挫折。第一次想放弃，是在2014年12月份，当时我奶奶去世，公司又有各种各样的问题。从家里回公司的时候，我就在想，为什么会一直做这个事情？做了这么久，也没做出什么成绩，还是这么几个人，做得也没多好，那是我第一次想放弃的时候。

在最困难的时候，公司的钱就靠我个人去贷款，我自己不是随便跟人开口借钱的，包括朋友和父母也没有向他们借过钱。我就只能去信用卡和P2P平台贷款，现在你能想到的大大小小的贷款软件，我手机上都装过，什么人人贷、拍拍贷、一人贷加起来有十多个。

各大银行的信用卡也都办过，前两天我过生日，手机收到了十几条不同银行发来的生日祝福，甚至还蛮暖心的（笑），因为很少有人知道我生日，知道的也可能会忘。但那么多家银行，各个都记得。最没钱的时候，每天脑子里就是想着贷款筹钱，整个人都是蒙的。有一天晚上从办公室出来去等电梯，我站在那等了半天，电梯也没来，我抬头一看，发现自己一直站在楼梯口前，对着防火门等了半天。

那时晚上根本睡不着觉，就去吃东西喝酒折腾自己，一

极限压力如果不放弃，也只能靠精神信仰扛着，这类精神恍惚非常危险，持续久了会内化影响健康。还好他扛过来了。

下子胖了三四十斤。到了谷底之后，也不知道哪来的一股劲，觉得说一定要改变，即使情绪没法变好，至少身体状况要变好。所以当时就开始去健身了，刚好一位投资人送了我一双跑鞋，然后我就开始跑步了。

跑步之后，作息就规律了，加上节食，身体也又瘦了下来，加上再看了一些书，整个人的状态也恢复了，没多久就找到了新的盈利点，带领公司走出了困境。

团队里有些人从一开始创业就跟着我，其中就有两个人是我的高中同学，我们认识将近20年了，而他们也都是有孩子的人。每当要放弃时，我第一想到的，就是这些创业伙伴和他们的家人；第二个就是我的投资人，当时融资的时候我给他们描绘了那么美好的东西，他们都相信了我，如果我现在放弃的话，我就成骗子了。

身体和心灵是紧密相连的。心理上的压力会自然地反馈到身体上，而身体状态的调节，也会带动心理的改变。

创业让我变得更完整

创业几年下来，我感觉自己发生了很大的变化，可以说创业让我变得更完整了。比如说我原来是个特别在意细节的人，甚至是有点偏执，设计师在做一张图的时候，按钮往左边偏了几个像素，这个色号是多少，我基本上一眼都能看出来。这就给他造成了很大的压力，因为我觉得这点小事都做不好，未来怎么可能做大事情。

但现在的话我就看得比较开了，毕竟一个像素，一个色号，就要上升到这个人是否认真工作，上升到公司价值观，太夸张了，可能只是设计师自己的状态不好而已。所以这个东西想清楚了之后，就不会一味地批评，而是用开玩笑的方式指出问题来，或者说制定一个规则，比如这个设计稿出来之后，要有一个人去比对，这个东西跟上一个版本有什么区别？

之前每一个新人进公司，我都要跟他一对一地聊天，每个月至少见一面吃个饭，聊聊工作上的问题，了解他们的想法。现在，我觉得没这个必要了，因为我们每个小组的组长其实都很负责，而且有专门负责这块的人，人力方面也在慢慢调整，我不用特意去操心了。

我没有大公司的工作经历，会觉得大公司的很多东西都不对，大公司的管理制度、职责分配影响工作。所以我的创业团队一定要每个人都热火朝天，干不完就加班，这就属于认识不够。等团队人数到达40个之后，就会发现这里面其实是需要一些制度的，有问题的该找谁。原来那种打感情牌的管理办法，就变成了规范化、体系化的运作机制。

不停地改变，不停地决策转移，其实是很痛苦的，因为都是碰到困难才会转移，顺的话不会转移。这种坚韧的性格可能就是我从父母那学来的，我小时候有鼻窦炎，有一段时间一直在看病治疗，治疗的时候需要穿刺，把一根很长的针，伸进鼻子里去刺透薄膜冲鼻腔，特别痛苦，还做了很多次，我当时想过说一定要把这个事情坚持下去，这是我记忆中第一次坚持的事情。

我现在回忆刚回国的时候，认知、情绪、技能各方面都是不完整的。创业经历了这么多，不管最后成不成功，我做

（手写批注）企业发展阶段不同，管理方式也会有差别。创业初期，人员少，功能重叠多，可以采取个性化、情感式的管理；企业进入正常运转后，人员增多，分工明确，就需要完善的制度来规范化运作了。

有很多创业者反馈说，创业活动几乎全方位重新塑造了自己：认知得到了提升，情绪控制力增强，意志力也得以锻炼。"不经历风雨怎么见彩虹"，这也是艰苦创业的收获。

享受刺激的人生，恐惧和挑战只能让他兴奋，但人性的另一面追求稳定和发展，"不断否定自己，寻找新的自己"，果然非创业莫属的宿命。

过的事、见过的人，都让我比之前更完整了一点。让人在这么短时间里提升一个层面，可能也只有创业能做到了。

创业它接触的是你最压力最大最底线的那些东西，你不得不调整，你不得不改变，忍受最大的痛苦你也要改变。创业逼着你去把自己变得更好，同样的创业也会让人有"瘾"，让你一直坚持去做，不停地前进，成就感越来越强，觉得规规矩矩上班简直太没意思了。

在我看来，创业其实是一个发现本我的过程，你不断地否定自己，然后去寻找新的自己。大多数人是追求稳定，走出舒适区以后会害怕和恐慌，告诉他要 all in 之后会撒腿就跑，这是正常的想法。而创业者喜欢挑战，看到新东西会兴奋，所以创业者和大多数人不一样，他的兴奋会压倒恐惧，会被新鲜的事所刺激，这也是我能走到今天的原因。

不被定义的人生才有无限可能

算起来，我从2011年参加工作到现在也有六七年的时间了，不能说资深但也是小有经验了，回想起之前的种种也是历历在目。

创业前的坎坎坷坷

第一份工作是我本专业化工方面的，在一个工厂的研究院。那是一个制造企业，我刚好专业对口就去做了科研工作。但是工作半年后不喜欢车间的氛围，当时又正好缺一个生产部经理助理，自身原因加岗位提升就决定换岗了。当时

这说明作者的决策风格比较果断，面对不同选项时能够快速作出判断，并作出选择。

这是创业者对自己的描述，依本心而为的人容易感受到环境的限制并期待发展空间，选择创业的可能性极高。

觉得做管理比做科研要有趣就自己去跟领导提了。(说起来在自身发展方面我还是一个比较有主见的人，很多人在面临职业规划和岗位转换时都比较犹豫，习惯把自己的想法按在心底，但我不是。)

在第一家企业的经历还是蛮顺利的，换岗后我的级别算是比同期的大学生要高一级，经理对我也很器重。刚工作了七八个月的时间，经理跟我说公司有计划把我培养成生产部经理，因为是制造企业，生产部已经是整个公司最大的部门了，当时感觉是很震惊的。接下来公司真的把我安排到车间开始熟悉工作，当时也是年少气盛，刚工作就掌握权力自己就开始有些膨胀了。那会公司的晋升制度有两个要求，第一是你要在公司待够五年，第二是如果是硕士毕业只需要一年就行，我当时是本科学历，考虑以后觉得不如去考个研，因为当时在公司受到的关注比较多，拿到的各种资源也多，自己就觉得，你看刚开始工作就能获得这些，自己算是个很厉害的人，所以与其在这待五年才能晋升不如辞职去考研，以后去哪个公司都适用，当时这么想着，然后就直接辞职了。

在继续工作5年和读研究生两个选择之间，作者的选择非常明确，而且行动力也很强。

其实我是一个想法比较多的人，很喜欢尝试新东西。比如第一次来上海原因很简单，我是内地人没见过海，当时就想来上海看看海。可真的来到上海后发现上海是没有海的，一番打听后才知道只有在金山有一个城市海滩，当时就决定要买顶帐篷去看海。其实那会也不知道那个城市海滩到底是什么地方，都有些什么，想到就要去做，那会儿自己导航去了超市买了帐篷然后去金山一直待到大半夜。但我给自己的评价是一个比较保守严谨的人，只是在一些事情上比较洒脱，想到就去做，应该算是执行力比较好，不会拖沓。

但我的考研经历没有工作这么顺利，先是报考了西安交大没考上，然后又去了杭州想考浙大，又没考上。那时候在工作时积累的自信和优越感被打击得不行，也慢慢沉下心思考自己的定位。虽然考研结果不佳但是考研过程中我阅读了大量书籍，而且养成了学习的习惯。当时有个逻辑思维的课程我把它整个都买了，在之后创业那两年我一共学习了大概有2000多个小时，平均下来每天大概要学三四个小时，我觉得这是一个很好的习惯。

考研一直不顺利，家里也开始给我下了最后通牒，毕竟在考研这段时间没有收入，之前的存款也不够，一直都是家里支持的。我哥当时跟我说，"你努力过了还是不行，那就不要再抱任何想法了。"所以在毕业两年后我又重新开始找工作。

2013年我开始就职于一家广告公司，当时也是误打误撞机缘巧合。其实我对广告公司的了解不是很多，但是觉得自己知道的东西挺多而且觉得自己很有创意就去了。开始面试的是运行设计师，大学的时候学过一点ps，但人家面试时觉得我不适合，那会公司缺一个策划的职位我就顶上了，我当时甚至都不知道策划是做什么的。做了一段时间感觉还是不适合自己，然后我又辞职了。

创业前最后工作的是一家贸易公司，做承运助理的工作，公司比较小但是这样跟上层的沟通就比较多，老板很器

凡事都有两面性，执行力强的人做事情雷厉风行，毫不拖沓，可以迅速推进事务的进展。但是，决策太快、行动力过强也会有一些代价，比如不会考虑得太周全，随之而来的问题也较多，等等。

如果说读书时期比拼的是智力因素，那么工作时期则更多是非智力因素之间的较量。其中，持续学习的能力尤为重要。很多起点低的人，保持着持续学习、不断提升自我的习惯，最终可以走得很远。

重我，公司一些重要的事情啊、决策啊我都有参与，当时的成就感很高，一切都挺好的，除了工资有点低，我向来是有需要必提的，不会藏在心里，当时就跟领导谈我要每半年涨一次工资，每次涨两千元。很多人会觉得惊讶，员工主动要求涨工资就很稀奇了，竟然还规定涨多少钱。但其实我不是漫无目的地涨工资，我跟领导说，每到一个节点我一定能够做出相应的事情，让公司看到变化，会让领导觉得涨这2000块工资是物有所值的。开始领导是同意的，但是涨到15000元后老板就不愿意了，他当时觉得15000元在整个行业里已经是最高工资，在我这个岗位不可能再高了，他的想法是可以以后慢慢给我一点股份，是股权激励这种模式，然后再让我去涉足销售业务板块，这样可以拿提成。最后因为各种原因吧，我还是辞职了，跟自己之前的预想不同就果断放弃了。

充足的自信，是作者能够跟领导沟通的底气。这其中蕴涵着对自己可以创造价值的能力的自信，对自己未来可以达成目标的自信。

对自己的价值认定，同时需要外界同步认同的反馈，得不到会形成内外不一致的冲突，便激发创业者的 抛弃机制，重新寻找自我价值感的满足。

创业后的多番挫折

正式开始创业是在这次离职后，而决定创业项目的想法来源于生活。很多人都会有过的苦恼，就是给家里亲戚朋友的孩子买礼物时不知道买什么，市面上一般的礼物觉得毫无新意，我总是喜欢挑一些新奇的玩具，我记得那时候是2013年，姐姐家小孩才两三岁，我给他买了一辆无人机玩具，别说一个两三岁的孩子就是大人玩都有点难度，但当时觉得很新奇就买了。

当时我就想要不自己做一个玩具电商，专门去挑选一些新奇有趣的玩具，专门推荐给孩子家长，主要是平时比较忙碌没有很多时间陪伴孩子挑选礼物的爸爸群体，可当我把自己的想法在创业辅导会或者青年基金会上交流出去的时候，别人的反应都是认为我很奇怪，觉得这不是一个创业项目，其实别人就是觉得我这个创业项目不行，但是没好意思直白的跟我说。当时我感觉到别人的不支持但是仍然坚持去做了，是自己发现的商机自然觉得有无限可能，开始我是开了两个网店，分别在亚马逊和淘宝，但现实很惨淡，玩具一个没卖出去，大概一直到四五个月销量一直是0，我的玩具事业也就此夭折了。

后来我又想做一个儿童的线上平台，当时把自己的所有积蓄和父母给的十几万元都投进去了，但最后也没有取得什么成果，当时最大的问题就在于我没有一个技术合伙人，在这种情况下想要去涉足一个新的技术领域是很麻烦的。虽然当时我认为儿童线上平台是一个很好的趋势，但是因为没有现成的服务商也没有现成的模板，所有东西都需要我从头开始做，但是我又不懂技术，找了好几家互联网公司来做都没有成功，最后钱花没了项目也打水漂了。

挫折让人成长，而创业就是个充满挫折和意外的道路，这2次项目失败会打击到他的自信，但超强的心理资本肯定会刺激他好强的特质，坚持探索寻找出路以证明自己。

直到我现在做的儿童社交点读笔，才算是真正稳定下来。而之所以做儿童社交跟我本身的经历也有些关系。

在创业中磨炼自身

我出生在一个大家庭，有哥哥姐姐，小时候家庭条件也比较困难。因为哥哥姐姐连续上学，基本上爸妈每天就是在不停地借钱—赚钱—借钱—赚钱中，都特别辛苦没什么时间管我。我从小对人际关系有一种悲观的认识，比较内向容易被其他小朋友孤立，再加上我的兴趣爱好总是跟别人格格不入，所以跟很多人玩不到一起。时至今日我对人际关系的处理和判断都是在创业这一两年锻炼出来的。在我做总经理助理承担HR的角色时对我自身的突破是很大的，一开始给别人面试时我表面上很镇定但其实桌子下面手都在抖，后来就不会了，那种气场和经验都是一次次锻炼中形成的。

一切都关于成长：学习是成长，创业是成长，挫折更是成长。

其次，我觉得因为创业自己的思维方式有了很大的改变，刚开始工作时会很清高，就是那种该是自己的就是自己的不是自己的绝对不要，就是不够圆滑，不会长袖善舞，后来慢慢磨练的，也开始明白世界上的人和事不是非黑即白，人情世故不完全是一个贬义词，毕竟人活一世不可能把所有事情都划分得明明白白。

从开始创业到现在我已经做走了两批合伙人，现在只有一个合伙人，后来变成了我的女朋友，能适应并配合我的性格也不容易。坦白讲我跟她的性格是互补的，我是内向的，而她是比较外向的。她的凝聚力很强，当时我们说要建设一个平台去教小孩子，她马上就拉来一个法语老师，可当时我们还没有平台，当时我就觉得至少有一个人能够弥补我凝聚力上的问题。自然像我们这种夫妻关系的合伙人很多人会有所质疑，毕竟工作跟生活纠缠在一起很容易出矛盾，其实我想过这也不是什么问题，以后可以把公司上的事情交给她，我回家带娃洗衣服就可以，我并不坚持什么男主外女主内的说法，只是每个人选择生活的方向不同罢了，之前我有一个领导每次回家都喜欢拖地，当时我还想这么大一个领导回家竟然还要拖地，但是领导就跟我讲，他就是喜欢回家拖拖地、做做饭，这是他生活上的喜好，跟在社会上取得多大成就没有关系，这是他个人的选择，当时这件事给我的感悟挺深的。

不要随便给别人贴标签，不要随便定义别人的人生，这可能就是创业后我最大的收获吧。

生活在标签中反思，可以看出现在的他更包容、更接纳自己。

一个广告男的都市传奇

圆一个大学梦

我是这样的一个人，十足的乐天派，天性爱折腾，对于各种各样的压力和挑战都无所畏惧。所以不到19岁，我就出来工作了，在读MBA前差不多工作了十年。18岁中专毕业后，我只身来到了海南，在一家广告公司待了四年，那时候年轻，特别有冲劲，在业务上很努力，所以21岁我就成了公司的常务副总，管理着二十多个人。当时我就在思考，员工我能自己带，业务也是以我为主，我为什么不自己开个公司呢？所以第二年我就自己开了一家广告公司。

又一个不按常理出牌的人，给人一种年轻敢拼的印象。

但谁能想到自己独立做十分有难度，公司开了半年就关掉了。可是促使我真正放弃的并不是因为自己开公司难，而是因为心里一直有个解不开的结——我没上过大学，我想上大学！其实工作多年，我清楚自己的能力并不比大学生差，但心里总还有一种自卑，一种心结在那里，总觉得没有上大学就比别人矮一截。而我本身也一直在犹豫，以我当时的年龄，如果继续在这个平台走下去，很有可能一辈子都被局限在其中。在慎重考虑后，我还是决定圆自己的大学梦。

后来，我回到武汉，考取了武汉某大学全日制的插班生。这对我来说也算是个传奇，当时的插班生制度是教育部在武汉某大学特批的一个试点，它每年都会招考，但是每个专业每个班只招五六个人，在那一届里我是这五个人中专业科目和总分的第一名，英语倒数第一。我非常着急，那年春节回家备考，我花了整整半年才让英语成绩得到了足够的提升。就这样，经过千辛万苦，我终于实现了自己的大学梦。

这段挫折经历，确实是很特别，进入社会后重新考入大学，难度非同一般。非一般的决心、非一般的毅力、非一般的执行力。

之后我便雄赳赳气昂昂地来到了魔都上海，在这里工作了四年。这四年期间我在一家知名汽车企业做Marketing和品牌管理，学到了不少宝贵的经验。2008年，我考上了上海某大学的MBA，在这里，我迎来了生命中的一次转机。

入学第一年，我被一家互联网公司看中，招募到公司内部从事电子商务研究和市场推广研究。就这样，我一边读书一边接触这个对我来说充满新鲜感的互联网电子商务领域。两年后，我的学业和事业取得了双丰收。我在这家公司工作得不错，然而我内心却萌生出一种迷茫感。那段日子我一遍遍地问自己，这是不是我想要的人生，这是不是我想要的方向。我仿佛听到一个发自内心的声音告诉自己说，不，这不是我想要的！我渴望接受更高强度的挑战，运用我所学的知识、经验和技能去开创属于自己的一片天地。

这种内心的声音，其实源自于内在的成就动机，一种不允许自己平庸的愿望，想要成功的愿望。

曲折地走向成功

在这个来势汹汹的"互联网+"的时代，我瞄准了农业这块涉水未深却需求广泛的领域来开创自己的天下。进入信息化时代以来，网络上每天都泛滥着耸人听闻的食品安全问题，从街边烧烤到黑作坊，再到转基因食品，真真假假、虚虚实实，仿佛所有的东西都不能吃、不能喝，甚至不能闻，一时间人们谈"食"色变。

但如果有一门技术，手机扫一扫，食品的产地、加工、仓储、分销，甚至物流运输的信息一下子就能跳出来，会不会十分具有吸引力，让你惊异于科技的迅猛发展与体贴入微？所以我决定迅速抓住时机，将技术与生活接轨，专注于中国食品安全溯源问题的解决。

在有的人眼里，机会无处不在，商机随手可见。但并不是所有人都具备识别机会、抓住机会的能力。只有长期处于思索、准备状态的人，才能敏锐地识别这些机会。

我的公司现在是以食品安全溯源和物联网系统的农业信息化服务为主，为客户提供农产品的可追溯解决方案。但最初创业的时候并非如此，发展到如今还是走了不少弯路。

在2011年创业申请EFG基金会项目时，我们想做的是农产品电商，有点类似于美味七七、天天果园、本来生活网的产品定位。但成立的时候我们发现电商创业实际上比较艰难，不太适合创业项目。因为做电商需要有基础、有资金、有团队，而大部分初创公司，尤其是大学生创业，这些基础的东西都不具备，很难通过做平台的形式，尤其是电商平台去创业，可能熬不到盈利的那一天就死掉了，电商前期投入是比较大的。这样做了几个月时间，我们知道这里面的水很深，就没敢往下走。

当时觉得农产品电商做起来首要解决的是安全问题，而安全问题更多是通过溯源来进行，国内生产可追溯农产品的企业还是很少，我们觉得可追溯系统是个有商机的产业。而且那时三氯氰胺事件刚过去不久，国家对于食品安全溯源问题比较重视，相应追溯产业政策也慢慢清晰化，各行业都比较关注，我们基于这个背景成立了公司。

没有之前的试错，怎么会有现在的决策。农产品平台中的追溯子系统，即可单独成为产品。

公司的成立，还要得益于另一个很重要的契机。当初在做追溯系统项之前，我们常去上海一些比较大的农业展会，我会细心地记录下哪些企业或基地比较大，事后再去拜访，把我们的系统解决方案、追溯思路和这些企业谈。恰好有两三家企业对这事情有需求，而且我们的解决方案和思路很符合他们当时的需要，所以在这件事的强推下我们四月份正式成立了公司，七八月份签下了第一单——大概86万元。

紧接着，在青海我们和政府合作了一个牦牛养殖的追溯系统项目，这个项目得以实现也完全多亏了前一个项目的支持，之前我们参加展会都是只去看，但是和第一个企业合作了之后，对方就建议我们去铺展，他们的追溯系统可以作为我们展台上的亮点和特色。这样我们就去展会摆资料，摆系统，在现场做演示。

没想到无心插柳柳成荫，这次准备过程稍显仓促的现场展示让我们的企业实现了从参观者到参展商的身份转换，也为我们赢得了意想不到的机遇。就是在这次参展的过程中，青海省政府向我们伸出了橄榄枝。我们幸运地获得了对方的青睐，并且成功地拿到了机会，接下了这个牦牛养殖追溯项目。

参加各种商业活动，可以接触到更多的实际需求，也可以增加商业关系，这算是一个确切的案例。当然，初步接触之后的后续洽谈其实更为关键。

决断力谱写传奇

对于我来说，决断力是我本人身上最大的闪光点之一。我所开创的是一条尚无太多挑战者通过的路，在可借鉴的先例极少的情况下，我大胆决定在新三板上市，又独树一帜地提出了公司的战略规划和目标。公司上市到新三板之后，逐渐显现出了不错的发展势头，但是也遇到了各种压力和挑战。这就要求你担当好一个决策者的职责，敢于为公司及时制定具有前瞻性而又符合实际的战略规划。比如，一个企业经营到一定程度却看不到未来发展方向，本身就是一个危机，所以，我们对未来规划还是有比较明确的发展方向的。虽然这个过程会很漫长，但大的方向是肯定的，那就是全力打造"农业信息化综合服务商"这一概念。

至于挫折，公司发展至今，大的方向还算顺利，但挫折也会遇到，上市后不久我就走了一条弯路。当时有一个追溯系统项目，我们接触到了一个青海的客户，接触到了牦牛和藏羚羊，那是生活在青藏高原上，真正纯有机的肉类。而青藏高原由于信息闭塞，没有人很好地把它们开发到内地鲜肉市场，所以这些纯天然的牛羊肉只能卖到十七块钱一斤。我在思考，这么好的产品，我们是不是可以把它引入上海市场？那几年电商O2O非常热门，我们作了一番考量，决定把电商产品缩减，专门卖肉，通过O2O的形式进行经营。

当我认为我们专注于O2O时，公司经营会有翻天覆地的变化，我们能够领先占据市场，从而能轻松并且高效地赚取收益，出现利好局面，公司的未来也打算依靠这一方面。但现实是残酷，计划实践起来并不轻松。团队的精力很分散，这一个小时在进行追溯系统的会议，下一刻就需要立刻切换到O2O；一边的人在开会，另一边的工作就会搁置，左右无法兼顾，我自己也弄得筋疲力尽，前后大概投入了100万元。其实我还是有点不舍得，计划的前景如此乐观，市场如此广大，这突如其来的转变让我措手不及。这时我父亲点醒了我，他说，如果你感觉没有精力或者信心把这个东西做起来，你应该果断地抛弃它！这也是领导应该有的决断力，我觉得父亲的话很有道理，所以最后这个项目停止了，我把精力重新聚焦到追溯系统上。

从中我学会了一点，决断力不仅包括日常经营管理当中作决策的能力，在重大形势面前如何取舍，也是一种至关重要的决断。感谢父亲教会了我如何抉择，他用一个男人的沉着、冷静和魄力给我树立了一个好的榜样。

不同的业务板块，需要不同的团队去执行，其中不仅仅是精力问题，还包括能力模型、工作方式、财务运作、周期，等等。

确实，创业就是这样，量力而行，不把自己拖入无谓的事务中。及时止损也是一种坚持。

家庭支持：揭秘传奇背后的力量之源

在我创业的历程中，家庭对我的支持毋庸置疑是我力量的源泉。和一般创业者相比，我是幸福的，因为我有一个酷爱园艺且彼此能够交心的老爸。我们爷俩有时候像哥俩，有时候像伙伴。如此民主平等、富有生活情趣的父子关系给了我强大的精神支持！一个人创业离开家庭的支持是不太可能的。我的父亲以前做公务员，10年前退休后就在家养花养草，我办公室里所有的花花草草都是我老爸培育的，他说绿色植物可以减压因此帮我布置了一些。

除了老爸之外，我爱人也非常支持我创业，她是注册会计师，当我在创业的时候，她还在工作，这样万一创业失败，家里也不至于揭不开锅。现在我创业小有成就，她就为了我辞掉了工作在家做全职太太。她为我做出了很大的牺牲，她和我父亲一样也是我坚强的后盾。

创业更需要滋养的环境，企业成长从来就不是稳定可控的，陷害和波折需要创业者坚如磐石般的内心，家人的支持不可或缺。

回顾创业，我一路披靡而来，有过犹豫，有过失利，在创业路上不断成长。还记得初到上海工作那几年，有时候我明显感觉脑筋不够用，特别容易受局限。但创业之后，我整个视野打开了，想的多了，看的多了，考虑问题更全面、更有深度一点。人就是这样，你做的事越多，想的也就越多，你的思维、意识、逻辑各方面都会变强。但是有一点没有变，我一直保持着积极向上的状态。

对于未来，我会持续地努力，先求稳再扩展，首先考虑怎么生存下来，其次考虑怎么尽可能的把事业版图做大，只瞄准这一个目标，不会在创业的时候过多考虑辉煌而可能虚无缥缈的未来，也许想过，但不会多想，只解决当前的事。

站稳脚跟

站稳脚跟

一个人如果想立得住脚，脚跟必须要先站稳——因为只有稳住脚跟，身体才能协调一致。而对于创业公司来说也是一样：如果想要在市场上有立足之地，那么它的脚跟也必须稳住。那么，企业的脚跟是什么呢？我的亲身经历让我总结出来，对于创业公司来说，"脚跟"在于三者：一是创业方向；二是团队；三是坚持。只有这三者明确了，公司才能被稳稳支撑住，创业才可以稳步前行。

这应该是作者经历各种挫折后的肺腑之言。

创业方向<u>不停试错后</u>的深刻体会，团队需要长时间的磨合，坚持必然是因为经历太多低谷。

紧跟时代脉搏

三者之中，│创业方向尤为重要。│如同人走路一样，必须清楚自己要去哪里，才不至于在风风雨雨之中迷失自我。创业公司也必须在商业浪潮中，有一个灯塔指引方向。<u>这方向又必须紧跟时代，才能让公司在这个浪潮之中脱颖而出。</u>

如果没有目标，恐怕面对创业的挫折是无法坚持下来的。

极客，是英文单词"geek"的音译，用来形容对计算机和网络技术有狂热兴趣并投入大量时间钻研的人，所以也俗称"发烧友"或"怪杰"。我也是众多极客中的一员。我的专业就是计算机，又曾获全国青少年信息学奥林匹克联赛一等奖，并顺利保送到**大学计算机科学与技术专业。我的专业和人生经历在网络时代看起来算是拥有得天独厚资本。我也一直想在这时代的激流中发挥自己的才能，凭借自己所学到的知识去做出一些东西，实现自己的价值。

这是个智商很高的创业者，估计面对的问题也会和其他创业者有所不同。

这个愿望是如此地迫切，以至于我在本科时，就不断地尝试去做了许多事，试图去找到属于自己的方向——一个可以让我在这时代的浪潮中站稳、并充分发挥自己才能的方向。

大三的时候我就开始组团队，可是，尝试了许多次，我却都不满意，甚至觉得这样寻找方向简直像大海捞针。就在我临近毕业茫然无措、一筹莫展之际，我的导师指点我说，我非常擅长的那个苹果手机的逆向协议可以拿来创业。就是打造苹果手机管理助手。导师的寥寥数语，让我觉得简直是到了一个豁然开朗、柳暗花明的境地。之前用苹果手机的人还不是太多，我也不曾想过这也可以拿来创业。但是如今苹果手机正大肆流行，占领了手机市场相当大的份额。这样看来，导师指点的这个方向就紧紧抓住了时代给予的机会——市场广阔，也正好是我最擅长的领域。

聪明的创业者，需要足够有吸引力的目标来推动自己。

我拉上了之前一直合作的伙伴一起组建了团队，又申请了雄鹰计划，获得三十万元的资金配额，再加上自筹的四十五万元，风风火火地开始了自己的创业之路。

在团队的努力下，我们很快做出了自己的产品，并且很受欢迎。但是过了一段时间之后，我们却发现时代的风向标正在逐渐发生转变：现在已经不再是PC市场的时代了，大家都在往移动端去转，去做移动端APP。而且，苹果手机助手体量比较大，如果要进入市场，需要强资本的运转，但是对于我们这样的小公司来说，基本上是很难再发展下去了。

及时转型，需要有居安思危的思想觉悟，同时也具备对外界信息的消化和敏感性，然后最终实施决策则更考验行动力。当时移动端APP简直是风潮，创业者这么思考也是顺应时代发展需求。

在大环境的转变之下，我们也决定转变公司的发展方向，转向移动端APP。可是要做什么APP呢？这却成了一个难题。

我意识到，现代社会，人们的交往模式逐渐变得轻而快，人们之间基本上都依靠网络交流，QQ、微信等已经成为人们日常生活中必不可少的一部分了。网络聊天不是那么严肃，一些表情反而更能传达人与人之间的想法。但是聊天软件中自带的表情明显不够用，市场上也很少有专门提供表情的APP，那我们何不把握住这片市场空白，自己来做一个呢？我们决定要做出这样一个APP，用它汇聚各种各样的表情，宛如一个收藏表情的博物馆——我们把这个APP叫作"XX表情"。

非常敏锐的嗅觉，抓住了市场机遇，踏准了时代脉搏。

"XX表情"是一个表情类应用，电脑手机均可安装使用，每日更新最新表情，以最火、最有趣为标准。平台上不仅有优质的表情，还提供强大的表情管理功能，电脑手机表情云端同步，而且QQ、微信表情互通，一套表情随处可用。平台上的表情有两类来源，一类是由原作者授权的原创表情，另一类是众多网友自发创作的表情。

风靡日韩的移动通讯软件Line，其表情贴纸一个月的收入高达1000万美元左右，而中国有近7亿的APP使用者，表情应用这一市场每年有亿元级别的产值。而且，市面上同类表情应用大多只是为了流量变现，对内容的把控可能就不那么严格，这可能会导致产品的低端化，而我们团队想要打造的表情平台，不但要大，而且质量要高。

我们团队成员都对这个APP充满了兴趣，毕竟我们都是年轻人，也都非常喜欢在聊天时应用各种各样的表情，我们很知道人们想要什么样的表情。在团队的通力合作之下，"XX表情"受到了越来越多的欢迎，成为人们聊天时常常应用到的表情软件。

我们紧紧抓住了时代的脉搏，对大环境的认识越来越清晰，及时转变了创业方向，也让我在这一时代的浪潮中认清方向更能把握住潮头，游刃有余。

可惜后来各个平台发现了"表情"利润，最终对第三方表情包联手限制。"但凡蛋糕，就一定有人盯着"，最终还得拼自己的不可取代性。

营造好的团队气氛

没有任何人的成功是只属于他一个人的。团队才是公司奋进的基石。一个好的团队绝不是一盘散沙，成员也不是无激情的浑浑噩噩、只是想混一点工资的人。团队成员应该齐心协力，朝着同一个方向，拼尽全力去推动公司的运作。这个道理说起来简单，但在实践中想要做好，却又谈何容易！

我们最初组建团队时，包括我在内，一共只有三个人。一个是我大学期间的室友，另一个是我相识八年的好友。在还未创业时，我们三个人已经有过一些合作经历，彼此之间都很了解，我们之间也是各有所长，互为补充。

在正式组成团队开始创业之后，我的室友负责技术方面，另一个好友是个女生，承担设计师的工作，并兼管公司运营和日常事务。我最初扮演一个生产者的角色，但是在公司步入正轨之后，我更多是个组织者，要建设团队、把控风险。

起步的时候我们人手紧张，每个人的职务都是不可或缺的，并且谁的工作也不那么轻松。我们基本上每天都要加班，有时周末也要工作，比正常上班要累太多太多。并且，由于创业才刚开始，工资也没有那么高。我招的大部分人是我的同龄人、朋友，大家都是新手，初期工作忙也不完全是因为绝对工作量高，而是因为年轻，走的弯路特别多——我们这些出来创业的年轻人，缺少在大公司的磨练，导致很多时候在管理、项目执行，包括开会讨论的效率不高。但是都是新人的好处在于：大家都没去过大公司，对于绩效、工资不是特别敏感，觉得挣的钱只要够花就行了。而且本来大家也就是朋友，聚在一起就觉得很愉快，哪怕是在加班。我们几个人对于初期这种艰难的生活都无怨无悔，没有一个人叫苦叫累。因为我们都觉得是在凭借着自己的热情，去做自己想做的事，也就很想去把这件事做好。至于其他的，我们都没这样的氛围让人心动，营造这样氛围的人只能是当家人。

有怎么关心，也不计较个人得失。有时候，一些前辈来交流，见我们这种单纯向上的状态和工作热情，很是羡慕。毕竟哪怕在大公司，让员工如此心甘情愿地长时间地加班也是几乎不可能做到的。

我的这两个朋友都很有能力，当时也有很多大公司以双倍的工资想挖他们走。但是，毫无例外，他们都拒绝了。一方面靠的是"情谊"，另一方面也是他们超出金钱收入之外的一些考虑。我的设计师朋友，她的想法就非常有情怀——她在乎的是这个团队真正能否实现她的价值。

这样的合伙人确实千金难买，有共同的价值观、共同的目标，这种内在驱动比利益更能凝聚人心。

这不仅仅是因为他们对这个工作的热情，更是整个团队合作产生的魅力。我们几个朋友一起拼搏一起奋斗，为着共同的理想和目标，使尽自己的全力。这才是青春里最不可多得的财富，在这种时候钱并不是唯一值得追求的——青春不拼搏怎么叫青春，人生中不做自己想做的事怎么叫自己的人生！我们三个正是怀抱着这样的信念和热情来创业的，为了实现自己的价值，去做自己想做的事。

这是团队文化的感染力，是可以通过员工的精神面貌相互影响的。★★★★

后来我们公司也吸收了一些新鲜血液。新员工一开始很难有我们这些创业者所具有的这种激情，但当他们慢慢融入这个团队，体会到团队的魅力之后，也逐渐像我们一样，对工作充满了热忱。

我觉得我并没有什么所谓的科学管理方式，我所做的只不过是尽量让这个团队像一个齐心协力的阵营。当我们三个核心形成这样一个充满活力激情的内核时，其他成员会被吸引着，也心怀热情地很快地融入进去。

在我们三个的合作过程中，那位女性合作伙伴有时是相对强势的。她的很多判断比我准确。但这些不是从一开始就容易接受的——对于创始人来讲，我觉得这是一个坎：能否以及如何接纳比你能力强的人来替你行使一些事情。这道坎我后来才学会怎么跨过去。

我从小到大很多地方都走得非常顺，也是与这样的成长经历有关，我有点夜郎自大，觉得自己头脑很聪明，创业这个盘子也是我搭的，很多事情都是由我一手操办起来的。那么我就应该有绝对话语权，但后来发现我这种想法是错的。首先一个人的精力有限，一个人不可能把控和操持好公司的一切。本来我想我是"老板"，我对这个角色的认知是要追求"控制力"，那个时候觉得好像这才是正确的，因为别的老板似乎都在这么做的。后来逐渐发现老板应该扮演一个指引大方向的角色，类似于一个总设计师，而不是要把公司每一件事情都事无巨细、亲力亲为地去做好。"老板"还需要学会去信任，能够把自己公司里的事务放心交给信任的人。在领悟这些的过程中，我觉得最大的收获就是，要学会如何跟比你强的人相处，并且让比你强的人跟你共事。

其次是，对一个团队来说，成员之间应该是"各在其位，各谋其事"，每个人在自己擅长的领域可以把那一部分事情做好，充分发挥自己的光和热。比如很多时候我发现有的领域，我把握得也不是那么准确，确实有些时候别人说的就是比我对。这不是因为我做错了什么，或者说我对工作懈怠，而是因为每个人在各个位置上的分工是不同的，对各种

一个人的聪明，只能产生一份力量；但是如果一个人拥有智慧，通过信任团结一群人，那么就可以产生更大的力量。

业务的敏感度也不一样。我经常处理公司对外事务，而我的伙伴每天在公司几乎24小时跟产品打交道，他们对于很多关于产品的了解是在我之上的，我要承认这个事实。相对的，我总是出去做融资，我的合作伙伴也不是完全学不会相关知识，而是因为分工不同，他们不需要考虑这件事情，只要做好自己的部分。我觉得这样处理事情有很多好处，我逐渐更擅长去发掘员工的闪光点。比如说我们公司有个写程序的小伙子，他其实写得真的一般。但因为他是我一个合作伙伴的朋友，出于情分我才把他拉了过来。那个时候就是觉得他其实很拖团队后腿，但是后来发现他做运营写的那些搞笑文案倒是很有意思。所以现在我们就让他一半时间去做运营，一半时间做原来的工作。其他员工对我来说也是一样，接触下来发现每个人都有一些地方是比自己强的。我要去充分发掘他们的这些过人之处。

在这样一个充满热情的团队里，任何事情都不再困难，任何挫折也都不会再怕，我们将在这时代中坚定前行。

坚持梦想

创业是孤独的，也是一件非常考验人够不够坚持的事情。我们能看到很多创业团队，如果能坚持三年左右还没有散伙的，基本上都能有所成就。近百分之七八十创业失败的人，都是在路走到一半时放弃的。为什么会有这样的结果？主创人员没斗志，或者说是合伙人散掉了，很多时候就算了。所以我现在就秉持着这样的观点，就是说既然我们已经走完了第一年，

专业的人做专业的事，一个人再聪明，他的能力也是有限的。如果能够善用他人的特长，就能产生级数级别的增长。

这些自述可以说充满了创业初期的心得和个性总结。如何接纳缺点发挥长处？如何处理"强势"？如何刺激团队激情？自己还得表现得自信果敢。

任何一件困难的事情，都需要"坚持"二字才能做下去。

那就把后面两年走完，看这三年下来我们沉淀了些什么。我觉得即使最后发现三年后我们创业的结果是"死亡"也不可怕，最可怕的是根本没有勇气去等到结果。我觉得大部分创业人都倒在一条尚未看到结果的路上。所以我坚持一定要看到结果，哪怕它是破灭的、令人失望的。

坚持，也就意味着面临很多艰难的选择，也意味着要放弃很多东西。对于我来说，在创业过程中我也面临过许多选择，也放弃过许多。

大学时，我有一个女朋友，两人感情很好。可是，在我创业之后，女朋友尽管没有明确表示反对，却也并没有像我想象中的那样支持我。我几乎每天都要加班到很晚，有时还要牺牲周末，很难有时间来陪伴女朋友。时间上的缺失给维系我们的感情带来了极大挑战，我们之间的关系逐渐恶化。我或许可以抽出一部分精力来陪伴女朋友，但是起步状态下的公司必须要我投入百分之百的精力，所以最后不得不选择分手。

后来我再回想起这段感情时，还是不禁有些懊悔。面对公司冗杂的事务，我都可以去做好，可是却没有在女朋友身上多投入一点精力。如果当时我选择了多陪伴女朋友，也许现在的结果会完全不同。可是，毕竟当时我选择全身心投入到创业当中，现在虽然有些懊悔，但也没办法改变了。

坚持梦想是对于我来讲也是坚持初衷、不忘初心。但是，创业却又很难一直完全按照自己的初衷去运行。公司和产品在我看来是两种不同的存在，公司更像是由资本运作在

没错，很多人认为决策就是选择，其实决策也意味着放弃。选择了创业，就意味着放弃平静的生活、稳定的收入。

感情和事业，很难的平衡，唉！！！！

支撑的存在，是追求利益的，而产品则是一个承载着梦想的存在，就好像费尽心血去孕育和抚养的孩子一样。这两者之间并不一定能够紧密贴合，一旦接受资本，就会为了迎合资本的需要，不可避免地调整产品路线，甚至放弃之前的初衷，纯粹为了市场和资本服务——这是会让我感到烦恼的。

创业需要资本注入，但更需要注重团队间的思维一致，坚持我们做事的初衷。我们追求的不是上市，不是获取巨大的资本投入，而是追求能够自己想做的事情。但在此基础上又要尽力与资本相配合，既能够坚持自己的初衷，又可以获得资本投入，在这之间得到巧妙的平衡。这样的坚持才能达到自己想要的结果。

创业感悟

创业一定要有梦想，如果只是靠性价比的分析、资本的分析，会很迷茫。也许每天你都会觉得自己是在做对的事情，但结果却未必是好的。因为你没有梦想的支撑。梦想是一种内驱力，驱使着自己把这种事情做好。只有有了这样一种内驱力，才能做出好的产品。

相信自己找到了激情团队的源头。

262

积极是创业者的良药

疯狂年代

我出生在商人家庭里，从小就看着爸爸创业。幼年的印象里，我爸一直是以忙忙碌碌的商人形象植根在我的脑海里，在这种环境的浸润下，我打小就非常向往拥有一份自己的事业。因此开公司这个想法其实很早就在我的脑海中萌芽了。有一个比较好的契机：那时大概是2014-2015年，互联网在当时是个新鲜玩意儿，也是那个时候我遇到了志同道合的小伙伴，大家志趣相投就迅速地开始走上了创业道路。但当时我们都是大学生，思想并不足够成熟和

很多人选择创业道路，都受到家庭的影响。父母的榜样作用，以及潜移默化的营商氛围，都会对个体造成重要影响。具体而言，有家庭创业影响的个体，其机会识别能力、冒险倾向、对创业的期待等等，都会比其他人更强。

263

青年创业者的创业激情比较强，他们更容易被未来期望所激励，较少考虑到问题和困难。

周到。可以说是太鲁莽了，像疯了一样。后来回忆起来，当时的我们有一种感觉，那个年份下所有年轻的创业者，只要是在互联网、在广告公司待过三年以上的，基本上每个人都叫喊着"我明天就要出来创业"！2014-2015年，每个人都有两三份BP（商业计划书）握在手里面，互联网4G刚刚起步，大家都觉得自己能拿到钱，感觉整个市场都沸腾了。当然这种快速燃烧的局面下大批的创业都很快阵亡了，我们当时的创业项目也因为没有抓到技术发展热潮非常快速地夭折了。

的确如此，当时创业成为一种时尚，迷茫而疯狂，不过也没维持多久，商业的本质还是真金白银的那么务实。

一流的运气

我算是父母中年得子，所以和上一辈代际差异非常大，我爸很少跟我说话，我妈基本上什么意见都随我。从小到大我都是自己上学放学，连去公共澡堂都是我自己去的。倒不是说父母不关心我，而是给我很大的自主权。高中的时候我学习成绩不是特别好，所以决定去参加艺考。艺术院校当时在我们周围的人看起来，是挺不入流的一个东西，有点不务正业的感觉。但我妈当时也没有说什么。我爸爸年纪也比较大，他确实是觉得如果找个稳定的工作，学一个数理化的这样的偏理科的专业会更好一点，但最后也尊重了我的想法。

高三时期，我基本上一周只去学校上两三天课，大部分时间都是在艺考培训，在家里面自习或者是上培训班，爸妈在这方面还挺支持我的，两百块钱一个小时的学费真的很贵。我基本上一天要培训三四个小时，先数学再语文。但是其实我高考很狗屎运，艺术分够之后，我们这个专业要求是英语及格，对我来讲其实挺悬，偏巧的是我高考英语及格了！真的是狗屎运！

戏剧学院可能最多的是磨练了我的情商。因为在学校里面每天都要拍戏，要跟演员跟导演沟通，要团队之间协作，大家共同去完成作品。在这个沟通过程中有很多微妙的感觉，都是那个时候建立的。你开始越来越在乎别人的感受，这部分感受的培养的确实是戏剧学院给我的财富。

我的老师说他29岁之前感觉每天都是在燃烧自己，我特别能理解。我是体验过那种感觉的，就在公司里待着上班的那种感觉。

结束第一份创业之后我去了一家企业尝试打工待了一个月，但感觉大环境太无聊了。之后就去了杭州，跟着从阿里出来的老大做平台招商。因为上一份创业积累了蛮多的厨师餐饮行业资源，就帮他做这一块业务。但做了半年发现也是在空烧钱，所以就还是回到上海自己开公司。那时候正好又赶上了直播热潮，就跟我学校的一个老师合伙成立了直播公司。租了别墅作为直播和培训场地。最多的时候签了大概十八、十九个姑娘，然后在那边给他们上舞蹈课，上唱歌课。20个姑娘就住在两个别墅里面，别墅是相隔的，然后每个别墅都规划出一个小直播间，让她们去直播。当时直播做得还可以，赚了点钱。

这里所谓的情商，就是理解他人情感、与人沟通的能力。很多刚刚毕业的大学生，往往不能很好地处理人际问题，他们更以自我为中心，难以顾及他人感受。作者在上戏的沟通体验，为他积累了良好的基础。

直播刚热时，起步难度不大，有专业背景的更容易进入市场分得第一杯羹。之后将面临过热后的各种行业新规和市场竞争。
★ ★ ★

迫不及待地实现自己的愿望，是很多创业者共同的性格特点。他们不愿按部就班，不愿墨守成规，稳定而重复的生活对他们而言是折磨。他们更向往那种刺激、冒险的生活，纵然结果不确定，但过程却充满了吸引力。

我这个人看上什么东西就一定要去做，特别讨厌那种待着发烂的感觉。

我当时做的直播公司，直播平台突然不给钱了，也没有那么多老板可以一起分担经济压力，无奈之下就只好把直播公司卖给别人。那段时间淘宝视频刚上线，淘宝方面也一直在跟我们接洽，所以我们就趁这个机会开始做淘宝的短视频。就是找了几个团队去帮别人拍个视频之类的，这个东西做起来比较简单，也没什么难度，因为它拍得比较精简，要走量。这段小事业没持续很长时间，差不多一年多一点，我开始觉得这个业务不太健全，业务多少及发展走向完全看淘宝的心情，而且商家的存量其实没有这么大，很快就被开发完了，销售成本变得越来越高，挺麻烦的。

再后来，短视频火了之后我们开始做平台内容运营，每天基本上至少有2到3个面试。每天不停面各种各样的主播，无论是做模特的也好，做演员的也好，做服装编辑的也好，做美妆编辑也好，反正各种类型的都有，他们都想做这个行业。我每天要面试，这件事儿占据了我每天工作的大部分时间。一个人合适不合适做一个视频博主是看一些资料不能够表达出来的，因为我们要拍视频，视频要更生动，所以要见到她本人跟她聊，每天1/3的时间都花在面试这些小姑娘上面。

短视频业务一直延续到现在成为我目前的公司业务主体，不过我一直想怎么把它复制起来，尝试着让我们比较成熟的达人独立出去，让他自己去做公司。差不多从去年的年中开始构思这件事情，一直在找同行业的参考案例，但是一直没找到。唯一一个类似的就是韩都衣舍，它们公司就是用这种方式，三个人一个小队去成立一个小网店，然后大公司去给那些小网店去做赋能。它们现在旗下有50多个小的品牌，每个品牌都是赚钱的。相当于赚到的钱全是小团队去决定的。这其实也给了我很多启发去构想我自己的业务能怎样进一步开发出新的模式。

就我个人经验，我们现在定下来一些招人原则：绝对不招大学生，大学生肯定是百分之百不碰。就招毕业的，甚至我们觉得那种毕业后的年轻妈妈，只要她自己个人设定达到了预期，反而是更好的选项。因为她非常的稳定。在我们这行不是说一定要年轻漂亮，其实稳定对我们来说更重要，短视频达人养成其实是一个长期投入的过程。你如果是一个30多岁但是皮肤保养很好，整体又还有品位的女性，反而会更容易得到这些小姑娘的认可。

积极是创业者的良药

我一直还是觉得创业能不能达成，败与不败、胜与不胜都富贵由命，富贵在天。你能不能有大成就是在于你所在那个面能不能起来，而我们都是那个面上的一个点。比如，移动互联网崛起的时候饿了么之类的互联网企业就全部崛起了，那是一个行业的崛起。我一直在想这件事情，就是我能不能看到这个面，能不能看到这个大的面能给我带来的赋能，这决定了我公司能不能有大的成就，但这个面很难察觉。

从跟人创业到现在，他几乎一直在思变，一旦发现业务有问题就会去寻找新的突破口，不停自我突破和自我完善的特质对于创业者而言比较普遍，随着创业历程他们也会健全个人思维模式，早期的所思所得必然影响今后的创业发展道路。

我属于比较善于学习别人身上优点的人。在我唯一打工经历的那一个月是总经理带我，他负责整个推广公司的所有的事情。他带我去做BP，我就跟他一块做BP的事情。他每天给我上课，甚至只要是他不出差不见客户的时间都是在给我上课，教我应该怎么去跟客户谈，哪些细节显得比较专业，怎么去跟客户做业务，然后怎么去跟客户执行团队沟通，虽然时间短暂但收获特别大。我在杭州那半年是阿里出来的老板带我，也是在阿里级别很高的一个人，他是速卖通的一个销售主管，我跟他学了一些套路，就是作为阿里这样的大公司无往不利的销售套路，也跟他学了一些用户运营方面的知识，

虽然后来联系不多，但我真的很感谢他们，一有机会还是会和他们见面聊一聊。

创业这个事儿，对我来讲最重要的是要把自己融入状态里，而不是把他当成一件要完成的事情。我见过了很多因为心态不乐观导致事情很难推进的人，但积极是创业者的良药，这真的很重要。

善于学习、积极面对困难，是创业者的特殊品质。这也是成长型思维的重要特征。一般人遇到困难，难免自怨自艾，或者抱怨社会，但这无益于个人成长。拥有成长型思维的个体，会将困难看作是自己成长的机会，是学习新经验的契机。这种认知会产生积极的态度，激励个体持续学习、持续改进。所以个体经历的困难挫折，都成为了成长路上的垫脚石。

对于创业我有话想说

从 2005年到现在我的创业经历跟很多人比起来确实要丰富很多，不断地奔跑再摔跤，爬起来再跑再摔倒，周而复始，但也感谢这些经历让我在同龄人中收获颇丰，不敢说有多么大的成就，但关于创业我确实有一些话想说。

年轻要去闯，但不是盲闯

我向来不赞同一点，不管什么人想要创业都去鼓励一番，会有人反驳我，年轻人就要凭借一腔热血去闯一番天地，年轻就要无所畏惧，鸡汤好喝却易中毒。作为一个经历

挫折和困难，对我们究竟意味着什么？为什么有的人可以一而再、再而三地从失败中崛起？而有的人为何就一蹶不振？答案就在于我们对失败的 认知。失败是对自己否定，还是迈向成功的台阶？固定型思维的人会将失败与否定自我绑定，成长型思维的人则会认为，失败只是暂时的，它是自己进步的台阶，是迈向成功的基石。看待失败角度不同，就会产生截然不同的态度。

269

的确如此，不是所有人都适合，但依旧有无数人去闯这充满风险的道路，这是为何？

相信自己一定可以从失败中学到东西，是成长型思维的典型特征。

如何应对创业中的各种变化，增加自己对不确定性的接受程度，是创业者的重要课程。从理性决策角度看，要预先考虑到所有可能存在的问题，便可以未雨绸缪；但是，更需要增强随时面对变故的能力。

过的人很明白地告诉大家，不是所有人都适合创业。勇气自然重要，但现实更加重要，初生牛犊不怕虎，但盲目的勇气只会让你费时费力。

因为我见过太多创业失败的例子了，当然这样说的目的并不是想要打击创业者的积极性，而是要考虑好自己的情况量力而行，对于有能力有经验的人我自然会鼓励他去做，哪怕失败了他也能从中汲取到经验教训；而对于能力尚浅、经验略薄的人我仍是建议先去提升自我能力，在公司或者跟着某个团队多多历练。

在这份历练中要多去经历，不要怕走弯路或吃亏，你积累的所有东西都会为后来服务。

在刚开始做创业的导航系统的时候，我的一个合伙人，他是一个资深专家，当时为了后面的金钱利益等问题在合作前提前签了合同。一般的认知里签了合同就有了契约精神，也不怕反悔之类的，毕竟有约束在。但我真的太天真了，后来我拿到资金后他又变卦了，违反了合同中规定的占股比例，在中国商业合作中这种情况其实是比较多见的，哪怕是规定哪怕是约束都没那么简单。商业合作中太多变故，若你提前经历过自然会收获更多。

尤其是刚毕业的大学生往往只有激情，缺乏理性思考。拥有激情和勇气是很好的，但也要明白创业不只是嘴上说说那么简单，实际的生活应对、现实的压力、创业中面临的各种问题等等无一不需要考虑。建议毕业5到10年，有资源有能力后再去创业，这样创业成功的概率就会更高，对自己人生和职业的规划也会更加清晰。

站在前辈的肩膀上，真的有用

你过往的经历决定了你未来是什么样的人，能找到生命中的贵人会给你莫大的助力。

比如我就是因为高中的时候非常喜欢创新，那会儿正好有一个我的政治老师，当时他是我们那里唯一一个研究员，就是教授级别的老师，他对学生们的创新很在意。他知道我喜欢创新后特别关注我，经常带我去参加科技比赛，做一些发明创造然后去申请国家发明专利之类的。当时我还拿过不少奖。因为各种比赛我去参加了一些很高端的论坛，当时见过很多中科院的教授，聆听他们的故事和教诲，再加上来过了大城市，见识了大世面，创业的种子就埋在心里了。我后来创业很大一部分是受这个老师的影响，再加上当时互联网的一些影响，才有了现在创业的这些选择和经历。

至今我都很感谢当年的那位老师，每次回家或者逢年过节也都会去拜访，我想如果当时没有他，也没有我现在的经历了。

当然我也知道每个人的起跑线都是不同的，但有一些经历是可以靠自己努力换来的，比如对于刚毕业的年轻人来说能加入成熟的创业团队，找到一名有经验的人带领成长，会更容易成功，也会得到很多意外的经历。

机遇只垂青那些有准备的人。看起来是生命中贵人的作用，其实是自己善于学习反思的习惯带来的益处。可以为我们提供帮助的人很多，但能够识别并遵循这种帮助的人却不多。如果作者本身对创新不感兴趣，或者不愿为了创新而努力，那么老师递出的橄榄枝也不会被他抓住。

很多创业者在创业初期都需要一个mentor（导师）的指引，来增加自己对外部环境、自身问题的认知，遇到具体问题时也可以随时提供建议和帮助，更好地度过创业困难。

量力而行不是保守，而是稳中求进

初期创业者要选择自己能力范围内可控的项目，不要涉及面太广的项目，这个真的太重要了，因为创业没有想象中那么容易。你不能完全掌控的项目做起来成功率低很多，选择小的、踏实可行的，在创业前要有清晰规划和一定的掌控力。

创业初期，创业者容易受到各种机会的诱惑，总希望什么都可以得到。其实，识别一个重要机会，并锁定在这个方向上，是非常必要的。选择一个机会，同时意味着放弃其他机会。

加上这次的项目我一共有五次创业经历，创业史真的算是比较丰富了。2005年我还在大学的时候做过一个网站，当时网站的会员有8万多人，每天的访问量都是上万，还算不错；2007年毕业后我做的是远程防伪系统，当时2007年到2008年那会网络买东西辨别真假的技术没那么先进，比如你在网站买了东西想知道真假怎么办？我就想做一个防伪系统，技术的可行性是比较大的，但是这个项目我无法掌控，也就搁置了；2008年做了一个电商信用数据库，基于这个电子商务的信息数据库可以掌握上百上万客户的数据，但是因为没有找到盈利模式就放弃了；2009年的时候做了一个第三方电子商务管理，是当时知名电商唯一签约的电子商务管理软件，主要功能就是为商家提高运作效率、节省工作时间，比如批量打印快递单、自动上下架货品之类的互联网功能，这个项目当时做得还不错，也有一定客观的收益，但是过了一段时间渐渐就没人跟我合作了，毕竟这种运营模式要掌握商家的一些核心秘密，平台为了保证这块的安全就自己做了一个软件。其实这个项目的盈利模式是没有问题的，它的问题在于商业模式。作为第三方要依附于平台然后赚商家的钱，是不长久的，所以我做了一段时间后就放弃了。正好那时候有朋友拉我一起去南京建互联网产业园，就过去了。当时我的下属现在很多都在做电商，营业额都是几千万上亿元的收入，就是因为我们太懂了，所以当自己作为卖家时优势很明显。

现在一直在做的项目是我2012年开始的第五次创业，很多人一听好像很高大上的样子，但其实很多经验都是从摔跤里不断寻找出来的。这里要提醒一些年轻人，创业有个很大的忌讳——贪心，很多人在很多事上都有想法，总是想每个行业都涉足一下，做的太多太杂其实是没有好处的，第一，你管不过来；第二，术业有专攻，不熟悉的领域会耗费很多精力，还不一定会取得成绩，就像我当时决定了要做这个项目就把手里的电子商务公司停下了，即便每年有上千万元的收益也不得不忍痛割爱。

所以年轻人创业要有一个具体的规划，一定要从小的事情做起，从正确的规划做起，做好你的商业计划，贪多嚼不烂。

咽的下苦，才能守住成功

没有经历过创业的酸甜苦辣的人永远不会明白，哪怕给大家讲再多的心得、再多的感悟都不能完全描述，其中的得与失、悲与喜都是如鱼饮水，冷暖自知。就好比现在很多人羡慕我的创业经历，但大家不知道的是目前我对北斗事业的担忧和焦虑，大量资金的投入，之前的积累逐渐减少，眼前

从大学读书期间开始创业，短短几年的积累现在看来才是可贵的成长，从流量变现问题，到体系化产品容易太过庞大，还有寄生于客户的第三方纯技术服务缺少双向利益共生关系，这些是多数创业者容易走的弯路。

这里说的贪心和我们平时想把事情做大并不矛盾，只是对于创业初期就想快速覆盖多个业务链条和板块，在团队、资金、市场、资源等不成熟的情况下，每一个 不可控因素 积累起来，会危及到整个体系。

的项目却不见尽头，对于未来的迷茫和焦虑不是一两句话就能说清楚的。

但是创业带给人的成长和进步确实是其他人生经历无可比拟的，开始创业后我逐渐把分散的精力集中在一件事情上；对于自己人生和职业的规划目标渐渐明确，那种漂泊不定的心态被计划取缔；找到了人生的新思维新思路，明白很多事不能固执，要学会跳出固有的思维去思考事情，对自我的提升是之前不曾有过的。

所以，对于创业望君谨慎。

作为一个过来人自然想告诉你们所有的创业细节，但我也明白很多弯路和坎坷必须得亲身经历一番才不算枉来，那么祝君好运吧！

创业是自我成长的契机。或者说，对于成长型思维者而言，人生就是成长的历程。即便不在创业中成长，也会在其他人生体验中成长。创业对人的推动力是巨大的，它是失败的集合地，是困难的聚集所，不断冲击着创业者的心灵，促使创业者心智不断成熟。

所有的失败都可以复制

创业的代价太大了，非常人能够承受得了

我创业最初的目的是为了改变世界，不然只能改变自己一个人。创业的代价太大了，非常人能够承受的。在我创业的两年里，有二三十个人受我的感染，过来跟我说也要创业，我每次跟他们说，你真的准备好了吗？创业有风险，入行须谨慎。他们听完后依然决定要创业，但两年过后，一直做到今天的就剩我一个人了。

之所以能坚持到现在，和我之前的工作有很大的关联。我之前在一家公司里面干了七年，明白了什么叫"执着"，

创业需要付出的代价，不仅仅是安稳的生活、稳定的收入，还会有频繁的挫折失败，难熬的苦痛与压力。创业之艰难，非常人可承受。

275

执着就是过程中会有失败，但我也要把它做到底。前些天，我跟一个创业十年的人聊天，跟他学习到了许多，比如不要贸然涉险做一些事情，思考一味地融资是否真的有利公司发展？我刚创业的时候根本没把这些当作事儿。

我刚创业的时候就是想把这个事情做好，不需要太多的团队，很冲动地就干了。包括现在很火的"共享"项目，我们只看到像胡玮炜这样成功的人，但实际上大部分人都是失败的。一波热潮过去，还要归结到一个创业的终极问题，就是"你想成就一个什么样的公司]？"

创业之所以困难，还有一个原因就是，团队没了可以再找，钱没了可以再融，项目不成功可以再做，但创始人倒了，这个东西就没了。创始人的坚持能否支撑着一些东西前进，一个企业能活下去，依靠的是创始人本身的能力、毅力和信心。哪怕是负债累累，只要创始人能坚持下去，就永远不会失败。

我的公司能坚持到今天，也是因为坚持的"相互作用力"的关系，就你是什么样的人，你就会遇见什么样的人。大多数创业的人在开始的时候是迷茫的，所以初级公司创业团队会出现各种各样的迷茫，很少能走到最后。但是当你坚定地往前走的时候，你会吸引和你一样坚定的人，公司的盈利模式会越发清晰，自然就会越来越顺。

我之前在公司做过高管，在技术方面有很多经验，我知道我那个工种怎么赚钱，用人的能力也比较强。到我真正创业的时候，发现我不只做技术，还得带财务部。到第二年的时候，又开始学习怎么整理法务，一下子两年就过去了，才发现好多事情还没有做，而下一年的计划又排上来了……

我原来想让我们公司成为一个世界500强的公司，所有计划的制定都是以三到五年为时间跨度的。在2012年的时候，我把对公司的规划写在家里的一块白板上，五年时间里，这块白板都没有擦，因为公司的发展路径一直都是和白板上面保持一致的，基本没有偏移过。

第一次发工资的时候，是我压力最大的时候

这两年来，我在心态上有一个明显的变化，就是承受能力更强了。我从小就喜欢帮助别人，别人也喜欢帮助我，因此在我创业前的几年，结识了不少的朋友。但在创业时，遇到困难都需要自己独自面对。

我记得公司第一次发工资的时候，就是我压力最大的时候。那时正当公司生产第一款产品，我把样品做出来，天真地认为就能量产，结果在生产的时候模具出问题了。为了解决生产的技术问题，所有的创业基金都拿去了，还跑了30几个工厂，当地所有的工厂都被我找了一遍。

很多工人的知识不够全面，化工问题，起泡问题，电池、冷却、降噪问题都需要解决，毕竟不是所有工厂都像富士康那样做到机械化管理。到最后，我自己去了生产线，有几个零件都是我自己亲自上的，和十几个工人，用26天的时间，和大家一起做出来了。为什么我知道住了26天，我离开的时候去酒店拿账单，我数了一下，才发现自己居然在这儿

一个远大而又清晰具体的创业目标，是创业活动的必须。如果没有这样的愿景和目标，创业者难以在日后艰难的创业活动中坚持下来。只有将大目标分解成具体清晰的小目标，才能建立创业者的自我效能，才能将问题清晰化、具体化，最终达成目标。

待了这么久。

但结局不止于此，等我从工厂回来，发现公司里的团队都快走得差不多了，只有一个人留了下来，他留下来的原因是他家里出了一些事情，那几个月没有来上班。你想想，20多天看不到老板，天天还有人打电话问为什么没发货，还领不到工资，谁都想走。我回来后，把到账的钱给大家补发了工资，然后重新组建团队，又从零开始。

这件事情给我的打击很大。我创业之前年薪就有六七十万元，对钱没什么感知度，对于我来说，有工资够生活费就可以，其他的钱是用来做生意的，把事情做好，亏了就亏了。但不是所有的同事都和你一样的想法，他们希望有更好的生活，这非常合理，然后你需要对他们的未来负责，这个压力是我从来没有感受过的。

在这之后，还发生了很多事：我的合伙人离开了我，我的团队跟我说想要放弃，在这个时候你会觉得自己很失败。一个成功的企业是留住人才，而不是让人走。两年来，我的体重从55公斤降到了50公斤，瘦了整整十斤，为此我还需要特意"增肥"。

我是家里的独生子女，从小到大我就是家里的老大，在同伴中也比较有威信，老师也喜欢我，之后工作也都比同龄人优秀，所以我的成长历程都比较顺。但是当我去创业的时候，我才发现自己太渺小了。创业一开始想改变世界，最后发现是改变了自己。

或许有个帮助协调管理的合伙人，会好些！

创业期间，合伙人之间的关系是非常敏感的。不确定的风险，随时会发生的失败，都会成为关系冲突的导火索。

蜕变的开始，重新塑造自我，这也是创业的魅力之一。

所有的成功都不可复制，失败都是可被复制的

所有的成功都是不可复制的，但所有的失败的案例都是可被复制的。失败的原因有两个，缺钱，缺人。我觉得最大的原因还是缺人，一个人是打不了天下的，我从来不相信一个人孤军奋战可以达到多高的成就，我从创业开始至今都很重视团队建设。

当你规模做大之后，需要很多的人来帮助你，这些人都有独当一面的能力。但是你要知道90后的成长，不在于学术和资质上的成长，而在于心路历程上的成长。不然他的能力再强，心理素质不行，一次小小的打击就挂了，这样的人很难做大事。

有了前面这个团队的教训后，第二个团队我就有心理准备了。做事之前先把丑话说清楚，聊天归聊天，谈事情归谈事情。说话不算数的老大没有人愿意跟着你，这是创业者一个很基本的素质。就和管理国家是一样的，每个国家都有规则，这个规则都指向一个，就是说话算数。

团队的规模在十个人左右，是不会产生什么问题的，二十个人到五十个人的公司，会呈现出它的最佳状态，这时团队之间的默契也都是最高的。当人数超过50人之后，很多想法就无法传达，公司的管理也会开始出现问题了。

二十到五十个人的时候，大家还是平级的，划分比较明白。规模一旦上去了，100多人的团队，就会出现纷争，有职场政治。团队在发展，新的团队在加入，你怎么样传达你良性企业的意志？每个员工都有各自不同的诉求，有自己的工

所谓的说话算数，就是决策权力所在。创业团队中谁是权力中心，谁进行最后决策，是非常重要的。创业初期，权力过于分散不利于决策。

作内容，不仅需要自我管理，也需要去监督他，帮助他实现更高的目标。

直到今天，公司才算真正意义上的开始，我们所有账户都清晰明确，所有的文件都可查，我们一步一步把经营公司的模式吃透了，也把团队的能力提高上来了。我希望从我们公司出来的人，都是非常有能力的人，事实也做到了这一点。

我曾经问一个专门做企业的哲学老师，说什么样的企业才是最好的企业？他说：像花儿一样绽放的企业，才是最良好的企业。我说不可能所有的企业都在绽放，人无千日好，花无百日红，花一定会有枯萎的一天。然后他跟我说了一句话，这句话我铭记于心，他说：有很多人可以拥有永恒的经历，比如说医生、老师、艺术家，他可以创造永生的成就。但是企业不一样，没有企业可以永生永世。但是正因为有了企业，才会诞生出创造成就的人。

信念的崇高，可以俯视任何艰难困苦，也是坚定不移的明灯。

做自己的"SHERO"

说到女性创业，就会浮现很多的联想之词，比如：敏感、脆弱、不善交际等等，但其实女性特有的坚韧和敏感是创业过程中很难得的宝贝。况且我从来都没想过因为创业取得多大成就、获得多少财富，我只是选择了自己喜欢的事，找到了人生中那块石头。

与男性相比，女性意志的主要特征就是柔韧性强。意志坚强的男性往往表现为果断坚毅，而女性则表现为承受与韧性足。

有些事情错过了，可能一辈子都不会做了

先说一下我的个人情况，我读的是比较顶尖学府的建筑系，2007年大学本科毕业然后选择了继续读研，一直到2010

年才算正式踏入社会。刚毕业那会儿还没有什么创业的念头，找了一个建筑设计公司成为一名设计师，做着跟自己专业相匹配的工作。创业念头的由来正是因为这段工作时间，真正开始工作后发现跟自己想象中的状态相差甚远，比如我以为的设计师应该是在我的领域中发光发热，但实际情况呢？你满怀信心地做了一个设计，客户不断要求修改，最后改到面目全非，甚至完全偏离你的设想，你也只能按照客户的要求来。感觉自己的工作没有任何的价值，渐渐失去了生活、工作的本心和目标，每天只是按照要求批量生产的机器人一样。恰巧那时身边有个朋友正在创业，跟他聊过后萌生了创业的想法。

作者创业的原因，来自于 内在价值 的追求，实现自己的设计及想法。这是内在性格决定的，她不喜欢按部就班、墨守成规的生活。

我小时候听过这么一个故事，给你一个玻璃瓶子、一些石头、一些中颗粒的沙子、一些小细沙、一杯水，先把石头放进去，有人会觉得瓶子已经满了；接着又把中颗粒沙子倒进去，又有人觉得满了；再把细沙放进去，这会觉得真的满了，最后再倒上一杯水。每个人从中得到的启示不一样，但当时老师说的话让我印象深刻。他说，这个瓶子就是你的人生，如果你先放沙子那么石头就放不进去了，你的生命就这么多，在你可以放石头时候你不放，你这辈子石头就放不进去了。你要知道这辈子什么是你最重要的，如果一开始就把小东西塞满了空间，你就放不进石头了。所以人啊，一定要先找到自己生命中的"石头"究竟是什么。

人生的"石头"，就是自己终极的理想和目标。理想和目标不能被琐碎的生活及欲望淹没。

尤其是当你准备进入一个新的生活阶段时，一定要先找到你热爱的事情，如果没有，那就去找。不要怕蹉跎时光，不要被外界的声音阻挡影响，要找到满意为止。生命太过短暂，我们不能对所有事情热衷，但至少可以遵循内心做好一件事，最想做的那件事。

最能驱动人的，是心灵最深处的激情。创业是艰难的，必须找到足够支撑创业者的理想与信念，才能克服艰难险阻。

我决定投入生命中的石头

于是在2012年8月，我下定决心开始创业。

说起来也挺逗的，我的创业项目就是跟石头有关。我做的是知识创意设计，以大理石为契机，提供整体服务。比如在石头的选择上会帮客户多费心思，并且可以有针对性做一些定制化，也会根据客户的实际情况去制作产品。因为在国内大部分人心目中大理石是比较粗犷的，所以做精细雕刻的比较少，我们就想把这块市场做起来。

刚开始比较幸运地拿到了EFG15万元的资助，其他的就是个人储蓄以及一些借款。第一步总是比较困难的，各种事情都是摸索着来。但好在市场竞争相对较小发展还是可以，2012年8月至今创业，从我跟我先生两个发展到6位员工，其中3位为合伙人，架构虽然不够完整但已经比较满意了，因为我为了生命中这块石头在努力着。

很多人问过我，一个女生创业，身边的质疑音应该不会少吧！？父母那关就很难过吧？当然多。

跟中国好多家庭一样，我父母刚开始也不太赞成我创业，毕竟女孩子嘛找个地方上班安安稳稳的多好，但他们还是比较开明的，虽然不太支持但并没有阻拦我，直到现在父母有时还是会心疼我每天太忙了，建议我要不要停下来，考个公务员或者找一份稳定的工作。就我自己来说这点辛苦不算什么，但因为比较忙陪伴父母的时间就比较少，还是感觉很对不起他们。

所以对于后来的创业者我一直是奉劝多于鼓励的，奉劝并不是阻拦，而是让他们一定要理性思考，毕竟创业失败的几率很大，而付出的成本很高，你要想明白、衡量好自己到底能不能接受其中的辛苦。

这块石头教会我的一些事

创业过程中真的会遇到很多事让你快速成长，有一些是正面的给你积极的鼓励，而有一些是反面的，让你在摔倒后总结一些教训。先说一个反面的，去年的时候公司接了一个项目，对方是一个教育程度很高的语文老师，后来在大学里当教授的一个人。当时跟她沟通完后做出了整套方案，对方也很满意。那会儿公司有规定不交定金不能给方案，但当时对方以自己接受过高等教育肯定会有很高的素养、想再跟先生商量一下之类的说辞跟我商量想不交定金先把方案给她，没碰过钉子所以防范心也不强就把方案给她了，第二天第三天的时候她还陆续提出一些修改意见我都一一给她修改，直到最后定稿要商量费用问题时，问题就出现了。当时她的预算是二十万元，我们给她的方案预算是十八九万元，其实是在预算之内的，但是她拿着我做的方案找了一个小加工厂去加工，因为这样还会省一部分钱。可是她拿走了我的方案没有什么说辞也没有支付任何的费用，当时真的是很生气，不仅仅是因为没收到钱，更主要是自己的劳动成果就这么被忽视了，对劳动成果的不尊重，尤其对方还是一个接受过高等教育的老师，真的很让人受受伤害。吃一堑长一智，从那以后不交定金方案是绝对不能拿出来的。

当然这是一个反面例子，创业中你也会遇到很多赏识你的人。比如当时我遇到了一个老先生，我们在沟通做方案这块不是很顺利，一直反复地修改，但人家虽然要求比较多可事情都是按规矩来，签合同就签合同，整个过程非常的配合非常的认可。当时我们的报价会比较贵一点，比如别人80万元就能做，而我们可能需要100万元，但老先生说从做方案开始就对我们很信任，所以哪怕贵一点也要跟我们合作。最后拿到项目固然开心，但得到肯定更开心，这是对我劳动成果的尊重，是对我能力的认可。

其实很多做设计的朋友会比较感同身受，经常自己的劳动成果像logo设计、产品设计啊就会被骗走，因为在整个国家行业里，知识产权保护这块一直是被大家忽视的。这种流氓客户大家一定要分辨清楚，最好的应对方法就是一切按照规矩来，该签合同签合同，该收的定金也不能少，双方互相尊重才能把事情做好。现在我跟那位老先生还有往来，偶尔发个信息之类的，互相问候一下，这是我在创业中的收获。

其实不论是工作也好，创业也罢，我从来都不是想做一个女强人，也没有奔着要把公司做到上市或者一年挣个几千万上亿元这样，我只是想做自己想做的事情，然后通过自己想做的事情给自己一个理想的生活，做自己喜欢的事，有自己喜欢的生活，这是我全部的理想。

从创业开始到现在，这个坚持一直没有放弃过，文艺点说就是不忘初心，享受一直在路上的那种充实和满足。虽然现在面临的问题还很多，架构还不是很完善，人员不到位，对人力和财务方面的经验都不足，但我蛮喜欢现在的状态。当然这个因人而异，听别人说再多的经验和感受都不及明白我心重要。所以最后我想说的是，过来人的经验一定要听，可以少走的弯路没必要再去踩雷，选择自己喜欢的生活和状态，然后就去做吧！

女性创业者多数较男性更感性些，自述创业历程更重视那些给予她们深刻情绪的人和事，最终也只为能享受自己喜欢的生活。通过她的自述，我们可以感受到她相比企业做大做强带来的成就感，更喜欢尊重、自由、关心、亲情。

创业就是从一株藤到一棵树

用三年时间回答一个问题

我目前创立的是一家文化传播公司，主要是做音乐、影视相关的内容。通俗地说，就是像大家熟知的《小苹果》这类音乐影视作品。当然，很多人知道《小苹果》，但不知道它其实是电影《猛龙过江》的一首推广曲。《小苹果》也不仅仅是一首音乐，或者一段MV，而是很多音乐、影视、营销团队共同的努力。

包括很多前几年非常流行的"快闪"，也是我们最先在国内做起来的。大概是在2010年，我们应一个香港品牌的要

文创范围很广，各种形式/媒体渠道/IP围绕/艺人等等，一个这样项目的诞生，让我们更了解其中繁复。

求，在市中心组织一个活动，然后就做出了国内第一个快闪的影片，在优酷/土豆上的点击量超过百万。

那时候互联网营销才刚刚开始起来，一个网络视频有几百万的点击量，超过了很多传统广告，于是很多品牌纷纷来找我们，也想做一些快闪的广告，就把这个市场打开了。之后我们还做了一些地面活动，像舞蹈大赛、高校大赛，包括我们和人头马举办的整整一年的线下活动。

在创业之前，我和我的合伙人"秦"在上海的传媒公司工作，我的工作内容是策划和编导，"秦"是一个栏目的主持人，这两个工作看起来很不错，但实际上都不是我们想做的事。"秦"的梦想是做音乐，为此她积累了几百首原创音乐，但是因为唱片业不景气，就被唱片公司辗转签约到上海很有名的电视台，做了主持人。我对影视方面很感兴趣，但工作中一直被束手束脚，某一次机会和"秦"交流，发现彼此都很有想法，并不想固守于现在的岗位，然后就走出了创业的第一步。

但就这小小的一步，就花了我们三年的时间。这三年里，公司尝试了各种业务，比如艺人培训、品牌服务、电视剧制作，感觉每一项业务都有可能性，反而不知道该往哪个方向走，只是不断地在低头做，也没有时间去考虑方向在哪。

做着做着，迷茫越来越多，痛苦越来越多，我们开始思考，我们到底最想做的是什么？我们最擅长是什么？核心竞争力是什么？当我们开始发问的时候，会重新把自己抽身出

创业初期，除了谨慎决策，还需要很多不同的尝试，这种试错过程可能是创业活动的必须。从错误中反馈信息、自我总结、发现机遇，这都是不可替代的过程。

思考有不同的方向，一种是从理论到实践，还有一种是从实践到理论。

这两种思考对于创业者都是需要的。从理论到实践，需要的是概念推理与分析，以及对情况的预测；从实践到理论，则需要对事实的反思总结，以及现实与目标的对比。

来，反思这几年的成果。

我们发现，其实最擅长的还是音乐、舞蹈和影视的结合。然后我们把培训的业务暂停了，也拒绝了一些合作，这是一个重要的转折，在战略上进行了很大的调整，公司运营也找到一个新的方式。为此，还重新注册了一家公司，现在这家公司，算得上是二次创业了。

还好，在这个过程中，家人一直都很支持我。我的太太是我的同学，我还有个两岁的孩子。一个有家庭的创业者，跟一个没有组建家庭的创业者是有很大的不同。为了创业，我不得不放弃很多陪伴家人的时间，但创业的目的也是为了让他们有更好的生活。

兴趣和工作是两回事，工作和创业又是两回事

在创业之前，我在管理上的经验并不多，我们的工作团队都是项目制的。每次做项目的时候，会组建十多个人的团队，当进行下一个项目的时候，就会重新组建一个团队。所以说都是从业务出发的管理，并不是传统意义上的管理。

创业之后，我们的团队规模也不大，我们目前只有七个人，加上几个在海外的制作人，负责核心业务的人更少，所以相对来说，我们这个行业跟传统行业还有很大区别的。

不过我们之所以能在一起，是因为我们的理念很接近，凝聚力也比较强。当然，在这之前也有人员流动，尤其是在业务发生改变的时候，每一个人的离开对团队的影响都是很大的，哪怕是一个实习生，都会给团队产生负面影响。特别是我这个人，重感情，每当有员工流失都很难过。

人与人最近的距离，是价值观的相融与认同。价值观相同的人，会有相近的目标，并且认同彼此达成目标的方式。这最容易唤起信任，也会形成凝聚力。

团队问题，是创业者的必修课。

我之前问过一个大公司的HR，问他们在起初创业阶段的人员流失率是怎么样？他说他们的创业项目，员工流失率都是在80%左右，到现在为止，员工总共3万多人，而员工编号已经编到8万多个了，也就是说已经有5万多个人离开了。

创业路上，每个人只能陪你走完某一阶段，就像4×100米的比赛，永远就是有人会做接力棒，把使命接到下一个。能留下的人自然会留下，但最核心的人，无论是一个人还是两个人，总是很孤独地在摸黑前行。

很多加入我们团队的人，都是因为在网上看了我们拍的作品，我们做的活动，觉得：哇，好酷。他们都是很喜欢音乐或舞蹈的人，但是进到团队之后会发现原来把自己喜欢的事情变成工作，完全是两回事，做自己的本职工作，和创业时的工作又是两回事情。

90后的群体特征已经发生了很大变化，使命、诚信，都不再是能够轻易触动他们的关键词；兴趣、自主性，才是他们发自内心感兴趣的内容。

这样的落差在各行各业都很普遍，所以我也希望在创业公司工作的年轻朋友，一定要主动、主动、再主动。因为不仅是普通员工，有时候连老板都不知道市场在哪里，下一步该怎么做，大家都是在共同探索，只是老板会走在前面一点。

当然，作为leader，也不能任由大家来来去去。你怎么招聘到合适的人？如何进行培训和管理，让团队成员有参与感，能更深入地了解彼此，共同创造企业的价值观，都是创业中不可忽视的一部分。创业的过程，就是团队成员彼此携手探索的过程。认清这一点，在创业的过程中，就不会有那么多疑惑了。

从藤到树、从树到土、从土到阳光

人在每一个阶段，总是在反思的时候才会知道，自己的成长在哪里。我在人生每个阶段过后，都会停下来看一下，这很重要，因为往往在低头做事的时候，会不知道自己走到哪里了。

我反思创业的这几年里，对我最大的改变，就是性格的变化。我以前是比较被动的性格，这也跟我的工作经历有关。在之前的工作中，我更多是一个幕后的企划者，很像一个军师的身份，给决策的人提供建议。当我的建议被否定的时候，没关系，我会提出更多更好的，再让别人决策。

所以我以前一直觉得我很像藤这种植物，藤它必须依附在一个东西上面，然后才开枝散叶，同时它的韧性和力量也是非常强大的。但是在创业的过程中我渐渐发现，原来创业需要我变成一棵树，我要自己成为决策者，作为团队的精神支柱和依靠，让所有人依附在上面前进。

刚开始发现这一点的时候，我会觉得压力很大。但随着创业的继续，我发现我不再是一棵树，而是长出大树的土壤。我不再去领导团队怎么做，怎么前进，而是为团队创造一个更好的环境，创造更适合他们发展的工作氛围，让每个人长成自己的样子。

再往后做着做着，我发现自己也不是土壤了，我其实更像是阳光。我需要指引大家往对的方向去生长，在他们遭受

普通性格弱点未必影响生活，我们可以选择自己适合的环境，但创业却会让弱点爆发，反思是痛苦残忍的，继而自我成长，周而复始，最终人和企业一起发展。

创业团队的leader需要有主动性人格，不仅是决策者，还是精神领袖。不仅仅传递理性信息和决策，还要起到精神引领的作用，为大家增加信心和动力。

困难和挫败的时候，去点燃他们，让他们拥有能量，为此我必须无时无刻处于一个on fire的状态，这就是我在创业过程中对自己的一个认识。

> 很多创业者，注意力都在市场上、在大环境中，去摸索潮流的动向。但向外看的同时，也得向里看，必须经常反思自己，认识自己，更多地去了解自己。

还有一些创业者，很多时候是有了一个点子，想把它做出来，做这件事情的时候有商机，但实际上他本人并不一定爱这件事情。如果对这件事情没有爱的话，创业是持久不了，因为商机哪里都有，也随时在变化。创业在我看来并不是一个时尚的标签，创业往往伴随着痛苦，做好吃苦和失败的心理准备是创业者必须要有的。我也不会说每一段失败都是有价值、失败是成功之母这类的话，失败就是失败，痛苦就是痛苦，只能下次尽量减少它，避免它。

我前段时间去欧洲学习，老师给我们说，一个长久的企业，并不取决于它有个长久的商业模式，而是在一开始就清楚自己的使命，在思考自己能给人类带来什么。回顾一些知名企业，它们都是在这个高度上前进的。

我们看阿里巴巴的使命，就是一句话："让天下没有难做的生意。"所以你看到它每一阶段做的东西，都是围绕这个使命。这个使命，是利己，也是利他的，更是对全社会都有价值的。淘宝让很多商家能赚到钱，支付宝让大家的生活更便利，到现在的阿里云，让数据技术得到更好地运用，都是没有脱离企业使命的。

其实，创业也是个人成长的机会和土壤。创业者在创业活动中经历更多的挫折与困难，面临更多的抉择与责任，也比常人成长得更快。

当人没有目标的时候，会变得茫然，变得消极；当企业没有使命和愿景，自然就会很快地消亡。我回来后思考我们公司的使命，就是"通过音乐和影像，让人们获得价值"，这个价值可能是快乐，可能是效益，但一定是要有价值的。

通篇似乎没提到什么商业模式，记忆犹新的经历/故事，通过自述看到的是一个一直在寻找探究自己的创业者，一个不停反思比较，一个追求使命的人，他的创业只是追逐成长的过程。

人人创业，创业即人

你心中最经典的国产动画是哪一部？对这个问题，每个人都有自己的答案，或是海内外得奖无数的《大闹天宫》，或是新中国第一部动画片《瓮中捉鳖》，又或许是至今耳边还回响着主题曲的《葫芦兄弟》《黑猫警长》《邋遢大王奇遇记》……

与我们常规认知不同的是，这些经典国产动画片诞生的背后，并非单纯是天马行空的创意、自由浪漫的想象，而是计划经济体制下的国家政策支持。新中国建立初期，大量美术电影人才进入动画界的两大国企——上海美术制片厂与长春电影制片厂，创造了一部部家喻户晓的经典动画。

到了九十年代，动画技术人才下海转业，行业出现人才断层，加上社会飞速向前发展，越来越少动画人能静下心来体验生活，打磨原创。与此同时，大量日本与美国动画片被引进国内，掌握了新时代动画片的主动权，在动画爱好者聚集的B站（哔哩哔哩），国产动画相比于海外动画，在数量和热度上都显得"势单力薄"，国漫崛起任重而道远。

国产动画该如何突出重围，再次崛起？来自上海的动画创业者JW，用了十年时间来求解，或许比我们离问题的答案更近一步，一起来看看他的探索之路。

行业——国漫兴衰，人来人往

JW：原创动漫其实跟国家的科技发展是一样的，需要有大量的研究人员，用大量的时间、精力和资金投入其中。我们国家的动画产业，在计划经济体制下其实是很强大的，老一辈的艺术家们，用尽了自己的一生投入到这个行业中，创造了一部部经典动画。

改革开放之后，有一大批动画产业的中坚力量，转移到了深圳、广州，他们在当时就能拿到每月2万元的工资，这几乎是不可想象的数字。这就导致了我们在动画自主知识产权这一块出现严重断层，没有人愿意来做这个事情了。

像日本动画大师宫崎骏，他们做动画的时候都要下乡体验生活，你看《龙猫》里对乡村环境的描绘，都是很真

具有英俊的外表、开朗的笑容的JW是我们接触的创业者中，为数不多投身动漫事业的创业者。

实很让人向往的。计划经济体制下,动画人可以有这样的机会,但是在如今浮躁的时代,已经没有人能静下心来去体验,所以也就做不出来贴近生活的东西,主要是靠抄,原创越来越少。

而原创这个东西是一定是要深挖的,你要去看历史,你要知道什么是我们特有的东西,而当今很多动画人是不知道的。我们这一代(80、90后)的成长,正好是从外国引进动画片的时代,多多少少都会"崇洋媚外",这也是没有办法的。因为我们看到国产的东西太少,即便能看到的国产的动画,也是以前两个老大——上海美术制片厂与长春电影制片厂的动画。

像《大闹天宫》《三打白骨精》《葫芦兄弟》这些动画,都是老一辈艺术家的原创。像《没头脑和不高兴》的动画师常光希,是我们上学时的老师,这部动画只是他毕业后的第一部作品,即便放到今天也很难被超越。现如今,很多的文化产业都是花拳绣腿,缺少实质性的精气神,太多虚的东西,浮于表面化,文化产业包括动画产业的崛起,还需要很长的时间。

我平时关注的东西很多,包括宗教、政治、经济,有时我还会去党校培训,这很不符合大家对动画人的印象。但很多学动画的人也都是这样的,生活中任何一个细节他们都会去关注,不然做动画的时候完全没有素材。

你看好莱坞的很多科幻电影,像《地心引力》和《星际穿越》,背后都是有大量的专家学者支持,提供严谨的理论基础，才能把影片拍得更真实更完善。原创动画，也是如此。

对行业的认知可以看出山内心潜藏的使命感和行业热情，这也是创业动机。

创业——以人为本，人最重要

JW：很多的创业者，从踏入社会开始就没有老师了，那么这个时候就需要有贵人，有朋友，甚至自己去找老师，当然最关键还是要靠自己。

我的团队发展到目前，一共10个人，包括合伙人。我觉得不管做什么事情，人都是最重要的，我跟很多创业的伙伴聊天，他们都一致认为，找到能做事情的人很难很难。

即便是我现在的合伙人，我们也有理念不一样的时候，随着创业的进行，矛盾也会越来越多。但我们合作最大的优势，就是彼此之间的信任，这是没有人可以取代的，当然也还有专业技能上的支持。

我从2013年接触到一些比较大的项目之后，就开始反思团队的问题。除了核心的成员，全部都换了一批，现在的同事全是我后来新招的。因为市场发展太快，行业变化太快，跟不上了就只能被淘汰，包括我自己，也一直在反思。

规范团队，统一团队理念，这也是创业者成熟的标志之一。

现在，我就是公司最大的销售，我目前主要的精力就是拓展，我希望我的团队能更多地去胜任执行、操作、帮助决策。我不希望在内部管理上操太多心，如果我的团队能帮忙处理很多事，我就可以有更多的时间去思考公司的大方向。我作为公司的Leader，我的想法是决定了公司发展的。

这是对公司来说是一个优势，也是一个劣势。像以前我们给客户做动画，他就希望我亲自来负责设计，我说我派个同事过来，客户都不乐意，这个就是劣势。所以这就是为什么要提升团队能力，因为小公司就是老大的能力到什么水平，公司就到什么水平。

虽然我的主要方向是做动漫，但是我们也有设计的业务、活动策划这些都有。10个人也做了不少事情，很多人家觉得这不可思议，但是其实没那么困难。举个例子，日本的动画导演新海诚，一个人就能做一部电影，在普通电影人看来，你想要完成这样的任务，几乎是不可能的，但新海诚就是完成了。

还好，上海的创业环境还是比较公平的。我们去年去竞标一个大保险公司的形象设计，一共有34个公司参与竞标，其中就有比我们大的4A公司，结果是我们中标了，靠的就是我们设计出来的方案足够好，足够有差异化，能为企业解决问题。

做动漫也好，做设计也好，一家公司最主要的是靠服务。我一直都在思考公司未来的发展方向，但最主要的还是想怎么把自己的服务做得更好，把产品做得更好，这个过程也让我更有成就感。

就像去年年底我们制作了一个形象和其周边产品，我们的同事都投入在这个创意里面，他们做得很开心，也给了我很多新的灵感，这些都是我之前没有想到的，我觉得这个过程很有意思，当人的激情被激发出来的时候，做事情就完全不一样了。

文创类项目，有时候会根据客户需求进行资源整合，涉及一些周边服务。如果不是对专业领域的执着，很大可能性会转型其他业务模式发展。

个人——认识自己，坚持热爱

JW：当初选这个行业，是因为我真的喜欢动画，所以才去做这个行业。还有一个原因是我比较爱折腾，不喜欢被绑住。这两个因素加在一起，就走到了今天。

创业后我做的第一单，就是给电视台做每日一播的科普动画片，当时只有我和我搭档，我们两个人没日没夜地干。为电视台服务，看起来是一个很高的起点，但实际上我们是被"压榨"的，这个项目把我们俩绑了一年，但一年下来的收入，只有6万块钱。

6万块钱，可能还不如一个人一年的工资，但我们俩硬是坚持下来了。因为这是一个很好的机会，在这个过程中，我们的主动权很大，从脚本到制作，都是我们的原创，还和美国来的节目团队合作，学习了很多。最后，这个节目收到了很多家长的信件，都说这个节目做得很好。所以这个项目既锻炼了技能，又算得上是一个品牌项目。

JW的创业动机，决定了他不会把赚钱作为业务选择首要因素，一年时间制作热情不改的始终投入，有的人估计会中途放弃，或者草草了之。

我跟很多大学生朋友讲，初生牛犊不怕虎，年轻就是优势。人在饿的时候什么都吃，反而把胃锻炼得很好，各种养分都补充了。让有家室的人去创业是很难的，因为他受到的束缚太多了，每做一个重大决定都要考虑很多风险，都要想到一旦失败该怎么办。

你看看很多企业家在访谈节目讲的故事，大多是光鲜亮丽的，而背后的失败很少有人会告诉你。就像你每天早上出门，不会把自己弄得很邋遢，都希望自己是帅的、漂亮的，这是人的社会属性决定的。

创业者共性很多，但差异性也非常大，我不会把自己所有的经历都告诉大家，让大家向我学习，但我会尽可能分享一些我有爱、有价值的事情。

比如你要去认识自己，要想清楚自己到底想要什么。有些人知道自己想要什么，有些人不知道想要什么，今天妈妈说让他去赚钱，明天爸爸说让他最好拥有一个手艺，他就迷茫了。而有些人觉得，我这辈子一定要好好孝敬我的父母，让他们过得开开心心的，父母说什么就顺着他们的心意，虽然有些守旧，但如果真的是这样想的也可以，一直做下去也能实现自己的目标。

我这一届动画专业，有五六十个学生，现在还依然在这个行业的，大概也就个位数，很多都转行了。做自己喜欢的事情，还能挣钱。这是很不容易的！所以喜欢做是很重要的，我一些大学同学去国外继续深造美术，读到二十七八岁，读到硕士、博士、博士后，过程中也会受到外界诱惑，没有坚定的热爱是坚持不了的。

有人问过我，如果创业失败或者赚不到钱怎么办？说实话我不知道失败是什么味道。这不是说我一直以来都在成功，而是在我看来，我只要还在坚持没放弃，就不是失败。

我家里只是普通的工薪阶层，我爸妈都退休了，但他们一直都在支持我。我妈是会计，我爸爸是书法老师，我创业之初，他还送了我一幅字画。有一个事情我印象很深，当我决定去创业，要申请复旦的创业基金，我回去跟我妈讲，她当时正在厨房做饭，讲了不到10分钟，我妈就同意了。

我爸当时没有在上海，他知道这事后就给我写了一封信，信里他说了这么一句话，这句话很简单，但我一直都记得：你选择了这条路，就要把这条路走下去。

(备注：本篇根据与创业者的访谈内容整理而成)

平淡的叙述，内涵充满着能量、强大的心理资本。可惜自述文字无法表达他丰富的情绪动作和有力的语言声调，还包括创业过程中的坑和失落，不过都是笑口谈之。

往未来看，不会往回看

创业者拥有超强的语言感染力，是优秀特质之一。

"**跟**小丁的聊天还未结束，我已经迫不及待想掏出手机试玩一下他的游戏了，他的'煽动性'的确很强。"这是采访结束后，同事给我的感悟反馈。作为创业者该有的热情和自信，在小丁身上体现得淋漓尽致。

游戏社交从来就不是一个新鲜概念，在互联网没有普及的时候，亲朋好友或者干脆不相识的陌生人凑在一起打个牌、搓个麻，很快感情就熟络起来，只不过那时的人们将此行为称之为"娱乐生活"，还没有"游戏社交"这么高大上的名词。

从互联网开始普及，尤其是移动端的兴起后，网络游戏社交成为当代社交圈中一个很流行的话题，一年说不上几句话的朋友经常在你的网上菜园中偷个菜，也成为大家维系感情生活的一种方式；就算是线下活动中，大家见面"开一局"有时候抵过万千嘘寒问暖的客套话，还能带动更多的共同话题。陌生人变成朋友，可能就是一局游戏的时间。

相应的应用场景构思完成，然后就是产品嵌入，如何能将游戏融入社交功能，或者社交元素中放入游戏产品？

"在国外读书时，在当地桌游店第一次接触这种桌面角色扮演游戏，我很喜欢游戏的整体氛围，后来特地找了一些人来玩发现大家都很喜欢，可能这就是所谓的商机吧。"

没有什么特别伟大轰轰烈烈的开始，跟很多创业者的创业理由差不多，原本有着高薪体面的工作，却不甘于一眼到头的生活。小丁是在国外读的研究生，毕业后做着跟自己专业相关的工作，每天需要思考的是"怎么让白人去喝一杯青岛啤酒"诸如此类的问题。虽然工作有时比较忙，但总体生活节奏比较慢，生活安定，父母满意，但他却选择了在2017年11月从公司辞职，2018年7月份回国开始创业的"折腾"生活。

"在国外工作时明显能感觉到自己二三十年以后的样子，偏偏我又是一个爱折腾的人，于是忽悠了四个朋友回国一起创业。"小丁说得坦诚，也道出了很多创业者的心声。

起始

策划案是每个创业者必经的道路之一，小丁也不例外，还没有回国开始创业时策划案已经开始了，整套策划案的书可以看出这位创业者是一个非常喜欢琢磨研究、对细节有着执念的人，优秀的感染力和落地能力，反面就可能过于追求细节而减缓顺应市场机遇及时革新。

写过程就跟大家都经历的毕业设计论文一样，从0开始，写到50万字，又删到20万字，又写到40万字，又删到10万字，到最后现在删到5万字都不到。

"铁杵磨成针"放在策划案的描述上再适合不过了，整个草案就是像打磨剑一样，一直在改稿。"整个流程我都要设计。"

作为创业者，小丁身上有一点很出色，那就是果断。回国后他没有瞻前顾后，不会去想我没有工作没有收入要怎么办，是不是应该先找个工作一边工作一边创业这些问题，他直接开始寻找创业方向，"要怎么把这个项目在中国落地、落地的方向。"他满脑子里想的是创业的事情，"因为如果要是真的工作的话，我可能就不回来了，回来就是为了创业。"

回国后面临的问题也纷至沓来，因为之前一直在国外生活，对于目前国内的一些情况掌握不到位带来很多麻烦，比如创业要从哪里开始？第一张证在哪里办？这些最基本的问题却是难倒了这位高材生。但想要创业的人怎么能被阻碍打倒，小丁跟自己的队员开始了最传统的探索模式，挨个走。"回来以后我就和我朋友，我们俩开着车在闵行区里转，因为我们住在闵行。偶尔有看到什么留学生创业园或者有什么创业园，遇到哪个就进去问哪一个。用百度地图，就搜创业园，一个个进去问：你们有注册公司吗？或者怎么样的。"就这样慢慢地就把信息拼得越来越多了。最后找到了一个比较好的专业的机构，有了一个新的基础。

不少人随意找了一个方便的地方注册公司，但注册企业实际上有着不小的学问，比如科技扶持政策的区域对这类企业可以带来很大的政策倾斜甚至直接资源对接环境。

"当时财务什么都不懂，每次有论坛就蹭着听，就一直去。听着听着慢慢发现这个论坛我也听过，那个也听过了，慢慢地就了解得多一些了。"对于自己的短板处，小丁也总能想到各种方法积极解决。

运气

对于创业者来说，团队的重要性毋庸置疑。而在小丁身上，团队的组成很大一部分靠了"运气"。

写代码的程序员朋友之前是在阿里做培训工作的，小丁给他看了自己的策划案后，程序员朋友对这个项目很感兴趣，但有现实问题阻碍。断断续续联系一段时间后哥们跟他说自己摔断了胳膊，原因是"打羽毛球时总想着创业这回事，打激动了，结果……"这是那哥们自己的陈述，"我反正不信。"小丁笑着说，这还不算重要，最主要是那哥们有女朋友，然而女朋友不一定同意其去往千里之外的上海创业，这样一来情况就有点尴尬了。但最后就是各种机缘巧合吧，这哥们愿意跟他一起来创业；与此同时，国外的朋友因为公司协议到约也会过来跟小丁一起创业，反正创业初期的班子是搭起来了，团队三人分工明确，各司其职。

而对于自己人脉网的建设，小丁也很有一套，因为都是刚回国不久，两个合伙人之前也都是打工的，当地并没有什么人脉的。当时为了更多接触到这个圈子里的人，小丁决定秉持着"你要认识哪一群人的话，就先从这群人中找这么一个人认识"的原则，从自己做的游戏社交入手，"什么问题

都可以通过一场游戏来解决，如果不行就用两场"。

"我们现在的产品经理就是，他玩了这个游戏以后就说，我已经好久没有这么快乐过了。"对于自己的这个游戏社交的方式，小丁很是骄傲。

既是从业者也是游戏的体验者，从自身的需求和玩耍经验入手不仅能更深刻了解游戏本身，而且可以提出更多实际的修改诉求，小丁的这一点确实很有用。

发展到现在，他的合伙人中有因为玩了游戏自愿来的，也有从喜马拉雅跳槽来的。问其管理团队的秘诀是什么，小丁说："其实创业这个东西，你尊重你的合伙人，就没有什么。"所以他也并不赞同什么所谓的管理，大家都在为了一件事奋斗，取长补短是最重要的。

小丁谦虚地表示其实真实原因是因为项目足够吸引人，所以才能找到那么多志同道合的合伙人，但事实证明他的"煽动性"也的确很强。

当下还在**起步阶段**，团队组建、人脉圈建立、寻找客户群体等等，当然还要自己学习财务、行政、工商、法务等等相关知识，还**得争分夺秒的与时间赛跑。**

未来

随着人们生活水平的提高，大家在满足温饱和生存问题后对提高生活质量的娱乐活动等要求愈来愈高，小丁所提出的"游戏社交"在当下看来是一个很迎合潮流发展的东西。尤其是现在的主流人群80、90后乃至00后，都是对网络游戏接受度和喜好率很高的群体，目标受众认可率高，自然为项目的推广带来极大的便利。

而从大环境来说，目前国内相对成熟的移动网络的发展，为小丁的游戏社交项目带来了相当多的便利条件，4G网络的普及以及马上到来的5G时代，都为移动客户端的使用带来了强大的助力。国内这肥沃的"土壤"，恰好可以滋养小丁带回来的游戏社交这颗"种子"。

当然，对于创业者来说，天时地利人和缺一不可，像小丁这种海归派回国创业最大的优势自然是海外经历带给他们的专业性和潮流感，他们将国外的潮流带回中国，推进国内相应产业的发展，引领行业潮流；但有利亦有弊，国内的创业环境和市场状况等一系列问题也是小丁面临的很现实的困难，产品是否会"水土不服"？受众能否接受国外的潮流？创业者本身对国内环境的陌生感都将是影响创业的因素。如何克服这些困难，将国外潮流调整到入乡随俗的状态，是小丁及其团队首先要解决的问题之一。

而要解决以上问题，除了必须的专业实力外，对于创业的热情和信心也是占了很大一部分，兴趣是最好的老师，用在成年人身上一样到位。小丁曾说过，自己的团队是因为对项目的自信才团结在一起的，这本身就是一个好的开端。一群心怀梦想的不再年轻却依旧充满活力的年轻人凑在一起，为了心中共同的理想努力，本身就是一件很酷的事，相信这份酷也会得到命运格外的眷恋和青睐。至于真正的未来是怎样的，我们都要拭目以待。

聊天最后，同事问了一个创业者采访常会提到的问题："整个创业过程中给你留下深刻的印象或者极深的感悟的经历是哪些或哪段时间？"

"现在问这个确实是有点早，因为现在还处于那种初生牛犊不怕虎的阶段，还是属于亢奋阶段。"小丁笑着说，"往未来，不会回头看，我现在还没有到回头的时候。"

(备注：本篇根据与创业者的访谈内容整理而成)

无论这次创业结果如何，但这样的人总会找到自己发挥的天地。创业只会加快找到自我天空的过程。

创业前先学会忍受孤独

"**你**是哪里人？"

"你读的是哪所大学？"

"你毕业多久了？"

以上三连问是采访开始后艾嘉对笔者的提问，无论对人对事喜欢以主导者的身份来引领事态的发展，具有一定的支配力，由此可见艾嘉的领导型人格。

科研到实业，"曲线救国"路

出生于山西农村一个普通家庭，艾嘉从小就跟同龄的男

孤独
是一种态度

孩子一样，调皮、好动，也跟所有小地方学子一样，从小被教导自己想要出人头地最好的途径就是考学。

都说兴趣是最好的老师，高中开始，艾嘉就开始对科研感兴趣，喜欢搞些小创造、小发明。

就连自己高考选择大学的理由也是对钱伟长和钱学森两位科学泰斗的崇敬。可理想跟现实毕竟是有差距的，上了大学以后，艾嘉开始想一门心思专心科研，立志做一个科学家，希望能在科学方面做出一些成绩，但真正开始做了以后才发现，大学生活不是自己想要的状态。做科研是需要经费的，但作为一个大一学生申请经费的可能性不大，然而没有经费，搞科研这个理想抱负就只能暂且搁下了。

聪明如艾嘉，既然直接获得经费有些困难，不如就"曲线救国"，于是创业就成了艾嘉上大学后的第二个理想。他看了很多名人传记，比尔·盖茨、扎克伯格等名人的校园创业经历给了艾嘉很大的激励。当时艾嘉是这么想的，先去创业赚钱，再用赚来的钱建立一个实验室，让想要搞发明的人到他的实验室去，不必因为经费问题而耽误搞科研。

艾嘉校园创业的第一个项目是"无线输电"。"如果你在外，手机没话费了，充一下话费就有了，就是类似这种，可以通过无线的方式充电充话费类似的项目。"艾嘉描述得很详细，但在大众的理解中应该就是变魔术，"突"的一下话费和电都有了，虽然不是很明白什么意思，事实证明这个大众也不太理解的项目还未出襁褓就夭折了。

为了实现自己这个"伟大"的创想，艾嘉当时给自己

从这里可以看到，作者有较好的创新能力，喜爱创新，尤其是科学研究领域的创新。高中时期主课类知识对孩子成长有着同样重要的作用。

似乎有些"无心插柳"，本来最爱的是科研，但由于经费拮据，反而开始投入创业。

的老师，甚至是一些素不相识的哈佛大学的教授发邮件说明自己的想法，邮件基本石沉大海，就算偶尔收到回复，情况也很残酷。教授们告诉他，你的创想已经实现了，你没必要去做了。艾嘉不服输的性子怎么会甘心，他继续发邮件咨询，为什么实现了我现在还用不到呢？一顿折腾后艾嘉开始明白一个道理，学术成果和商业产品之间是有很大的鸿沟，很多科研成果并不能完全应用到实际生活中去。这赤裸裸的现实犹如一记闷棍，艾嘉有点颓废了。于是，有一段时间，他每天懒在宿舍打游戏。

满怀梦想和憧憬进入象牙塔，然后发现梦想距离现实遥不可及，这时候的选择体现一个人的心智和性格倾向，或者谓之觉醒期。

***

比美团饿了么"领先"一步

美团跟饿了么是目前餐饮与互联网跨界最为成功的两个成果，而其专业的配送机制也算是这个时代创举之一，培养专门的配送人员，缩短配送时间，为商家和顾客双方都提供便利，同时也衍生了一个新兴职业——配送员，可谓一举三得，却殊不知在他们之前艾嘉就已经开始了这个项目。

这个商机最先开始的萌芽也是艾嘉因为创业失败最颓废的时候，虽然过着每天打游戏度日的生活，但艾嘉始终坚持晨跑，因为起得早总被舍友委托帮买早餐，帮带了几次后艾嘉摸出了规律。那时虽然已经有个美团、饿了么等外卖平台，但配送机制尚不完善，导致配送时间会很慢，尤其是那会两个平台在抢占市场，虽然价格很便宜但是订单配送屡出问题。

针对校园，定制一个方便快捷的配送服务，成为艾嘉心中新的创业目标。

在生活的小需求中，发现创业的先机，这就是敏锐的市场嗅觉，以及良好机会的识别能力。
说到底，还是有着不停思考的惯性。

如果你是毕业5年内或者更久一点的学生，那在校时一定见过这种服务，自己的宿舍楼里即有小卖部，不用出门，只要打个电话，不出多久便有人送货上门，零食饮料甚至一些小日用品都有，而且是货到付款。

这就是艾嘉当时"背后"操纵的本地化电子商务，他的这个运营模式是这样的，在宿舍楼里面找一个店长，艾嘉给店长宿舍里面摆满零食。店长只要在里面存一两百块钱的货，如果舍友或者宿舍楼里有想吃的就直接买。

"来伊份是做线上的，我们就是做线下的，而且是针对校园学生。"艾嘉说起自己的项目定位很清晰。当时艾嘉把项目做到遍布全国2000多所高校，基金会两三亿元的投资供他们拓展。

自然这不是最开始的成果，为了这份成功艾嘉及其团队也走过不少弯路。

虽然发现了商机，但真正实践起来问题还是很多的，不过只要你想做，方法总比问题多。不会开发系统的艾嘉开始入驻各大BBS，各大高校的贴吧、论坛等不断发帖子、灌水，一直寻找互补的合伙人。功夫不负有心人，当时上海交大有一个小团队也在做类似的项目，艾嘉立马找过去。"我们当时给自己设定的目标是，未来三年的营业额达到三亿元"，明明一个天文数字，在艾嘉嘴中说的云淡风轻，"我当然不怕说，因为后来我们的营业额远远超过了这个数字"。

创业当然不是一帆风顺的，也有难倒英雄汉的时候，学生创业最大的问题还是资金，为了资金艾嘉也没少想办法，比如带着合伙人们坐着绿皮火车去山西找过煤老板，结果人家没听懂艾嘉想要做的项目，一行人灰溜溜地又回来了。

山重水复疑无路，柳暗花明又一村。资金不到位创业也得坚持着。与此同时，艾嘉把目光转到了各种创业基金的申请上，YBC、EFG相继申请成功，再加上资金流充盈转了起来，创业的项目也在不断更新，从水果到鲜榨果汁，办公地点从一间办公室到两间再到三间，发展得如火如荼。但是艾嘉很快发现了问题，这种经营模式开一个店可以，但是想要大规模去复制就有点困难了。"标准化地去复制、连锁、对标，这才是我创业最终想要实现的成果。"艾嘉说。

年轻时会犯下很多愚蠢的错误，对理想满腔热血，却毁在了细节问题上。回头看看，都是难得的收获。

专注小领域，早餐也能大创业

2015年初的时候，由于各种原因艾嘉从校园来伊份中剥离了出来，因为最初创业就是想从早餐入手，二次创业的艾嘉决定还是专注于美团和饿了么比较轻视的早餐板块。"当时的目的就是想做大以后卖给美团或饿了么。"艾嘉笑了笑。

一单早餐能有多少利润可赚？偏偏艾嘉就能从中找到商机，加大早餐重要性的宣传，让越来越多的学生爱上吃早餐且有要吃好的概念，营业额从最开始的一两百元到四五百元再到最多的时候一千多元。

这个平台不仅可以赚钱更是互惠互利，让商家提前知晓当日的走货量，可以节省时间和成本；对于学生来说可以不用出门就能方便地吃到自己想要的早餐。可以说是一举三得。由于市场越做越大，渐渐开始有食品工厂等寻求合作，从工厂直接进货自然成本更低，相应的利润率就会升高。

艾嘉的校园早餐项目仍然在扩展，今年暑假的目标是要扩展到1000所学校，保守估算一天一栋楼产生1000元营业额，那么一天就是1000万元的流水。"其实正常都是几百万元的营业额，我们预测一下是几百万元的日收入。然后我们再抽取提成，是有的赚的。"艾嘉谈起自己的生意经很是骄傲，"现在美团的价格投资部和阿里系的投资都在找我们，他们需要更多新客户"。

这个平台其实还有第四个更具社会意义的作用，为在校学生提供了预就业、预实习的机会。艾嘉的平台约有两三万的兼职学生，假如说一单1.5元乘以3到50单，基本上就可以解决生活费的问题，不耽误上学、能受到锻炼，还有报酬，对于学生来说有百利无一害，除了辛苦点。

艾嘉：创业就要学会忍受孤独

从艾嘉的成长经历及创业史来看，这是一个敢想敢做并且具有缜密观察力的人，很多事情他会另辟蹊径，就像交际，跟别人拓展圈子的方法不同，学霸艾嘉通过就读不同高校来结识新朋友，比如去浙江大学读MBA，因为那边有浓厚的创业氛围。

具有这种性格无疑是给创业加分的，但艾嘉也有自己的

2015年的校园创业如火如荼，现在这类模式已经泛滥，几乎无潜力可挖，令我们更好奇的是，当年是如何控制物流、交易、拓展、管理等等，从而实现快速扩张的？

苦恼，被问及团队的核心成员或者合伙人相关信息时，艾嘉表示其实这么多年的创业几乎都是自己一个人，股东负责给钱，员工负责干活，真正在领导的时候都是艾嘉一个人。

"我一直都想培养可以跟自己产生感情交流的合伙人，但可惜我试过很多人，他们都只愿意拿工资做自己的事。"艾嘉一脸无奈。

"现在我到了晚上就不知道该打电话给谁，除了大半夜给投资人发消息，他们会说你这半夜又给我发消息了。没办法，除了跟投资人聊天以外，没人跟我聊天了。"其实大多创业者都会有艾嘉这种烦恼，越是创业发展顺利越是难找寻可以跟自己坦诚相待的人。承担的责任越多留给自己的时间就越少，或许正是这个魔咒反复循环吧。

而比起没有知心合伙人的孤独，被曾经一起打拼的兄弟背叛更是让艾嘉感觉孤独。被骗钱是小事，被抢单导致客单量巨减，甚至因为生意上的事被威胁、被恐吓，最严重时还被限制过人身自由，而更悲凉的是发生这些事的时候都是艾嘉独自去面对。

被问及对孤独的看法，艾嘉挺了挺身子，"现在回头看，都不是事"。言语中很是洒脱，但也只有经历过的人才知道所有的收获都要先付出，坚持下来你离成功可能就不远了。

(备注：本篇根据与创业者的访谈内容整理而成)

这里虽然笔墨不多，但是可以想象得到，创业过程到底经受了怎样的挫折。每一个挫折背后，都是压抑、孤独、无助，以及想要放弃的念头。可能是不愿回忆那段痛苦的过去，作者才轻描淡写。

在仍然看不到光明的时候，还能在黑暗中继续坚持。这确实说来容易，做起来异常艰难。

一位"创业潮人"的修行之路

资源、客户、市场，这些东西从哪里来？有些时候，想获取这些东西则要求你必须有一颗潮流的心。因为大多时候，创业本就是一个前沿的产物，若是老土、落后，不懂变通，那么则很难在创业圈混下去。创业路上的"潮"不仅代表着睿智、前沿的眼光，同时也代表着面对前方未知苦难和甘做"先烈"的勇气。而就是这样一个字，完美地诠释了H先生的创业历程。

多番尝试，"潮"在眼光

21世纪初，佳能、索尼的迅速崛起，柯达的逐渐没落，无数人看在眼里，它已然成为无数高校课堂上必学的经典案例。失败原因显而易见，那就是：拒绝创新。由本身的行业巨头再到如今胶片机的"代言商"，亲身体验过的H深有感触，提到第一台数码相机是由柯达生产出来，他更是唏嘘不已。

1999年，数码相机已经在中国逐渐崭露头角，而此时的上海柯达研发出了一种数码相机的原型并提出要批量生产发售。当时的H正在大学读电子通信的硕士，他认为商机已到，就此拉了几个伙伴进行了他的第一次创业，创业内容便是做数码相机。

由于本身便早已关注这个市场，他轻车熟路，并没有什么阻碍项目就发展了起来。可正当他白手起家准备大干一场时，柯达美国总部传来消息："市场过早，终止数码相机的开发。"这一消息，如晴天霹雳。面对生产商的不支持，H的数码相机项目仅仅赚了4万美元便就此搁浅。

但此次的创业给了H更敏锐的洞察力，也给了他在新兴行业领域中创业的经验。受到创业失败打击的他依然决定还是从"新"这个词出发，随后，他看中了无纸记录仪。实时性高、精度大，H认为这样的智能化产品虽然在当时国内市场几近为零，但肯定会大火大热起来。可也正因为如此，大部分厂商都不想冒险当"先烈"，一再对H的团队进行过多苛求。H举步维艰，最终由于资金链断裂而再次放弃。

超前的产品思维和专业背景，这么一位创业者会时刻思考市场趋势、产品被颠覆方向。

直到2009年，有一个词像一场风一样悄悄袭遍了大江南北，也吹在了H蠢蠢欲动的心上。工作11年，已然37岁的他决定再"潮"一回，从此"新能源"与他有了不可分割的关系。

新能源主要包括水能、电能、风能、太阳能、核能。水能市场较为成熟，风能、核能开发周期长且技术难度大，而电能和太阳能作为可再生资源潜力很大。同时，H非常看好当时未被开发的屋顶市场。

光伏发电，就是结合电能、太阳能、屋顶，利用太阳能电池在屋顶上将太阳光直接转化为电能。这在2009年的中国几近还是零市场，可随着新能源的推进开发，H认为光伏发电可开发性强、用户广阔，一定会受到国家政策的大力推行。果不其然，2013年国家出台政策，大力推行光伏发电，而4年的准备为H事业的成功奠定了坚实的基础。

产业转移，"潮"在客户

在筹集了EFG天使基金的20万元资助和一些合伙人的早期薪资积累后，H拉拢了一些技术出身的人成立了一家电子科技公司，前期的业务便是光伏发电的核心设备之一：光伏逆变器。

作为最早的光伏逆变器制造商，技术出身的H和他的团队有着独特的优势。作为供应商，他们运营的是传统的B2B模式，所面对的客户往往是电站建设者。这些客户往往不外乎两种：一、行家。他们一般也处于事业起步期。二，外行。他们往往具备可观的资金基础，但对行业却不了解。这样的

光伏产业曾经井喷式爆发，在那一阶段获得第一杯羹的才叫弄潮儿，也会获得早期优势，不过市场总是动态发展的。

两种"潮"人往往在前期都有大量的刚性市场需求，此时的业务便围绕着这些需求顺风顺水地展开。

可是，随着时间的推移，H又面临着新的问题。团队成员能力的单一性一直引发着H的忧虑，而且随着行业的迅猛发展，让业内的每个人都开始思考新的商业模式，都想要在这样一个巨大的"蛋糕"面前多分一块。H作为设备供应商首当其冲，议价能力的持续走低使他的客户也想通过降低进价方式节约成本。这是一个不好的兆头，于是他决定进行产业的结构升级，提供全套技术服务，准备用规模成本来提高话语权。

创业者决策思维的时机，决策往往会以预判为基础，如果能对大趋势有足够的把控和了解，那么决策风险小，反之或决策滞后，又或则方向偏离。

在这里，业内人都能明显地发现问题：这样的成本效益往往治标不治本，在行业进一步成熟后怎么保证问题不会再次出现呢？对此，H心中已然有了构思，于是他心中的第三次产业转型逐步成型。

光伏市场就好像一个未开发的巨型蛋糕，真正大块的部分是光伏发电的使用者，而制作商、供应商更像是这个蛋糕上点缀的配饰。一个大胆的想法在H心中形成：为何我不去针对市场的主要客户来做文章呢？整合资源，并进行调查，他发现这种想法不仅不是空穴来风，相反还极度契合。由于建立了一整套设备体系，H不仅是设备的提供者，也能采集到用电商户的使用数据。这包括用电商户的消费用量、使用习惯等各方面的信息。针对于此，H招纳新的市场拓展人员，将产业向下转移，开始自己建设电站，但与电站销售商不同的是，H并非建好就卖，而是将用户集中于光伏发电的使用者身上，进行卖电。

它们包括：企业、学校等用电较多的客户。由于还处于市场早期，他们拥有不可限量的潜力。

稳中求变，"潮"在模式

好的行业必须配上好的运营，尤其是在这个具备超高潜力的新能源市场。它没有前车之鉴，唯有不断摸索，不断否定，不断改革，才能找出最适合自身的路。

用户、市场、商业模式，它们是一体的，其中一个要素的变化就会引起整个公司战略的变化。在事业起步期，H和他的团队将逆变器作为公司的核心竞争力，专一化使他们瞬间便拥有了大量市场。

可随着时间的推移，行业的发展带来了技术的变更，公司的话语权已不再像早期那么高，H决定做成套的设备取得规模效益来提高话语权。可由于设备钱多收益少，业务持久性也相对较低，终究不是长久之计。

面对紧迫的公司环境，H最终将企业向下转型，直接面向了最终端的消费市场。

在此，H巧妙地避开了最激烈的竞争冲突，累积了自己的竞争优势。对于投资"光伏发电"的外行，因其对行业的不了解，直接投资建设发电站发电量容易衰减，会导致投入没办法收回，故而会谨慎从事；而对于行业内的大亨，他们往往是制作核心材料光合板的人，面对过剩的产能，他们可能会直接建设电站再将其卖掉。而H则是从用电商户的角度，更长时间的维护电站、扩大销售是其主要目标，故而没有激烈冲突。

多维度的核心竞争力是H公司的特色之处，产品、金融、市场、服务四个维度构建了他的公司的核心竞争力，这也是他们团队的主要构建内容。有了产品才会有金融，前两者都有了才会有市场，前三者都有了便需要采取一系列的服务维系规模的稳步扩大。很难得的是H的公司四者兼具，向世人展现了一个站在时代前沿的公司应具备的素质。

当企业解决了生存问题，有稳定的现金流业务之后，可以参考类似多元核心竞争力构建，以原光产业为链串起来。

来之不易，"潮"在专注

有人说过这样的话，一个人最有魅力的时候便是他专注于某件事情的时候。这告诫我们要将专注变成生活的常态。

年逾四十的H便是这样的人。创业的路上，他对产业的态度是稳中求变，不断地调节产业来适应市场的发展。但他对行业的专注同样值得称道。在2009年中国新能源才刚刚起步时H便成立了公司，兜兜转转，百转千回，不断经历着人事的变更才来到了2013年下半叶。"2013年是我最难熬的一年。"H语重心长地说，"在上半年国家政策还未放宽的时间里，面临部分员工的离职，我感到万分沮丧，看不到前景，看不到希望"。

他最终坚持了下来。在事业初期，没有任何引导，他不断地思考，不断地借比喻来为自己做前车之鉴。将圈屋顶比作圈地，将光伏发电比作心肺交流，将发电比作房地产。有时一个点子的火花会让他整晚睡不着觉，因此他也自嘲：

"自己真的是老了，要考虑的事情太多了。"

采访与总结

这便是H的修行之路。新兴行业代表着更大的机遇，而伴随着的同样也有更大的风险。没有前车之鉴的他只有不断摸索来找到自己的光明大道。就是一位创业"潮"人，经历了百般挫折，又根据市场需求不断修正自己的产业，最终他成功了。

创业者总结，自己的创业经验归结为一个"潮"字，为先为趋，又或则称之为 眼光 。

在此，总结H先生想对创业者说的话：

唯有不断思考行业的发展变化，同时保持专注的心态，使公司不断与行业发展相匹配。这便是成功的关键。

(备注：本篇根据与创业者的访谈内容整理而成)

武术传承

"**站**如松，坐如钟，精神奕奕气质清朗"，这是初次见面对小王的印象，这次采访是在小王的一家武馆中进行的。习武之人身上会有一种浩然正气，跟年龄长相无关，是长期武术修养的一种气场。

小王，上海体育学院硕士生，国家一级运动员，目前是一位创业者。他的事业有点古老又有点新奇，将中国武术与中国文化发扬光大，做的是培训的事，但听起来又没有那么简单。

目前小王已经开了5家武馆，预计这个暑期要拓展到10

在中国传统文化中，习武之人必须要接受一定的文化滋养，尤其是道德方面的修为。武艺增长一分，道德就必须增长好几分。两者相互制衡、相互促进。

323

家，不断有学生家长或者社会上的有心之人想与其合作，但都被小王拒绝了。"目前暂时不想考虑融资，盘子做大容易但管理起来怕有困难。"比起规模，显然小王更注重自己每个武馆的质量。而将传统武术与现代教学结合在一起，这条创业之路在外人看来颇有趣味。

农村的孩子就是能吃苦

上戏、北京的大学和特警有啥联系？解读后感受到10岁左右孩子想到人生目标，表演/学识/威武这三个抽象的方向。

小王出生于安徽的一个农村家庭，从小的梦想是做一名特警。八九岁时小王就知道，当特警首先得会功夫才行，所以一定要练习武术。长大一点成熟一点后他给自己制定了一个三步走计划：一是考上重点高中；二是考上上海戏剧学院或北京的大学；三是当特警。老实本分的农村家庭自然对小王这个伟大的愿望没什么想法，毕竟学武在当代社会是被人认为没什么出息的做法。但小王认定的事就不会轻言放弃，在跟父母"闹了"四五年后，终于如愿以偿地去了武校。

考学是因为不知道谁告诉他去了大地方才有被提用的机会，少年为了自己心中理想努力也是一段热血故事。小王练过跳远、练过田径、扔过铅球，一番折腾最后确实来到了上海这个大城市成了一名学生。

或许孩子们心中的特警是警匪片里那神，这回头想着创业，两者的共同点在我看来就是高风险、高不确定性，以及可能的高成就回报。

但是到了大学、真正接触了特警这个职业后，小王又有了不同的想法，很多职业或者事情就是这样，心中的想象是一回事，真实的情况又是另一回事，再加上自己性格的原因，从小到大的理想渐渐破灭。当时之所以想当特警也是认为是一个比较有挑战性的事，既然第一理想破灭了，小王觉得创业这么富有挑战性的事也不错。于是小王刚毕业也没找工作直接开始了他的创业之路。

小王的创业经历会让很多人感同身受，毕竟是真正的白手起家，中间连饭都吃不饱的情况比比皆是。刚毕业自然没什么积累，而农村家庭也给不了什么助力，一切只能靠自己，当时申请了10万元创业基金，由于各种情况最后只拿到5万元。幸运的是学院领导比较支持，让他们在学校成立的武馆里教学，但受限于人数和课时的限制，收入微薄。因为还要支付房租、工作人员衣食住行费用，经常是入不敷出。其实在这方面武人的弊端还是暴露了一些，在处理商业问题上想法还是有些简单。就这样创业2年了一直都没有自己的武馆，东一榔头西一棒槌的教学维持着。创业的转机是在2013年前后，或者是从创业开始小王一直在思考的累积迸发。

很多创业者有类似效应，就是你一直在做一件事，周围知道的人多到一个级数时，口碑就能转化成商机。

小王式"知行合一"

中国市场跆拳道比传统武术更容易被家长们接受，很多成年人或者家长都愿意自己或让孩子去学，各大机构宣传到位，服装好看、考级体系完备，人们心里自然愿意接受。但他们不知道的是我们中国自己的武术其实蕴含的东西会更多。也是抓住了这个规律，小王明白真正的传承和发扬是需要从思想的转变开始，但成年人的思想大多已近固定，相比较起来正在成长期的孩子更容易被塑造，因此确定了受众人

孩子的生意好做，买单的却是大人，教育大人、吸引孩子这两方面缺一不可。

群。创业的脚步发展就快了起来，比起成人，孩子的武术教学显然要容易一些。

刚开始时，也是摸索着给孩子上课，没有自己的武馆就到别人武馆，或者寻找一些合作，很多时候也拿不到钱，纯粹是赔本赚吆喝。当然得到的也是金钱买不到的，比如人气和知名度的扩展，比如在教学过程中得出的新经验，为编写新教材积累的大量的素材。

做了一段时间后，小王认识到必须要有一个自己的武馆，于是他勒紧裤腰带租了房开了武馆。有了场地自然就是赶快招募学员，尽快摸索教学课程。练习武术可以让孩子身体的柔韧性、协调性、灵敏性增强，同时还可以开发孩子的智力，因为很多的武术动作需要去记，这是学武方面；除此之外，小王也很注重对德的培养，习武人中有句老话，未曾学艺，先学礼；未曾习武，先习德。

在小王的武馆，每次孩子来上课要先跟老师打招呼，上课前拿出五分钟读一读《弟子规》或者《论语》等传统文化书籍，每次下课被接走时要跟家长行鞠躬礼，道一句"辛苦了"再附赠一个拥抱。看似简单平常的举动，但在长时间里会有一个潜移默化的作用。

"最近经常有小孩家长给我发短信，说自己的小孩突然感觉有了变化，会思考了，也懂得感恩了。"小王对自己的教学成果很是满意。教授武术跟塑造孩子性格结合起来，既要培养孩子强健的体魄又要在精神方面引导教学，习武不仅仅是身体上的进步更要将思想的步伐跟上。这是小王对自己

这是"道"和"术"的关系问题。礼、德是道，武、艺是术。道正了，才可以发展术。否则就是南辕北辙。

真正是用情怀和信念去做事，每个创业故事都深深烙印着创业者自己的价值观。

武术只是一种呈现形式，其背后是浩瀚的中国传统文化。没有文化内核的武术，就只是招数而已；蕴含了精神内核的武术，才会对人起到塑造改变的作用。

武术教学定义的"知行合一"的标准。

到现在小王手里这套成熟的教学课程已经别被多人认可，目前全国有十几家从事武术或者体育行业的人想寻求合作，想得到这套武术课程教材。"等教材完全出来，赚钱是很快的，我们还可以筛选优秀的加盟商，一起开展这个事业。"小王对未来的创想还是很清晰。

从简单的提供培训服务，到提供成套的教材，这业务转变也并不那么容易，好在原本的业务保证稳定现金流，解决了生存问题。

开始以教材加指导的方式合作拓展加盟商，这营运难度也不低。合作中定价、收费、客户渠道、服务质量、教练、品牌等等整个都是一个新的体系搭建。

回头看 往事已如烟

采访过程中小王一边跟我们聊天一边在煮茶，不停地倒茶给我们喝，顺便还会普及一下他家乡的茶叶知识。大众印象中习武之人大多是不拘小节、大大咧咧的性格，而喜欢煮茶的小王身上显然多了一份体贴细腻。与他的聊天中也能看出，他说话时语速比较慢，表情一直很平和，虽是好动的习武之人却在说话时很少的肢体语言，一直是不紧不慢、平和淡然的模样。而小王却说自己现在的这份平和淡然是在创业过程"被迫"形成的。

"创业真的是一件很辛苦的事，你一定要做好心理准备，没有朝九晚五只有全年无休。"

说起对创业的感悟以及想要给当下创业者们分享的心得，小王笑了下，他说给你们讲两个小故事吧。

第一个故事：当时为了扩大知名度我们去宝山那边发宣传单，每个人都要背着一个装了四五十斤宣传单的大书包，我们从早上九点一直发到晚上六七点钟，除了中午吃饭时间一天没停歇。到了晚上六七点钟的时候，我走在街头，看着

触景生情，自己发
传单是时自我的一
种挑战，那种卑微、
冷漠、无奈等等，
一整天坚持下来又
累又饿恰看灯火闻
饭香。性格中充满
着倔强好胜的小王，
这种刺激更能激发
出付出和斗志。

经历过的就会成长一次
心智，更珍惜相互理
解，也接纳被人拒绝。
创业经历的每一次坎，
都是一次洗礼。

自定崇高的目标，能
让我们更接受现在的
艰难，韧性更强，类
似信仰的作用。

万家灯火，闻着每家每户飘出的饭菜香，当时心头就很酸楚，本来忙了一天就很饿再加上自己当时的情况跟别人家一对比，真的是千家万户千滋味。

第二个故事：创业刚开始为了养活自己，我们团队做了将近小半年的地推，当时整个五角场我们都拿着名片去发，挨个公司跑递名片做自推。有一次我去发名片，刚发完要走想起自己有东西忘了拿回去取，刚转头发现我刚刚递出去的名片被扔进了垃圾桶里。当时刚开始创业嘛，也是刚毕业心理承受能力比较差，当时也不是说生气，就是有种说不出来的滋味，你不创业有些人情冷暖真的没法体会。

"现在就没事了，看开了就好了。"这段聊天氛围有点低沉，小王敏锐地察觉到后急忙转了话锋，"后来我们再去发传单遇到保安阻拦、别人扔掉这种事情就习惯了，毕竟别人也是在履行自己的工作职责，互相理解嘛"。此时此刻，习武之人的那份豁达又表现得很到位，但越是这种理解反而更让人心头一酸。

其实不论是创业还是其他人生经历，只要经历了确实就是人生的一种体验，而你自然会从这份体验中得到或多或少的成长，只能说创业这回事是你自己主动去选择的一种锻炼。或许小王是习武的，所以在面对困难和阻碍时比普通人多了一份坚韧，但真正的成长也是一次次跌倒后爬起来总结的。

从成长经历来说小王的创业经历会让很多人受到鼓舞，起点不是多么高，天赋也并没有多么突出，靠的纯粹是他自己坚持不懈的努力，努力从小农村到大城市，努力把不可能变成可能。他选择弘扬和发展中国传统文化，将自己坚持的武术理想植根于更多人心中，不是一句句口号而是真正脚踏实地地去做，无论最终的结果会是怎样，但这个过程已经足够精彩，不是吗？

(备注：本篇根据与创业者的访谈内容整理而成)

对武术背后的文化、道德观的认同，是比坚持传授武术本身更加深刻的认同。对产品的推广、事情的坚持，变成了对中国文化的信念、对教育的坚持，这种力量转变是不可估量。

理科男的"文艺"范儿

下了这么个定论，在校期间比较明显，但进入社会后还是看磨炼环境。但思维模式一旦成型就很难改变，有时候我们也会通过这点来预估创业项目的发展趋势。

文理之分向来是成年人聊天话题中一个趣味争执的论点，大众普遍认定理科生大多比较理性，主要是用左半脑思考问题，他们的思维方式具有连续性、延续性和分析性；而文科生大多偏感性，主要是用右半脑思考问题，他们的思维方式具有无序性、跳跃性、直觉性。

通俗点评价，理科生虽然逻辑缜密但有时语言晦涩难懂，他们专业领域的东西外人听起来很是费劲；文科生虽然语言组织能力强，但有时逻辑跳跃难免语无伦次，想起什么说什么。

而他同时兼具了理科生强大的逻辑思维和文科生细腻敏感的做事风格，不敢说是百分之百的融合，但的确是兼具了两者优点的部分，这是第一次聊天后对小柯最直观的印象。

整个聊天过程中小柯条理十分清楚、逻辑思维很是缜密，将他的事业及这些年的经历有条不紊地一一讲述，将一个新兴行业讲得通俗易懂，让人很好理解。而对小柯极好的第一印象可能来源自他的人生经历。某顶尖学府的机械专业博士生如今从事着与之专业完全不沾边的知识产权服务行业，这或许就是他文理结合体制的由来。

(说服力)是很重要的创业能力之一，一般而言，说服力体现在两个层面，一个自然是语言的逻辑和引导性，另一个是说话时的个人气场（包括肢体、声调、暗示、环境等等）。

创业前奏

"我的背景比较奇怪。"这是小柯对自己的总结。也是，读了11年才得到机械专业的博士文凭，毕业后却一点没用到。跟普通毕业生不同，拥有博士学位的小柯自然不用从苦哈哈的实习生做起，只要是同行业的企业找个合适的岗位是很容易的。但他却想要的更长远一些，交叉行业更有发展前景。

交叉行业也就是我们现在常说的"跨界"。举个最简单的例子，比如美团、饿了么就是餐饮跟互联网的跨界合作。小柯当时认为技术或者是机械行业能够交叉的就两个方向，一个叫技术加法律，一个叫技术加金融。技术加金融，就是做投行，后来小柯的一些同博士班的同学做金融去了做投行。受此启发，小柯也向投行机构发过简历，但是并没有得到回应。

上帝关上了一扇门自然会打开一扇窗，技术加金融失败了，而技术加法律这条路走通了。当时一家专门做知识产权行业的律师事务所接受了小柯的简历，去了以后做了半年的他认为这个行业很好玩。

小柯解释说，之所以说它好玩，是因为这个行业能满足他强大的好奇心。每天接触的企业都是各行各业的，了解的知识面宽广很多。甚至于小柯还培养了一个能力，不管你什么行业的人，他都能跟你聊得起来，从餐饮可以聊到高科技高分子物理学，天南地北任你聊。

确定了自己的职业方向，小柯就正式开始了跨行业准备，知识产权服务行业要求必须具有律师证及专利代理人证，虽然每年通过率大概百分之十几，而专利代理人每年的通过率不到10%，甚至比这个概率还要低。但毕竟是拥有博士学位的人，静下心钻研一个东西成功的几率还是很大的，两个证书还真都被他拿到了。

而此时他的理科属性又暴露了，即便知道自己想要做什么，也为从业做好了准备，小柯也没有毕业后立马开始创业而是在集团里继续积累经验，一直到毕业三年后才开始自己的创业。

第一次试水

创业后的第一家公司是比较传统的知识产权服务公司，主要业务是为创业者提供专利商标版权的申请、注册、保护，以及一些可能的政策申报等服务。这跟小柯最

好奇心是个体非常内在、原始的动力，它能够让人对特定主题保持敏感，并且对环境中的困难、阻力呈现出较高的耐受力。

创业者需要对所在行业的理解和资源，失败过的却会留下更深的痕迹。

所谓跨界，在这位老板的心里，应该是喜欢新奇事物、喜欢挑战的不安分选择，如果一个人对现状不满，又特别有头脑的话，那他会怎么规划自己人生呢？这算一种。

初的想法是很契合的，创业一年后小柯把公司迁到了母校附近的产业园区，原因很简单，在商业链上应该是靠近原产地，母校中很多没毕业的或者刚毕业的创业者成了公司的主要客户源。

不过其中也有一个难点，因为第一家公司主要是为创业公司提供服务，接触的大多是创业者，这部分客户的付费能力通常是比较弱的，想要从这份事业中获取更多的金钱回报不太现实，但所有的事情有利亦有弊，有限的经济利益背后却是无限的企业人脉资源。创业公司虽然暂时力量弱小但是标准的潜在股，很多成长起来的企业比比皆是。小柯说他们客户中现在已经要上创业板了，创业公司们的壮大自然为小柯的公司带来了更多的案源，说起来就是有些放长线钓大鱼的样子。

2014年至今已有5年的光景，团队也从刚开始的几个人到现在的十几个人，年收入已经处于一个比较稳定的水平，但小柯却不止于此，"因为是比较传统的行业，所以在量级上的增长比较困难"。

他的性格又一次决定了他的人生，

稳定了后
>发现瓶颈
>新元素
=不安分

第二次升级

于是在2016年就有了第二次升级版的创业公司，VI加法律的全新领域。

半路出家的律师没有接受过系统的教育，在职业思考方面自然跟传统法律人的思维不同，小柯紧紧抓住了自己的这一点优势顺利完成了第二次创业。

半路出家，有利有弊。弊端在于没有经过系统的知识理论培训，掌握相应知识就会比较零散、所需的时间会更久；有利之处在于，正是因为没有接受过系统教育，也就不会形成固定的思维模式，从而思考问题就不会受限。

事情是这样开始的，最初是由朋友介绍以传统律师的身份开始接触一家动漫电影制片厂，承接了一些相对传统的业务，因为当时全上海有很多的律师事务所都跟制片厂有合作，小柯并没有什么特别突出的优势与它们竞争。机遇是制片厂那边认为线下的官司有很多团队在帮忙，但是线上尤其是淘宝这边没有维权渠道不如他们帮忙这个版块。最初，小柯心里也是没底的，毕竟互联网维权属于这个行业的新兴领域，没做过更不了解其中的门道，但自信如他先答应下来再去找解决方法。

在动漫动画领域有一个现象，衍生品很容易被侵权，简单点说就是我们在淘宝、天猫经常看到一些以动漫或卡通形象制作的玩偶手办之类的。但其实按照法律规定，除却官方授权的商家，其他生产或销售这些玩偶的都属于侵权行为，怎么解决线上侵权问题是小柯要解决的第一难题，技术加法律出身的他想到了VI技术，也就是人工智能图像识别技术。

用人工智能图像识别技术到网上去批量搜寻哪些东西是盗版的、侵权的，找到之后，对于那些比较小的东西，就直接跟平台合作，向阿里投诉直接删链接，商家为了不让自己店铺降分（降低评分对其店铺的销量等有很大影响）就会主动跟小柯公司联系或者赔款解决或者打官司；而对于那些案子比较大的，就直接要转移到线下让侵权的人来赔偿。

最早给制片厂做的就是去搜索动漫IP的衍生玩偶，试了一段时间效果出奇得好，小柯的第二次创业也就此开始。

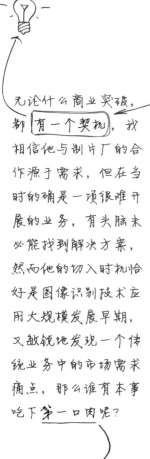

无论什么商业突破，都 有一个契机 ，我相信他与制片厂的合作源于需求，但在当时的确是一项很难开展的业务，有头脑未必能找到解决方案，然而他的切入时机恰好是图像识别技术应用大规模发展早期，又敏锐地发现一个传统业务中的市场需求痛点，那么谁有本事吃下 第一口肉 呢？

理科男的"文艺"范儿

〜〜〜〜〜

"其实客户根本不关心你的产品是人工智能还是什么，他们要的是你的产品能为他们带来什么样的服务和效果。"这是开始第二次创业后小柯的总结。人工智能在很多人眼里是一个比较高深莫测的东西，需要很多的科技和专业知识在里面，晦涩难懂，其实根本不需要。你跟客户如何吹嘘自己的东西高大上，科技多么高深都没有用，直截了当告诉他们通过自己的产品能为他们带来什么效果，达到什么目的，这才是客户最关心的东西。

创业开始一段时间后，小柯也调整了方向，为了拓展客户源，前期不收取客户的费用，而是开始维权后从侵权者那边拿钱跟客户平分，这样一来客户不用提前交钱就能看到效果，而在看到效果后自然是愿意掏腰包的。

客户的类型也在不断扩大，从开始的动漫动画公司到现在的全国500强企业，而有了这些大客户的背书自然客户源越滚越大，不断有企业与之合作，在行业内也算小有名气。

而启用人工智能还有一个很大的好处，就是节约了人力成本，提高了工作效率，一套成熟的识别系统已经可以满足线上搜索案件的工作，所以技术部被裁掉了，而有关系统调整方面小柯跟几个合伙人的资源足矣。现在小柯的创业公司只需要保留一个客服团队足以，最大限度地节约了成本，提高了利润率。

理科男身上的"文艺"范儿

肯定会有人说，小柯的经历听起来好简单啊，选定了想

手写批注：

客户关注的核心是什么？问题界定必须准确清晰，否则就会走弯路。

这是追债/维权业务中很常见的收费方式，虽然前期委托方无成本发生，但事后付出大比例分成（风险和回报对等）。

他的**拓展业务能力**一直是本文中没有详述的，不过从每次业务起步到市场发展，都隐含了他这方面的特点。从一个品牌客户当支点，撬动更大的行业龙头企业，听上去是惯用技巧，但真正实施成却何其不易。

所以回到开头，他的语言表达，逻辑引导能力，一定是他无往不利的重要个人优势。

要从事的行业，考了两个证书，用了之前积累的资源，现在第二次创业都这么成功了，但试问这些经历分开来看哪一个又是随随便便、简简单单的。

就单说定位这一块，全程的聊天中小柯的两个口头禅是"我不知道你知不知道"和"我很清楚"，每一个话题都是他已经掌握好的方向和内容。也是，从最开始机械专业博士毕业毅然转行做知识产权服务，到第二家公司完全实现技术与法律的跨界合作。对自己的定位和认识一直都是清晰明白的。

口头禅可以揭示他性格特征中的一部分，自信且骄傲。

毕竟，知道自己要啥，是大多年轻人都在追求的东西。而将知道变成拥有更是难上加难。

如今小柯的两家公司是相辅相成、资源共通的，第一家公司提供了肥沃的土壤，第二家公司不断撒种收获，清晰的自我定位跟职业规划让这位带着理科血统的文科创业者收获匪浅。

说起来成功的何止是小柯的跨界公司，他自己本身就是理科文科的跨界结合体，不是吗？

(备注：本篇根据与创业者的访谈内容整理而成)

我
们
的

第二部分 创业者心智模型研究

创业是人性和个人能力的集中爆发，外行看热闹可以很嗨，内行看门道也悟：

· 危机中的行为是否可预测？

· 艰辛中持续让我们前行的力量到底是什么？

· 为何有的人总是只说不做？

· 道不同在创业团队中是否存在求同存异的选择？

· 压力不完全是动力？

· 学习不仅仅是因为知识？

· 乐观真正基于的是相信我自己？

创业是将所有人/事冲突高频集中爆发的人生选择，本章我们将创业者特有的成长型心智模型以及冲突中强者决策从心理学角度加以剖析，能否逆流而行还是随波逐流关键看本心。

心智模型

全球创业观察（GEM, The Global Entrepreneurship Monitor）2011全球报告显示，全球54个国家的创业者数量达到4亿人；而GEM的2015/2016中国报告显示，我国早期创业活动指数为12.84%，高于美国、英国、德国和日本等发达国家。在国家创新驱动发展战略的推动下，我国业已形成创新创业的浓厚氛围，创业者数量庞大、热情高涨。

然而，创业活动失败率极高，创业过程充满风险与压力。根据《财富》杂志公布的数据，全球中小企业创业失败率高达70%，而我国则高达90%，新创企业平均存活时间不到3年；2015年张敏等基于国家创新基金数据的研究表明，在中国，约70%的中小企业"存活"时间不超过5年，中关村的创业公司中95%会在7-10年内倒闭。

面对创业的高失败、高压力情境，创业者需要在失败情境中反复磨砺、不断学习，艰难地完成自我突破，登上成功的巅峰。刘强东一夜白头，任正非半夜哭醒，雷军更直言"创业不是人干的事"，他们都是凤凰涅槃型的创业者。

那么，是什么促使创业者克服困难、不断前进？同样面对失败情境，有的创业者可以成功完成蜕变，有的创业者却始终不得要领？

心理学家Craik（1943）指出，每个人都有自己的心智模式，它是深植我们心中关于我们自己、别人、组织及周围世界每个层面的假设、形象和故事；它决定了我们观察事物的视角，指导我们的思考和行为，并最终影响我们的行为。我们认为，创业者拥有一套不同常人的心智模式，它能够推动创业者在高负荷、高挫败情境下，调整自我认知、管理情绪与压力，并快速付诸行动、合理反馈与调整自我，从而完成创业活动。

另外，优秀创业者的心智模式是怎样的？它有何特别之处？个体对于心智模式的存在，有着不同的意识和感知。极少数个体拥有对自身认知的认知，也就是"元认知"；大部分个体对自身的心智模式是难以自知和管控的。我们的创业者，他们的心智模式大部分情况下都是无意识运转的。

如果能够提炼出优秀创业者的心智模式特征，并将之上升到意识层面，我们就可以据此对创业者进行针对性的培训或支持，帮助他们更好地克服各种压力与挫败情境，进而提升创业者的创业力。

一、创业者的创业动机

目前创业者的创业动机或缘由大致有三种类型：

第一类，受**家庭环境**的熏陶或支持。这类创业者身处有创业氛围的家庭，自己的家长或者亲人有从商经历，因此，创业者受到潜移默化的影响，认为自己的创业选择是天然的，并且对自己的创业相关能力，有较强的评价。其自述一般是"有这方面头脑""自然而然""没有想过其他"。例如，有创业者的叔父经商，他在高中时期就知道自己是必然要创业的。

第二类，**性格**使然。这类创业者可能并非来自于有创业氛围的家庭，但自述其性格有着"不安分""喜欢冒险""对于体制内的工作很反感""不适合给别人打工"等特点。例如，有创业者明确表示，喜欢自己去挑战，自己承担责任，而不是听从他人指挥。这是非常合理的选择，按照霍兰德的职业性格分类理论，特定的性格会选择与之匹配的职业，从而发挥自己特长。

第三类，个人**早期实践经验**促使。这类创业者往往在大学期间，甚至更早，在高中时期就从事了类创业实践活动。他们很早便从这些实践中获得启发、受到激励，不仅表现出较浓厚的创业兴趣，而且对自己的创业能力评价也较高。因此，他们更容易延续早前的创业活动。例如，有创业者大学期间为了弄清楚财务流程，自己进行了简单的创业，因而奠定了之后的创业基础。这是因为，早期的创业经验，可以增强个体的自我效能感，因而作出倾向性的选择。

创业者的创业动机或想法有两类特征：（1）创业的动机对行动的指导往往是"内隐"的，也就是较多地处于无意识状态，而非有意识选择。例如，他们大多认为自己的选择是天生的、说不清的、冥冥之中的、顺其自然的。（2）创业相关想法往往在较早的时间就形成，一般在高中或大学，较少有成年后才创业的想法。我们判断，这可能与基金会支持的创业者类别有关，大多数都是大学生创业者，而非转型的创业者。

二、创业者的创业目标特征

首先，**目标远大，有战略思维**。创业者对于自己创立企业的目标，都是长远而宏大的，例如，自己要"创立伟大的公司""实现人生目标""做出一番事业"。有的创业者反复强调，一定要有使命感、愿景感，格局要够大；也有创业者提出，给企业所树立的目标不是三五年，而是要从十年或更久的长度来看问题，要有战略思维。

其次，创业者的创业目标都处于**较高的自我实现层面**，而非直接来自财富、社会比较等。创业者的描述有"希望做有意义的事""要实现一定的理想""人是有使命的""格局一定要大""做出自己的成就""成为自己想成为的人"。例如，有创业者希望实现自己人生的三大愿望；有的喜欢过挑战性的人生；有人认为要能朝着一个目标不断向上、不断进步；有的则明确表明，需要实现自己的梦想。

第三，创业目标较多地表现出**利他性**。例如，很多创业者的创业活动都与养老、教育、育儿、社会服务方面有关，他们绝大多数也都提到了回报社会，以及对公益活动的投入等，"要为社会作出贡献""传递正能量""回报社会"。例如，有创业者在繁忙的创业活动中，每周都会投身于社会公益活动；有的认为，自己的教育类创业可以扭转现实社会中"阴盛阳衰"的现象，可以为社会教育作出自己的贡献。

总体而言，这些创业者很少直接、单一地以金钱为目标，他们认为成功和财富只是创业目标达成的附属品，而非刻意追求。相反，他们认为创业过程中所得到的成长、进步，以及学习到的知识和开拓的眼界，才是创业的真谛。

那么，为什么这些创业者的目标呈现出如此特点？

我们认为，目标与行动之间是相互增强的，目标不仅促进着行为，创业者的行为也强化着自己的目标：富有战略性、有明确愿景及利他性的目标，能够最大限度地唤起创业者的使命感、意义感、价值感，从而激发创业者的责任心、行动力和坚持性，从而促进目标的达成。同时，个体的行动及结果又会直接强化创业者的这些目标特征。高远的志向会驱使我们承担更多的风险，让我们更有勇气，表现出更强的韧性，也能更加积极乐观地面对一切困难险阻。

此外，在访谈中，我们发现，有这类目标的创业者，在与人沟通时往往表现得更加自信、主动和积极，因为他们坚信自己在做正确的、有意义的事情，更少地受到外部环境、他人消极评价的影响，坚持的动力更强。

三、创业者的行动力

由于创业者很早便确立了明确的目标，因此，他们对自己的未来方向非常清晰、指向明确，知道自己要做什么。比起同龄人，他们更少地迷茫、徘徊，表现得更加积极、成熟。

例如，这些创业者往往**在高中或大学时期，就表现出明确的目标特征**，比同伴更清楚地知道自己未来的方向，因而也更加**富有行动力**，开始积极投身于各类实践。有的进行创业活动，有的在各类组织中锻炼自身能力。

例如，有创业者在大学期间就经历了三次创业经历，连续一周熬夜加班，当其他同学放弃时，他还能以极大的毅力投入其中。他认为，这些经历让自己变得坚毅、果断、有魄力；有的在大学期间就去进行各类商品的推销，锻炼自己的耐挫能力；还有的创业者在大学期间，兼职做多份家教，最多时每天做6份，直到无法发声……

此外，他们的行动力并不是盲目的，而是表现出**较强的风险意识**。例如，一位创业者认为在国外的经历，让他学会了全盘考虑，学会了在事情发生之前就想好预案，避免手足无措。思维缜密、大量地思考、做预案，并善于从别人的失败中学习经验。

一般而言，阻碍行动力的恐惧主要有三个来源：（1）合理风险，即所有企业进场应对的风险，创业者会对这一类风险做好预案；（2）未知风险，被管理者视为冒险，被领导和企业家视为机遇，这些创业者都表现出此类偏好；（3）个人风险，害怕失败后被人嘲笑，几乎所有的创业者都克服了此类恐惧。创业者将这三类风险区分得非常清楚，在第一类风险中，表现得非常理性；在第二类风险中，表现出良好的风险偏好；很少受到第三类风险的无关影响。

四、创业者的意志力

意志是人自觉地确定目的，并根据目的调节支配自身的行动，克服困难，去实现预定目标的心理倾向。它是决策心理活动过程中重要的心理因素，是人的意识能动性的集中表现，在人主动地变革现实的行动中表现出来，对行为有发动、坚持和制止、改变等方面的控制调节作用。

人的意志品质体现在**自觉性、果断性、坚持性、自律性**四个方面。自觉性是指个体自觉自愿地执行或自主自愿地追求整体长远目标任务的程度，无需外部推动，自己可以主动完成目标任务；果断性是指有能力及时采取有充分根据的决定，并且在深思熟虑的基础上实现这些决定；坚持性也叫顽强性，是指长时间坚持自己决定的合理性，并坚持不懈地为执行决定而努力；自律性是指善于掌握和支配自己行动的能力，也表现为对情绪状态的调节。

在此次访谈中，所有的创业者在创业意志力方面，都有非常优秀的表现。**尤为突出的是他们的坚持性与自律性。**

无一例外，几乎所有的创业者都有吃苦耐劳、在困境中坚持的经历。

有的创业者在童年期经历了较大的创伤，他们很小就学会了在困境中坚持、反败为胜；有的创业者会为了客户的一点点要求，乘坐飞机赶到异地，熬夜修改方案，力求做到精益求精、力求完美；有的创业者在最困难的时候，靠着信念去坚持，靠着他人的建议和鼓励走出低谷，这些案例不胜枚举。

有趣的是，这些创业者或多或少都有自己长期坚持的兴趣爱好，有的长期坚持投身公益活动，有的则坚持进行体育锻炼或竞赛活动，这些活动从不同方面给予他们力量，帮助他们度过难关。

此外，这些创业者都有着极强的自控力。创业活动是高压、忙碌的，但他们仍然对自己有非常高的标准，比如体育锻炼、公益活动、定期学习等等，并且他们能够严格地遵守自己的承诺，长时间地履行自己的计划。在采访中我们发现，几乎每个创业者都有严格的作息习惯，有的长期凌晨起床，看书或锻炼；他们能做到今日事今日毕，绝不拖延；即便在高强度的创业活动中，也能保证良好的时间管理和身体管理。

五、勇于承担责任

每个创业者都表现出**内控型特点**，也就是说，他们的控制点（Locus of Control）都是内部（Internal）的。内控型个体认为，自己才是自己命运的责任人，自己为自己的行为负责，都表现出对自己的决策与行动结果高度的责任心。这些创业者认为自己才是结果的负责人，不推诿责任，不为失败找借口。

这种责任心第一表现在**对待客户**，会尽力思考每个细节，严格按照对方的要求完成任务。认为"一切失误的原因在于没有做好充分的准备"，有"以死相搏"的拼劲。同时，他们认为这种不断改进，是一种进步，乐在其中。

第二表现在对自己的**成就要求**方面，他们的目标是不断追求进步，不允许自己不努力、不负责，敢于和自己"死磕"。有的创业者说，别人形容自己做起工作就像"开了火箭"般；还有创业者说，自己要全面把握工作中的每个环节，保证所有的问题都在掌控之中。

第三表现在**对自己的身体高度负责**，他们清楚地知道，身体是革命的本钱，创业者必须有好的身体。因此，用几乎苛刻的标准执行严格的作息制度。

综上，创业者都有着承担责任的思维模式，这种思维模式的核心信念是：我要控制自己的命运；我对发生在自己身上的事情负责；我会为自己的感受负责；具有挑战性的任务是我学习和成长的机会；我要把其他人看作榜样，而非竞争对手；我有成功的能力。

那么，我们如何构建**承担责任的思维模式**？这里有一些建议：

要善于看到自己的成功之处，并从中学习；同时，能够直面残酷的现实，并从中学习，不指责别人，从其他人的角度看问题；要向他人学习，无论是好坏；多展望未来，不陷入互相指责；学习时，要避免过多的自我批判；还要注意自己的语言，挑战消极思维和绝对的自我暗示；选择自己的反应，作出更好的选择。

六、情绪管理

压力和挫折是家常便饭，所以创业者都会经历负面情绪的折磨。但是，参与访谈的创业者几乎都形成了一套自己的压力处理和情绪管理模式。

具体而言，压力缓解的方式分为两类：P（Pleasure）型和A（Achievement）型。P型是娱乐型事件，是指那些不太耗费精力，可以取悦自己，让自己得以放松的事情；A型是成就型事件，是指通过适度的努力，可以获得成就感的事件。P事件例如：听音乐、看电影、打游戏等；A事件如运动健身、练习书法等。

有的创业者会看一些励志的片子，听听自己喜欢的歌曲，不仅是一种放松，还能从中感悟别人的经历，更多的时候选择去游泳、健身或者站桩；有的则是通过唱歌、练习书法等来缓解情绪、平复心情；还有创业者会通过冥想、打坐等方法来改善情绪……

总体而言，我们的创业者**在A型事件上有较高的偏好**。大多数创业者都有游泳、锻炼、爬山等运动型爱好，既可以锻炼身体，又可以获得成就感。此外，大多数创业者还有一个偏好，就是通过与自己欣赏的朋友或智者交流，既能够疏解情绪，又能够获得有用的建议。

最典型的案例是一位创业者，他在人生最低迷的时候，列出了十几位"高人"的名单，然后逐一拜访，来获得建议。他自己认为，这是他受益最大的阶段。

七、积极的认知与归因模式

我们对创业者的认知特点与归因模式进行了分析，发现他们在自我认知、社会认知以及失败认知三方面表现出如下特点：

1. **自我认知**，创业者的自我评价一般都比较积极，有很强的自我效能感。例如，他们认为"自己学习能力很强""正能量爆棚""善于思考""理性"。如何看待这一现象？毫无疑问，这种评价本身是基于一定事实的，但是，这也是创业者的思维习惯。他们善于将成功归因于自身某一项特质，例如努力、善于思考等。这种归因模式，可以让创业者更加积极、自信、勇敢。

2.**社会认知**，对于自己周围的人或事，他们也有积极的归因及评价。

有的创业者在童年时期，或者创业早期经历了比较痛苦的事件，但是他们选择看到事物中积极的一面，会倾向于认为自己"遇到了很多好人""非常帮助自己"，因而形成很"感恩"、想要回报社会的想法。

那些经历非常顺利的创业者，则倾向于将这种成功和顺利归因于外界，例如认为"运气很好""做事情很顺""大家都很帮忙"等等。这种归因模式使得创业者几乎不会产生任何负面抱怨情绪。

3.对于**失败的认知**，大部分创业者对失败和挫折的看法是："没有绝对的失败""失败和挫折就是我们需要改进的地方""不必计较失败""只需要持续改进即可""失败是下一步努力的方向"。

不难看出，这些创业者所经历的失败和挫折并非少于他人，但他们独特的归因风格，使得他们将失败和挫折看作是普通的事件，甚至是可以推动他们走向成功的事件。可以说，这是他们制胜的关键。正是这一认知和归因模式，将他们与其他个体相区别，扭转了他们的行为。

八、对外部环境的态度

几乎所有的创业者，都高度重视外部环境和相关信息，他们每天都阅读报纸或者浏览信息，保持对各类信息的敏感性；同时，他们都有较强的持续学习能力，例如主动参加各种培训，或者继续自学相关领域的知识，并不断拓展自己的认知范围，保持自己在该领域的权威性。

他们喜欢与人交流，持有"三人行必有我师"的基本态度。同时，他们也知道自己应该与哪些人交流，能保证自己的沟通效率最大化。其中最典型的创业者，在自己遭遇挫折后，列出了自己应当拜访的12位名师，调动了自己身边所有的资源。他与其中10位进行了长谈，并从中受益。他重新调整了目标，但也坚定了很多行为。他认为，这是他度过低谷最有效最有用的行为。

同时，几乎所有创业者都表示出希望继续深造的意愿，有的希望在财务方面进一步学习，有的希望增加金融方面的知识等等，他们都深刻地认同"学习"的重要性，善于利用各种资源来持续学习。

九、创业者的内外部系统

综上，创业者业已形成了一套可以自我完善的内在系统，以目标为出发点，"知-情-意"相辅相成，有效地推动认知系统的形成。其中，系统思考是关键，因而行动力非常强。其中，元认知也是强有力的辅助要素。

同时，创业者的内在系统保持开放，与外界形成了良好的交流互动。他们的内部系统时刻准备着对外界开放：信息吸收、外部交流。

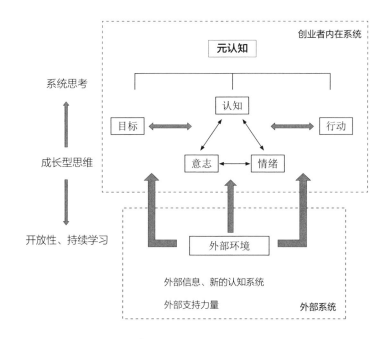

（一）创业者的共同心智模式——成长型思维

斯坦福大学行为心理学教授Carol Dweck在 *Mindset* 一书中，将人的思维概念和心智模式分为两种：

一种是固定型思维：认为事物是一成不变的，人也很难改变；他们总是静态地、片面地去看待人或事，更习惯于去寻找消极因素，对世界的认知也偏于消极。他们不相信人会改变，在面对别人的缺点与不足时，更多的是打击与否定。他们惧怕错误，不愿接受挑战，认为人的能力与生俱来，即使努力也不会有大的提高。

另一种是成长型思维：人看待世界的方式往往非常灵活，他们相信世界上所有的事情都是在改变的，世界上的每个人都在不断地成长与进步。他们更愿意看到别人身上的优点和潜力，拥有积极的人生观，能包容自己的缺点，喜欢自己的个性，也欣赏他人的优点，包容他人的个性。他们能够在面对自己时更加自信从容，在面对他人时更加宽容大度。他们相信努力和挫折可以不断提高自身的能力，每一次挑战都是让自己变得更加强大的机会。

成长型思维的人可以拥抱学习和成长，理解努力对于自己职业成长的积极作用，拥有面对挫折的良好适应能力。

（二）创业者内部系统——系统思考

创业者的内部系统发展得非常完善，具有自我激励、自我反馈和自我调适等功能。

首先，由于目标远大，且方向清晰，所以能够激发创业者的动力和意志，他们更富有行动力，也能够快速得到反馈。

其次，接受反馈后，他们积极的归因模式开始作用。由于他们将自己视为行为结果的承担者，这种内控型思考模式可以让创业者勇于承担责任，同时也主动改变自我，调整行动。他们会根据行为结果来进行判断，是哪些认知不够完整，或者是哪些行动不够有效，从而调整自己的认知，进行认知升级，或者调整行为方式，继续行动。

在挫败和压力之下，他们的情绪也有很好的归因模式：第一，他们会将失败认知为迈向成功的必然，或者是普通的事件，因而没有过分消极的情绪来干扰；第二，如果有消极情绪，他们也能够利用各种渠道进行调整和自我管理。

在这种认知模式的不断迭代升级下，大部分创业者都会形成系统思考的能力，遇到压力事件，他们会冷静思考、全面分析，然后敏锐地行动。另外一些创业者会发展出自己的元认知能力，他们可以在很高的维度，清晰地进行自我指导：应当如何思考、如何调整、如何管理自己。

例如，创业者自己发展出了鱼骨理论、立体化理论等等。他们认为认知就是从二维向三维、四维扩展的过程。认知的升级是根本。

（三）外部系统——持续学习与成长

创业者的外部系统，永远是开放性的、学习性的。他们持有的观念是：进步是无止境的，要善于从外部获取信息，要善于向他人学习。"每天都要花时间阅读相关外部信息""每个人都是自己的老师"要善于"从别人那里学习"，这些都是创业者的典型话语。

有创业者认为，创业的过程就是学习的过程，当自己成为更好的自己，即便创业失败，自己也收获了成长，这是幸福的。

同时，创业者也是幸运的，几乎所有的创业者都得到了来自家庭、朋友或者社会资源的支持。并且，他们非常善于运用这种支持，能够与外部资源保持良好的沟通。良好的沟通能力、善待他人、懂得感恩的特质，也让他们可以获得更多的支持。

十、如何强化自己的成长型思维

作为一种心智模式，成长型思维是可以学习、模仿的，并且可以通过长期的练习让它成为自己的模式系统。综合而言，成长型思维的养成有这么几个阶段：

第一阶段，有意识练习。该阶段需要个体有意识地运用成长型思维去引导自己、管理自己，这个过程是不熟练的、有困难的。由于旧有思维模式的存在，新的思维和行为习惯养成是很难的，需要自己的意识和意志力同时作用，不断提醒。

第二阶段，逐步熟练。随着成长型思维模式使用频率的不断增加，整个过程变得熟练起来，难度也比之前有所下降，自己可以有所收益，逐步进入良性循环。由于自己可以直接获益于该模式，因此行为变得自主、自动，不像之前阶段的有意练习。

第三阶段，自动化。当我们的运用开始纯熟，成长型思维就成为我们的习惯，自己可以自然轻松地享受整个过程，体验它带来的乐趣，这也会刺激我们不断进行认知升级。原先有意识练习的心智加工过程，现在已经变得自动化，成为我们自己思维的一部分。

第四阶段，元认知阶段。当成长型思维成为我们的无意识习惯以后，我们的认知资源就被解放出来，我们有了更多的精力和机会进行认知升级。当外部资源适度推动时，我们的元认知就会形成。我们可以自我引导、自我管理、自我调适，甚至可以向其他领域迁移。

在与诸多创业者的访谈中，我们发现了一个有趣的现象：创业者们对很多事物的认知，是不同于其他人的。例如对于失败的看法，创业者们通常认为不存在真正意义的失败，只是不断改进或优化而已；又如对于幸福的认知，他们认为舒适安逸并不能带来满足与快乐，只有不断地探索未知、拓宽边界，才能带来幸福感……创业者的自我认知更是异于常人，他们极其善于反思、总结，也会花费更长时间进行自我分析,避免落入主观的认知陷阱。

正是因为创业者有着相对独特的认知特点，所以我们在这一部分着重介绍认知的心理学概念。

认　知

一、认知的心理学定义

请你回忆一下：今天早餐吃了什么？上周的工作进展顺利吗？再展望一下：下周有什么工作安排？下次假期打算去哪里放松？……你所进行的这些回忆、思考、计划、想象等心理活动，就是认知。

1.认知的基本概念

认知就是个体对客观世界进行信息加工的过程。脑海中一朵花的颜色、一首歌的旋律；记忆中一个久远的事件、一次成功带来的信心；憧憬中一次向往的旅行……这都是我们的认知活动，它包括了感觉、知觉、记忆、想象、思维、语言等。

认知是人类对事物的诠释，是我们与外界交互作用的枢纽。世间万事万物就是通过"认知"这个门户进入我们的主观世界，与我们产生关联、相互影响。

认知是人最基本的心理过程，它的生理基础是我们的大脑。大脑经由感觉器官接受外界输入的刺激或信息，然后进行内部加工处理，就把这些信息转换成了我们内在的心理活动，变成我们的思维、记忆、想象等。如此一来，世界在我们眼中就有了色彩，拥有了意义。

2. 认知过程

认知过程始于感觉与知觉。**感觉**就是我们对客观事物的个别属性与特点的认知，例如事物的颜色、明暗、粗细、软硬、气味等等。眼睛、耳朵、鼻子、舌头、身体等都是我们的感觉器官，是大脑的接收器。

知觉是我们的大脑组织和解释感觉信息的过程，简言之，知觉就是大脑对感觉信息的翻译和解释。当花朵的颜色、气味、形状等综合起来传入大脑，大脑就会把面前的事物认知为"花"。感觉是知觉的基础，知觉是感觉的整合。

感觉与知觉虽然是简单的心理过程，但它们对人类的意义却不简单。

感、知觉会让我们获得知识经验，即便刺激物消失、停止作用，我们的大脑还可以将它再现出来。例如，我们会记得童年时某段有趣的经历，也铭记那些让自己痛苦的瞬间。这种积累和保存个体经验的心理过程就是**记忆**。

人之所以为人，是因为我们不仅能够感知事物、认知事物间的关系，还能运用头脑中所记忆的知识经验去间接、概括地认识事物，并且深刻地揭示事物的本质及内在规律。人类会形成对事物的抽象概念，还能进行推理、判断，以及解决问题，这就是**思维**。

对于那些还未发生的事件，人也可以在头脑中出现一定的具体形象，这就是**想象**。

根据认知过程中的**注意力**参与的程度，可以分为有意识认知和无意识认知。我们的认知过程可以是自然的、无意识的，也可以是有意识地发生。例如，当你熟练地开车行驶在街道上，看到交通灯变成了红色，不必费力思考，大脑自然地启动了认知过程，告诉你该怎么行动，这是无意识的认知过程；但如果在工作中遇到一件棘手的任务需要处理时，你也会仔细分析、认真思考，这就是有意识的认知。

3. 认知能力与认知风格

理解了认知的基本概念，我们还需要知道：个体与个体的认知能力是有差异的。**认知能力**就是人脑加工、储存和提取信息的能力。通俗而言，就是个体存在智力差异，它包括观察力、记忆力、推理能力、创造力等。例如神探夏洛克，具有异于常人的观察力、推理能力；爱因斯坦具有超强的想象力；达·芬奇则有着让人惊叹的创造力。

每个人的认知风格存在差异。认知风格是指个人所偏爱使用的信息加工方式。例如有人喜欢通过请教他人来得到启发；有人则喜欢独立思考。认知加工方式有许多种类，常用的分类方法有：场独立性和场依存性、冲动和沉思等。

二、关于认知的几个问题

1. 认知有什么重要作用？

认知是我们和世界互动的基础，它既是我们对世界的诠释，也是我们改造外部的基础。一个人的认知能力越强，他对客观世界的把握就越准确，对事物的理解就越接近事物本质。如此一来，个体在此基础上所进行的问题分析、过程推理，以及解决方法就更加有效。

认知是我们进行决策的重要基础。生活中充满了决策，小到晚饭吃什么、给朋友买什么礼物，大到公司战略的选择、组织目标的制定，都离不开我们的判断、思考和决策。决策是个复杂的思维操作过程，它包含信息搜集、加工、判断、得出结论的过程。万丈高楼平地起，离开了认知，这一切都是不可能完成的任务。

作为军事家，毛主席的战略决策力令人赞叹。屈居延安破旧窑洞之中的他如何能够穿透历史重雾，写出了《论持久战》这样的巨作？他对彼时时局的准确把握、对各方特点切中要害的分析、对历史规律的深刻认知，必定为他的决策提供了坚强的支撑。

2. 我们的认知是客观的吗？它有哪些影响因素？

认知是我们对客观世界的信息加工。但是，我们的认知一定是客观的吗？答案是否定的。

首先，我们的知觉不是客观的。它很容易受到知觉背景、知觉者本身、知觉对象特征的影响。例如"酒逢知己千杯少，话不投机半句多""一千个读者眼里会有一千个哈姆雷特" ……同样的事物，会因为个体的差异而产生不同的知觉。

其次，个性因素也会影响我们的认知。乐观的人总选择看到事物美好的一面；消极的人则容易看到事物的缺陷。理性的人与冲动的人对事物的看法也是不同的。

此外，还有社会文化、组织文化等因素影响着我们的认知。例如中国人对父母的孝顺，是西方人难以理解的行为；而中国人眼中的月亮，也一定比西方人更多几分诗意，"海上生明月，天涯共此时"，这是中国文化给予我们的独特认知。

认知的影响因素

3. 人的认知容易产生哪些偏差？

认知偏差是人在对自己、他人或外部环境进行认知时，由于自身或情境原因使知觉结果出现失真的现象。人们通常会产生的认知偏差有：

3.1 首因效应

认知过程中，信息输入的顺序会对我们的认知效果产生影响。

首因效应也称为第一印象，是指在社会认知过程中，最"先"输入的信息对我们的认知产生的影响作用最大。首因效应本质上是一种优先效应。

无论是两个素不相识的人第一次见面时所形成的印象，还是我们对于某个城市、某个事物第一次的感知，都会在我们的大脑中形成鲜明、牢固的印刻。尽管第一印象并非一定正确的，但它往往是最牢固的。

在交友、招聘、求职等社交活动中，我们可以利用这一社会心理效应，将自己最优的第一印象展示出来，顺利地进行人际交往。然而，首因效应具有先入性、不稳定性和误导性。如果只根据第一印象来评价别人，可能有失偏颇。首因效应之所以会引起认知偏差，是因为认知过程所依据的信息是不完全的。

3.2 晕轮效应

晕轮效应也称为"光环效应"，是指我们在判断外界人、事物时，往往受到它最突出的特征或品质的影响，进而扩展到对整体特征或品质的认知。简言之，就是以偏概全。例如，我们会因为某个人外貌特别突出，而倾向于认为他的工作能力、品格等也较好；我们也会因为喜欢某个歌星，进而信任她/他所代言的某个产品。

晕轮效应是典型的以局部认知取代整体认知的现象，它具有遮掩性、表面性的特点。仅仅根据事物的局部特征推论整体特征，是非常不准确的，往往会遮掩其他特征；晕轮效应也容易流于表面特征，无法认知到深层次的本质特征。

3.3 近因效应

近因效应也是一种由于信息输入顺序的不同而产生的认知偏差。与首因效应相反，近因效应是指最新近留下的印象对个人会产生强烈影响。"士别三日，当刮目相看"，就是近因效应的例子。不过相对而言，首因效应比近因效应的影响更加深刻。

近因效应的缺陷也是依据信息不全面，需要在认知中全面考虑各种信息。

3.4 刻板印象

刻板印象是指人们容易对某一类事物形成整体或群体认知，并且用概括、笼统的整体特征来覆盖个体特征，从而忽视个体差异的现象。

例如，"男生理科比女生好""女生语言能力比男生好"，就是典型的性别刻板印象；"军人都是雷厉风行、不苟言笑的"，就是典型的职业刻板印象。其实也有理科相当优异的女性、具有语言天赋优异的男性，也有幽默外向的军人，只是大家都倾向于用整体特征覆盖个体差异而已。

刻板印象对复杂世界的认知过度简化，认为某一群体的人具有相同或类似特性，忽略了个体差异。

4. 决策过程中的认知偏差有哪些?

4.1 易获性偏差

我们在认知及决策中倾向于关注那些更容易获得和掌握的信息，而不是去寻找其他相关的信息，从而造成决策偏差。我们存在着一定的记忆或知识局限，但决策及预测时却依赖于自己熟悉的、容易提取的信息，忽略了大量其他必须考虑的信息。例如，人们会特别关注一些热门股票，因为在媒体上出现频率高而被认为其上涨概率大，其实存在很多关注较少的股票，它们的涨幅会大于热门股票。

4.2 锚定性偏差

与首因效应类似，锚定性偏差是指我们在决策过程中往往会更加依赖于最初得到的信息，从而设置一个判断的初始点（也就是锚点），然后在此基础上稍作调整。例如在商业谈判中，双方都容易围绕第一次开出的价格展开谈判。

4.3 框架效应

决策过程中，我们会因为情景或问题表达的不同，从而对同一事物表现出不同的判断或者偏好，进而做出不同选择。

想象X国正准备应对一种罕见疾病，预计该疾病的发作将导致600人死亡。现有两种方案可供选择：

情景一：如果采用A方案，将会有200人生还；如果采取B方案，1/3的概率600人全部生还，2/3的概率无人生还。

情景二：如果采取C方案，将有400人死亡；如果采取D方案，1/3的概率无人死亡，2/3的概率600人全部死亡。

请问你会选择情景一还是情景二？

其实，两个情景是完全一样的，只不过改变了问题描述的方式。然而，这种故事叙述方式的改变，恰恰影响了人们的心态。情景一使用了"收益"框架，情景二使用了"损失"框架而已。

4.4 过度自信

我们对自己的能力、知识和判断，往往表现出过分的乐观和自信。例如82%的人认为自己的驾驶技术非常高超；再比如，创业是失败率很高的活动，而2994位新企业的创办者中，有70%都认为自己可能获得成功，对比之下，只有39%的人认为他们会获得成功。

研究表明，问题难度增加，人的自信程度也增加；专家比新手更可能过度自信；信息量的增加也会让自信程度增加……

4.5 自我归因

人性是自私的，总是寻找有利于自我的方式进行归因。当我们遭遇失败时，会倾向于从外部因素寻找原因，比如考试失败，会归咎于题目太难、老师不公正等；当我们成功时，更容易寻找内部原因，归因于自己的能力或努力。

4.6 后见之明

后见之明又称为"诸葛效应"，也就是我们平常所说的"事后诸葛亮"效应。是指我们在事情发生后，回忆自己的判断或决策时，倾向于认为比实际上作出的判断更加精确。

人们总是会在事情发生后，找到若干种理由，认为自己"早就知道"

或"早就预测"某一事件会出现什么结果。例如股票大跌以后，就会出来很多事后诸葛亮者，认为自己早就预测到了。

其实，这是一种非常常见的认知偏差，属于错误记忆的一种。已经有实验表明：当人们作出决策并知晓答案后，再次回忆自己的选择，就会错误地将正确答案记忆为自己的选择。人们并没有真的变聪明，只是将自己的决策回忆为更正确的决策而已。

三、自我认知

1. 自我认知的基本概念

人类认知的对象除了客观事物，还包括我们自己。**自我认知**有时也称为自我意识，就是人类对自身存在的洞察和理解，包括我们对自己行为和心理状态的认知。

自我认知是更加高级的认知能力，一般来说，它需要个体的思维和想象力达到一定程度后才会具备。在自我认知的过程中，个体已经认识到"我"是谁、"我"和"我的想法、记忆"的关系。自我认知还需要个体将自己放置于一个特定空间或情境，并且能够对自己的心理状态和自我运作进行控制。很多教育程度低，或者智力水平低的个体可能终生都无法具备自我认知的能力。

2. 自我认知的心理成分

自我认知包含三种心理成分：自我认识、自我体验和自我监控。这三种心理成分相互关联、互相制约，统一地形成了个体的自我认知或自我意识。

2.1 自我认识——认知成分

自我认识就是主观自我对客观自我的认识和评价，它回答了"我是怎样的人"这个问题。它在自我认知中处于基础地位，属于"知"的范畴。

自我认识包括自我观察、自我评价。**自我观察**是个体对自身感知觉、思维、意向、行为等方面的觉察；**自我评价**是个体对自身想法、期望、行为、个性等的判断与评价，是自我调节的重要条件。我的身体外貌是怎么样的？我的智力如何？我的性格如何？我与他人交往时表现如何？……这些都属于自我认识内容。

自我评价是自我认知发展的主要成分、主要标志，它是通过社会比较实现的。要提高自我评价能力，我们必须学会将自己与他人进行比较，才能进行评价；同时，我们也要学会借助他人评价来进行自我判断，更要学会辩证地评价自己。社会比较是把双刃剑，客观、理智的社会比较能让我们迅速定位自己、看到问题所在，从而形成较准确的自我评价；而非理性、有偏差的社会比较则会让我们陷入迷惑，甚至带来社会交往问题。

自我评价是自我认知的核心成分，它直接制约着自我体验和自我监控。如果想要提高自己的自我认知，那么核心训练应该集中在自我评价能力的提升上。

2.2 自我体验——情感成分

自我体验是个体基于自我认识而产生的内心情感体验，它回答的是"我对自己是否满意"这个问题。它属于"情"的范畴。它是主观自我对客观自我所持有的态度，例如自尊、自信、自卑、羞耻等都属于自我体验。

自尊心是一种重要的内驱力，它激励个体努力获得他人的尊重，并维护自己的荣誉和社会地位；自信心则是对自己能力的信念，它能促使我们面对困难继续前进，走向成功；成功感和失败感是基于个体的自我认知与自我期望水平而产生的，它们取决于个体的内部标准。当个体体验到成功时，就会产生积极、自我肯定的情感，从而继续向更高的目标进取；反之，当个体体验到失败时，可能就会产生消极、自我否定的情感，低落沮丧，甚至放弃努力。

自我体验是基于自我认识、自我评价产生的，它也与社会文化、价值标准有关。一个人的自我体验越好，就越有利于自我监控的发展。

2.3 自我监控——意志成分

自我监控就是主观自我对客观自我思想、行为的控制，它解决了"我要怎样"的问题。它属于"意志"范畴。自我监控既包括某种行为的激发，也包括某种行为的抑制。

自我监控包括自我检查、自我监控、自我控制。自我检查就是个体在头脑中将自身活动结果与活动目标进行对照；自我监督就是个体以良心准则对自身言行进行监控；自我控制就是主观自我对客观自我心理行为的控制。

自我监控是自我认知的最高级活动，它反映着个体对自我改造的能力，是个体进行自我教育、自我发展的重要机制，也是个体自我认知能力的最高体现。

自我认知能力强的个体，必定有着极高的自我监控能力，能够自我鞭挞，不断朝着自己制定的目标前进，引领自己走向更高境界。

四、元认知

元认知，就是个体对自己认知过程的认知。它是指个体不仅能够对客观世界或自己进行感知、记忆、思维、想象等，还能对这些认知过程本身进行再认知，对这些认知过程进行分析、监督和调整。

在人的认知结构中，元认知是最主要、最高级、最核心的决定性成分。它是个体在认知过程中制定计划、作出决策、实行监控和调节的最高层次的控制活动。通过对自己认知过程的认知，个体可能会发现自身认知活动存在的不足，从而选择更高级的认知策略，促使自己的认知活动更完善有效。

例如，有的管理者解决问题的能力非常强，他有着良好的沟通能力、善于倾听他人意见，同时能够有艺术地表达自己；他还有很好的分析能力，能够快速抓住事情的本质，这些都使得他能够快速高效地解决问题。但是，这个管理者很可能并不清楚为何自己总是能够快速高效地解决问题，这就意味着他还没有对此形成元认知。如果经过长时间的自我观察、分析，以及对相关理论知识的学习、思考，他开始对自己的思维方式、沟通方法等有了认知，并且开始有意识地进行调整，那就说明他的元认知形成了。

元认知包含三个成分：第一，元认知知识，即个体关于自己或他人认知活动、过程、结果以及与之有关的知识；第二，元认知体验，即个体伴随着认知活动而产生的认知体验或情感体验；第三，元认知监控，即个体在认知活动过程中，对自己的认知活动进行监控，并相应地进行调节，以达到预定的目标。

也就是说，要想具备元认知能力，个体不仅要掌握一定的与认知相关的理论知识，提升概念技能，还必须善于对自我体验进行观察、分析，并且有意志能力对认知活动进行监控和调节。元认知能力就如同点石成金的指头，可以让我们快速调整自身认知，提升认知效能。

如果说那些认知能力强的人是"聪明的人"，那么元认知能力强的人就可以称之为"智慧的人"了。

五、认知的三个区域

1. 舒适区、学习区、恐慌区

根据我们对外界认识的熟悉程度，可以将认知分为三个区域：舒适区、学习区、恐慌区。

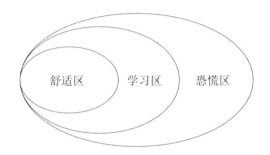

最里面的"舒适区"中，我们所接触的是毫无学习难度的知识，或者我们习以为常的事务，在这个区域我们感到得心应手、非常舒适。然而，在这个心理状态中，我们可以学习的新事物很少，进步缓慢，而且一旦离开这个区域，面对不熟悉的环境或变化，就会感到压力重重、无所适从。

中间的"学习区"中，我们会接触到一些新颖的事物，或者未曾涉足的领域，我们可以在这里满足自己的好奇心、求知欲，可以充分地锻炼自己、挑战自我。在这个区域，我们需要进行一定的认知努力，但是也能够达成目标，获得成就感。学习区是让我们获得认知进步的重要区域。

最外部的"恐慌区"，有太多超出自己能力范围的新事物、新知识，个体会感到忧虑、恐惧、严重不适，极易让人崩溃而放弃学习。

2. 认知区域自我判断

我是否感觉当前生活很轻松，工作中没有任何压力？我是否处于舒适的生活状态、不希望做出改变？如果回答为"是"，那说明你可能处于舒适区。

我是否经常花时间来学习？我是否感觉每天都很充实？我是否能感受到成长和进步？如果答案为"是"，恭喜你，正处于学习区。

我是否感到压力很大？我是否总感觉力不从心，无法解决当前遇到的问题？如果回答为"是"，说明你正处于恐慌区。

显而易见，只有处于"学习区"，才是个体最好的状态。学习区是探索未知、开拓思维眼界、激发潜能、挑战自我的最佳区域。

3. 扩大舒适区域

所谓成长，就是不断扩大舒适区的过程。这需要个体主动跨入新的学习区，并且逐渐把学习区变成自己的舒适区。这个过程显然有一定的挑战性，但它也会为我们带来成就感、满足感。

处于舒适区的个体，一定要自加压力，对生活做出一定的改变。因为当个体处于没有任何压力的状态时，也会引发一定的心理问题。温水煮青蛙，就是舒适区的消极案例。

处于恐慌区的个体，首先要解决自己的情绪问题，克服恐惧、焦虑，让自己的心理状态恢复正常；然后，需要将目标分解，化为更小的、自己能够完成的任务，也就是将恐慌区的一部分转为学习区。同时，恐慌区的个体也要善用外部力量来帮助自己，寻求心理支持系统的帮助。

除了独特的认知特征，创业者还表现出极其卓越的抗压能力。在压力之下，他们往往能够展现出良好的韧性，出奇制胜。

这一部分，我们将介绍压力的基本知识，以及压力下的心理防御机制。正是因为创业者有着相对独特的认知特点，所以我们在这一部分着重介绍认知的心理学概念。

压 力

一、心理动力——动机

如同车子的行驶离不开发动机一样，人的活动也离不开心理驱动力——动机。所谓动机，就是能够激发、维持个体的行动，并使这些行动导向某一目标的心理倾向或内部驱力。动机使得人具有了行为的基础动力，让人的能动性成为可能。

动机首先具有激发功能，如果个体缺乏内在动机，那他就不会做出相应的行动。没有学习动机的学生，不可能在学习上投入巨大努力；没有成就动机的员工，也不会主动在工作中寻求挑战。

其次，动机具有指向功能，使个体的行为能够集中在某一方向上，而不是无的放矢。对研发感兴趣的员工，其动机就会指向产品研发相关的活动，而不会指向市场营销。个体内在的动机就像指南针，将其兴趣、注意力、意志力等都集中指向目标内容。

第三，动机具有维持和调节功能，动机能够让我们在一个目标上不断坚持，并且调整相应的强度和方向。动机不是一成不变的，个体会根据实际情况对动机进行调整。遇到困难时，个体可能会评估：是否需要坚持更久的时间？还是需要重新进行方向调整？

美国心理学家马斯洛第一次将人类的需求和动机总结出来，提出了需求层次理论。

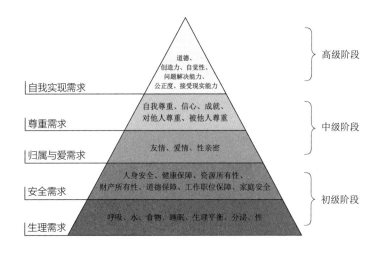

马斯洛认为人的需求从低级到高级共有五个等级：生理需求（人为了生存和繁衍而存在的基本需要）、安全需求（人为了保障自己与家庭安全而存在的生理与心理需求）、归属与爱需求（也称为"社会需求"，是人对友谊、爱的需要）、尊重需求（包括被人尊重与自尊的需要）、自我实现需求（成为自己想成为的人）。

压 力

　　人的动机是随着自己的需要满足程度而变化的，当低级需求得到满足时，人就会转向追求更高级别的需求。基本的生理需求满足后，人就会去追求更高的尊重需求；被尊重以及自尊的需求满足后，人就会追求成为心目中的那个自己。在这个需要等级中，未被满足的需要所激发的动力最强。

　　马斯洛的需求层次理论，可以帮助管理者很好地理解自己的员工。你的员工处于哪个需求层次阶段？他最具动力的需求是什么？准确地判断员工的内在动机，能够帮助管理者采取有效的激励措施。

　　适度的动机能够激发人的行动，产生良好的促进效果。但是，当动机过强时，可能适得其反，为个体行为带来不必要的压力。例如，有一些体操选手平时表现非常优秀，但是在重要比赛场合，却因为成就动机过强、太紧张而大失水准。这就是动机过强导致压力增大而带来的副作用。因此，一个真正优秀的个体，不仅要有过硬的业务本领，还需要具备调节自身压力与动机的能力，从而让自己的能力得到充分发挥。

二、心理压力

　　心理压力是个体在生活适应过程中所出现的身心紧张状态，其原因是环境要求与自身应对能力的不平衡。简言之，心理压力就是个体认为自己无法应对环境要求而产生的负面感受和消极信念，它是由压力源和压力反应共同构成的认知和行为体验。

1.压力源

1.1 工作带来的压力

工作量大、工作要求高通常是造成工作压力的主要原因。当需要完成的工作要求和工作量超出个体能力时，往往会导致个体出现压抑感、无助感，长期的工作压力还会直接导致个体出现失眠、情绪暴躁或引发心脏问题。

工作中存在的人际关系问题、对工作不满意等，也是造成工作压力的原因。上下级沟通不畅，或者同事间人际关系不良，都会为个体带来深深的困扰。如果个体对工作内容有抵触、不喜欢，也会带来工作压力。

1.2 生活带来的压力

生活环境中的重大变故、重要丧失，都是压力的主要来源。当个体的生活出现重大变化，例如搬家、换工作、结婚、怀孕等，都会为生活带来难以想象的变化，需要进行新的决策、安排，带来新的机遇或挑战，从而产生一定压力；当个体的生活出现重要丧失，例如亲人亡故、离婚、重大疾病等，会给个体带来致命的打击，它是一道难以逾越的沟壑，会让我们感到窒息、孤独、无助……

当然，生活中也有一些小的困扰，例如车子抛锚、与家人争吵、工作不顺心等等，这些单一事件一般不会给个体造成压力威胁。但如果这些困扰不断积累或者在一段时间集中发生，也可能造成压力。

1.3 个人性格导致的压力

外部环境事件确实是导致个体产生压力的外因，但是，同样的事情发生在不同个体身上，也会产生不同的结果。例如，工作中一件小小的不顺心，有的人一笑而过，有的人却愁眉不展；同样是家庭遭遇不幸，有的个体就能够积极调整、勇敢面对，不屈服于命运；有的个体则消极沮丧、怨天尤人。

个体的性格决定了个体对压力的态度和应对方式。积极的人倾向于看到事物向上的一面，消极的人倾向于看到阴暗的部分；变通的人能够看到困境背后的机遇，偏执的人则沉浸于困难或痛苦中难以自拔；理智的人会冷静分析、积极解决，被冲昏头脑的人则会肆意宣泄……

2. 压力反应

心理压力所造成的紧张状态既有心理反应，又有生理反应。心理反应就是个体内在心理冲突及其伴随的情绪体验，如思维反刍、沮丧、情绪低落、焦虑等；生理反应包括失眠、心慌、呼吸加快、胃部痉挛等。

个体对压力的反应一般会经历三个阶段：

第一阶段是警戒阶段（又称应激反应阶段）。是指我们的身体调动能量来为我们做出迅速反应做好准备。出汗、呼吸急促、心跳加快等，都属于应激反应的躯体表现。应激反应可以为我们迅速调动能量，增加我们应对压力的能力。但是，应激反应对身体健康是不利的，不能长期保持。

第二阶段是抵抗阶段。当压力源没有在应激阶段消失，我们的身体就要做好长期面对压力源的准备，此时我们的身体器官、腺体就会产生各种激素、糖等，来保持机体的内在平衡，它会转换到一种更低水平、但更为复杂的压力反应模式。

第三阶段是疲劳阶段。有机体在抵抗阶段适应压力是需要能量的，但这种能量是会耗尽的。如果压力时间过长，个体就会无法抵抗外界压力，出现崩溃、衰竭。

警戒阶段是身体调动起来应对压力的过程，它有一定的积极作用，例如能帮助机体快速进入应激状态，调动注意力、反应速度等。但是，这一阶段不会持续太久，如果压力继续存在，它就自动进入抵抗阶段。抵抗阶段中，个体如同进入慢性应激状态，身体会使用长期策略来保持压力应对的能力，为我们储备应对压力所需的体力、心力。然而，这无疑对人体损耗很大，身体健康、心理健康都会受损。如果压力源解除，个体会回到修复状态进行修整。如果压力源长期存在甚至增加，个体就会逐步滑入疲劳阶段。

三、心理防御机制

心理防御机制是我们每个人天生都具备的心理保护机制，它是个体面临各种外部压力，如挫折、冲突或紧张情境时，自我发展出一种机能，内部心理活动会自觉或不自觉地用一定方式解脱烦恼、缓解内心不安、恢复心理平衡与稳定的适应性倾向。

心理防御机制的积极意义在于自我保护，它使我们在遭受困难与挫折时，可以减轻或除去精神压力，恢复心理平衡。有的心理防御机制甚至能够激发个体的主观能动性，激励我们以顽强的毅力克服困难、战胜挫折。

心理防御机制的消极意义在于，个体可能因暂时的压力缓解而自足，不能积极克服压力，出现退缩行为，或者产生恐惧而导致心理疾病。

1. 逃避机制

逃避机制是一种消极性的防御，以逃避性、消极性方法减轻自己在挫折或冲突时感受的痛苦。它包含以下几种形式：

1.1 压抑

压抑是个体将自己所不能接受的具有威胁性、痛苦的经验及冲动，不自觉地从意识中排除出去、抑制到潜意识中。经过压抑的作用，表面上看起来我们已经忘记了某些痛苦，但它会在不经意间影响我们的行为。例如有人在目睹惨烈的车祸后，过段时间就恢复了，看似一切平常，但后来才发现自己根本不能再目睹杀鸡、宰羊等场面。

1.2 否定

否定是指个体扭曲自己在创伤情境下的想法或情感，来逃避心理上的痛苦，或者将这些事情否定，进而获得心理安慰。否定是非常简单原始的防御机制，例如小孩子闯了祸，会捂住自己的眼睛，当作事情没有发生；某人失恋后，会觉得其实对方也没有想象的那么好，也许分开是一种更好的选择。

1.3 退行

退行是指个体遭遇挫折时，表现出与自己年龄不相称的幼稚行为。现代社会中出现的很多"巨婴"现象其实就是退行行为：成人因为买不到票就在售票厅撒泼耍赖；开车违章遇到交警就出现各种荒唐行为等等。个体面对挫折时不能成熟、正确地用成人的方法、态度来处理，反而采用幼稚的行为，像孩子一样胡搅蛮缠，这就是退行。

2. 自骗机制

自骗机制也是一种消极的心理防御反应，往往含有自欺欺人的成份。自我欺骗心理机制可以暂时抚慰我们的痛苦，但却无益于解决实质性问题。

2.1 反向

反向是指个体遭遇挫折时，会表现出与内在动机相反的外部行为。例如"此地无银三百两"，就是最典型的反向机制。有的男孩子暗恋某个女生，但怕别人识破，就会故意表现出对这个女孩子很反感的样子，以此掩饰自己的真心。适度的反向行为可以暂时帮助我们适应环境，但是长期过度使用，就会形成压抑的情感，增加心理压力。

2.2 合理化

合理化又叫做文饰作用，是指个体无意识地使用看似合理的逻辑来为自己的行为或动机辩护，使其更能接受。

当个体的愿望未能实现，或者行为不符合社会规范时，就会自己收集一些令自己感到慰藉的理由，为自己的行为进行合理解释，以缓解内心的痛苦、维护自己的自尊。

合理化有三种形式：

第一，酸葡萄心理。当自己能力不足无法得到所追求的东西时，就会对其进行贬低、打击，缓解由于得不到而带来的内心痛苦，这就是酸葡萄。例如有的人看到其他同学考上研究生，心里就会想：读书有什么用？找不到工作才会去读书呢！

酸葡萄心理确实可以暂时安慰我们的内心，让自己从不满、焦虑、沮丧等情绪中解脱出来。但是，仅仅停留在酸葡萄阶段是不明智的，当自己的情绪稳定以后，就应该冷静客观地分析自己失败的原因，例如重新选择目标，或者改进努力的方式。

第二，甜柠檬心理。它与酸葡萄相反，是希望说服自己或别人，自己拥有的才是最佳的。例如自己的薪水没有别人高，心里就会想：钱够用就好，那么辛苦、劳累干什么？

甜柠檬心理是一种"知足常乐"的心态，适当运用的话，能够帮助我们接受现实，提高幸福指数。然而，这种防御机制运用过度，就会造成个体不思进取，妨碍个体追求各方面的进步。

第三，推诿。推诿就是将自己的缺陷或者失败归咎于其他因素，以此追求内心的平静。例如自己考试失败，不肯承认自己不努力，反而怪罪于老师；自己投资失败，不寻找自身原因，反而说是大环境不好。

推诿的心理防御机制虽然能让个体获得短暂的心理平静，但却无益于寻找真正的原因，无法进一步自我提升或改善，并非长远之计。

3. 攻击机制

当个体内心痛苦又无法直接向对象发泄时，就会转移自己的情绪，用直接或间接方式向其他对象攻击、发泄，这就是攻击机制。

3.1 转移

转移是指当自己对某个对象的情感、态度、欲望由于种种原因无法表现时，把它转移到一个较安全、能为大家接受的对象身上，以缓解自己的焦虑。例如有人上班时被老板批评，内心压抑、怒火中烧，但无法在单位发泄，回家后正好看到孩子哭闹不听话，就给了孩子一巴掌。

当然，转移也不仅仅是负面感受，正面感受也存在转移现象。爱屋及乌就是典型的正面感受转移。例如有的人自己幼年时生活困苦，受人恩惠资助，成人后也会对他人心存善念、尽力帮扶。

3.2 投射

投射就是将自己的态度、动机、欲望等映射到别人身上。"以小人之心度君子之腹""五十步笑百步"就是典型的投射。光明磊落的人，看别人都是积极的；内心阴暗的人，总觉得别人都在想办法算计自己。这就是典型的投射。

投射的积极意义，就是帮我们理解他人。投射的基础就是同理心，将自己的感受推己及人，去尝试理解他人感受。自己失败过，就特别能体会他人失败后的失落、痛苦；自己痛苦过，就能体会他人遭遇痛苦后的感受。

投射的消极之处在于，我们对他人的理解受到了自身认知局限、情感态度的影响。世界上一定有一些事情、人物超出我们的认知范围，我们无法真正理解的。

4. 代替机制

代替性防御机制就是用某个事物替代自己的缺陷或不足，以缓解由于缺憾带来的痛苦。

4.1 幻想

幻想是指个体使用想象出的代替物来缓解现实生活中的不足，从而在想象的世界中获得满足感。

从生理机制来讲，我们的大脑其实无法区分想象出的事物与现实事物的差别，也就是说，脑海中想象的事物或情境，与实际事物或情境的安慰效果是相同的。个体从儿童时期就会在幻想中玩乐；青少年时期可能会在幻想中满足英雄式崇拜。

幻想有一定的积极作用，例如文学、艺术创作都源自幻想，令人愉快；但幻想也有破坏性力量，存在思维上的退化，可以依据个体需求天马行空、无拘无束。

幻想能够使人暂时脱离现实，缓和当前消极情绪，但是却不能解决实际问题。只有面对现实、克服困难才能解决问题。

4.2 补偿

补偿心理是由奥地利心理学家阿德勒提出的。补偿是指个体由于生理或心理上的缺陷而导致目标无法达成时，会改换成其他方式来弥补这些缺陷，从而克服焦虑、建立自尊。补偿可以让个体克服自卑、追求卓越。

补偿也存在消极方式与积极方式。消极的补偿是指个体所使用的弥补方法对个体并无益处。例如失恋的人可能会暴饮暴食，来填补自己的空虚、缓解自己的痛苦；被同伴排斥的青少年，可能会与不良社会青年交友，借此弥补自己的交友需求；得不到父母关注的孩子，会出现一些负面行为，借此博取家长的关注……

积极的补偿作用也很多。"失之东隅，收之桑榆"，讲的就是补偿的道理。例如一个人由于外貌不佳，会格外注意自己的穿衣打扮、内在知识、行为气质等，希望借由后天修养弥补先天不足；一个视力有缺陷的人，可能会发展出格外灵敏的听力，来帮助自己生存；过去有过悲惨童年经历的人，会因为自己没有得到父母、家庭足够的关爱，而成为特别温暖、耐心的家长，对自己的孩子倍加关爱。

5. 建设机制

建设机制是心理防御机制中积极、有建设性的方式。

5.1 幽默

幽默是指运用智慧将不利的局面因势利导，弱化或消解矛盾冲突，既明确地表达自己的观点、情感和意图，又避免了他人与自己的尴尬与窘境。

一个有名的关于苏格拉底的例子，能够说明幽默的作用。苏格拉底正在和朋友们一起讨论学术问题，但他的夫人突然出现，先是把他大骂一顿，接着就泼了一盆水，全身都湿透了。结果苏格拉底只是呵呵一笑，并对大家说："我早知道，打雷之后一定会下雨！"原本很尴尬的场面，经过苏格拉底的幽默，立即化解。

幽默不仅仅是一种心理防御，更是一种能力。它不仅需要豁达乐观的心态，还需要良好的情绪管理能力，更需要高超的智慧。

5.2 认同

认同是我们每个人在心理成长的过程中必须完成的历程。在儿童、青少年时期，个体会积极地学习社会团体的态度、习惯，来找寻自我、肯定自我，获得自尊感。例如，当个体遇到比自己成就高或优秀的人，会认同对方，在心理上分享对方的成功、优异，从而为自己带来自信、动力。"见贤思齐"就是典型的认同，为个体带来积极向上的力量。

除了作为个体的认同，我们也需要集体认同。例如，我们是否认同自己是"中国人"，是否以自己归属于这个集体而自豪。集体认同会带给我们安全感、归属感，反过来增强个体认同，强化自信与自尊。

个体认同、集体认同感强的人，会有较高的个体自尊和身份满足感，从而保持健康的心态。

5.3 升华

升华是指个体将内心较低级、负面的欲望转而提升为更加积极、高级，能够为社会所接纳的需求。

例如，有的人年幼时曾经被残忍地虐待、伤害，内心产生了强烈的报复对方的冲动，但最后他决定选择警察作为职业，来抓捕歹徒、逃犯，从而保护那些像他一样受到伤害的人。这就是典型的升华，将负面的痛苦转化为向上的力量。

再比如，命运多舛的西汉史学家司马迁，因为仗义执言被判处宫刑，受尽屈辱，但他却能忍辱负重，在狱中完成《史记》这一鸿篇巨著。这就是升华产生的力量。

创业活动往往充满风险与挑战，其中的困难令常人避之不及；但创业者却富有激情，对未来充满希望，即便遇到困难也能百折不挠。为什么同一种活动，这两类人却有着截然不同的差异呢？这种差异是如何造成的？可以改变吗？

心理资本

在你的朋友中，有没有这样一类人：他们心态积极，自信满满，凡事都寄予希望，遇到困难也能积极克服，表现出很好的韧性。与他们共事，自己也会受到感染，充满活力。这类人就是心理资本强的个体。

所谓**心理资本**，就是个体在发展过程中所表现出的积极心理状态。**心理资本包含以下四大要素：自我效能感、希望、乐观、坚韧。**

在企业、组织中，心理资本是超越财务资本、人力资本、社会资本的一种核心心理要素，它是促进个人成长与企业绩效提升的重要心理资源。例如，国外研究通过效用分析发现，心理资本增加2%，每年就可能给公司带来1000多万美元的收入。

从个体层面看，心理资本强的个体往往有许多决定性的竞争优势。他们更能承受挑战和变革，更容易成为成功的员工、管理者和创业者，也更能够从逆境中突围，并从顺境走向更大的成就。同时，自信、乐观、坚韧的人，富于创新精神，能够将自身价值发挥到最大限度，在成就自己的同时成就企业。

鼓舞人心的是：无论对于企业还是个人，心理资本都可以有<u>意识地获得、保持和提升</u>。因此，企业与组织的发展不能只强调资金、市场和技术，而个人的提升也不能仅局限于知识和技能，而是要把心理资本纳入其中。持续提升自我、激发自我潜能、建设企业文化、保持终身学习，将是个体与企业发展的重要内容。

下面，我们对心理资本的要素进行逐一分析。

一、自我效能

1. 自我效能的概念

"自我效能"的概念最早由美国斯坦福大学心理学家阿尔伯特·班杜拉（Albert Bandura）在20世纪70年代首次提出。目前，自我效能已经成为横扫心理健康领域的"积极心理学"（positive psychology）运动的主要特征。

自我效能（self-efficacy）是指个体对自己能否成功地完成某一任务的主观判断。一般来说，个体过往的成功经验会增强自我效能，而反复的失败则会降低自我效能。

自我效能涉及个体对自我能力的认知和感觉，也是人们对自身实现某领域行为目标所需能力的信心、信念。简单来说，自我效能就是个体对自己能够取得成功的信念——"我能行。"

具体而言，自我效能包括两个成分：结果预期和效能预期。结果预期是指个体对自身行为可能取得的结果的推测；效能预期是指个体对自己执行某行为能力的主观判断。

2. 自我效能的培养

自我效能最容易受到个体过往成功经验的影响。过去积累的成功经验越多，个体的自我效能感就越强；相反，失败体验越多，自我效能就越低。

显然，我们无法回到过去，改变一个人的成败过往。但是，我们却可以改变自己对成功、失败的主观体验，以更加积极的方式去引导较高的自我效能。"成败经验"与"成败体验"的差别，就在于前者是客观事实，而后者是指主观体验。一个善于体验成功的人，未必是成功经验最多的人；同理，成功经验最多的人，也未必是成功体验最好的人。

第一，目标的设置必须明确而适当。相对于宏大模糊的目标，具体明确的目标更能促进个体的内在动机。如果能够将宏大模糊的目标分解成明确、具体的目标，那么个体对自己完成该目标的预期就越高、更加能够付诸行动。例如，"我一定要减掉二十斤"和"我这周晚饭不能吃主食"相比，前者让人感觉遥不可及，望而生畏，而后者具体明确，会让个体产生"我应该可以完成"的感受，也更愿意付诸实践；而且，明确具体的目标本身就更容易完成，一旦达成，又会反过来增强个体的自我体验，促使作出"我可以"的判断，增加自我效能。"一周晚饭不吃主食"的行为，个体更容易达成，一旦达成，个体就会产生积极的自我感受——"原来我可以做到哦！"从而增加自我效能，产生积极体验；一旦自我效能增加后，个体就会比以往更加积极地投入于目标完成，形成主动的内在推动力……

如此一来，就构成了良性循环。

第二，善于选择比较对象，形成积极自我反馈。个体在行为过程中，选择过去的自己作为比较对象，要能够看到自身进步、变化，能够发现自己的能力，体验点滴成功，增加信心。例如，不能将自己的短处与别人的长处进行比较，其结果就是失望沮丧，感到无助。单纯的幼儿，会享受自己每天的点滴变化，即便是一次模糊的发音，都会让他们欣喜、自信，从而更加投入于新的努力中。成人也必须学习这种心态，要善于看到自己的闪光点，看到自己的每一点积极变化。如此才能形成积极的自我反馈，增加自我效能。

第三，注意形成积极的个体归因方式。所谓归因，就是个体将行为结果归于内在因素还是外在因素。自我效能形成的前提，就是个体必须将自己所体验到的成功，归因于自身的、内部的、稳定的因素，例如自己的能力、个人努力等，个体才会产生较高的自我效能。相反，如果个体总是将成功归于外部因素，例如运气、环境等，则不利于自我效能的提升。这也是成功经验与成功体验的差异所在。因此，个体需要检视自己的成功归因，反思是否存在改善的空间。

可以推断，心理资本强的个体，一定是有成功经验，并且有着优良成功体验的个体。一次成功成为内在强大的动力，激发个体去追逐和体验更大的成功。

第四，善用榜样的力量。在我们周围，有着与我们背景、情形相似的个体，比如同样经历了挫败，同样处于孤立无援的状态等，但是他们后来取得了成功。这样的个体，由于与自身条件相似，因而具有很强的唤醒作用，他们的成功能够对我们进行有利的社会暗示、社会说服，让我们产生斗志、激发信心。

二、希望

我们每个人都体验过"希望",它是个体内心最真挚的某种心愿与期盼,是对某种目标或者结果的盼望。当我们拥有希望时,内心是欢喜的、动力是充足的,我们也自然而然地变得乐观。但是,希望是否只能自然而然地产生?它是否可以被建立、激发?

心理学家 Rich Snyder 将希望定义为:在成功的动因(指向目标的能量水平)与路径(实现目标的计划)交叉所产生体验的基础上,所形成的一种积极的动机状态。

这一定义中有几个要点:第一,把希望看作是个体的一种认知状态;第二,在这种认知状态中,个体能够设定现实而富有挑战性的目标和期望,然后通过自我引导的决心、能力和内控的知觉来达到目的,这便是成功的动因或意志力;第三是路径力,也就是设定计划的思维能力。

因此,希望是可以被树立、被激发的。如何才能建立希望呢?

第一,合理制定目标,建立希望的认知基础。明确具体、合理适度、富有挑战性的目标,最能够从认知上激发个体的内在动机,让个体达到最佳状态。一方面,任务本身越明确具体、难度越适中,就会让个体产生较高自我效能,产生"我一定能"的信心,从而调动充足的动机;另一方面,目标本身富有一定的挑战性,又能激发个体自我实现的潜在需求,激发个体战胜自我、发挥潜能的斗志。

第二,科学制定实现目标的具体路径。在这一过程中,需要使用"分步法",目标路径越细致全面越好。越精细的路径,越可能被完成。这些具体的路径,也会给予个体一种暗示:希望不是模糊的,而是可以被具体实现的针对性方案。每一个具体路径的完成,都会成为一种积极反馈,继续增强个体的自我效能，促进希望的实现。

第三，明确可能遇到的困难与障碍，并制定消除障碍的计划。希望是积极的，但如果不能正确认识目标实现过程中消极因素，个体遇到困难就容易产生沮丧心态，容易过早放弃。对困难障碍进行分析、对可能遇到的消极因素进行预估，能够降低由于未知、不确定带来的恐惧，从而建立对抗困难的意志力。

此外，还需要准备好：如果最初制定的方法不可行或者不再有效，那么需要在什么时候、采用何种替代方案？同时，如果实现目标的过程受阻较大，如何对目标进行调整？

三、乐观

乐观是根据人们对好事件、坏事件的解释风格中，两个关键维度——持久性和普遍深入性来界定的。当个体把好的事件归因于内部、持久、普遍深入的原因，把坏的事件归因于外部、暂时和特定情景中的原因，这种积极的解释风格就是乐观。

乐观是一种性格特征，它是个体稳定的行为倾向。生活中有些人似乎天生就是乐观的，他们总是很容易就能将那些不愉快、消极的事物放下，把更多的注意力和关注力放在让人积极、正向的方面。

但是，乐观更是一种可以后天习得的态度。它可以通过调整归因方式、加强练习而成为个人稳定的思维习惯。

第一，宽容过去，重新建构、接纳过去的失败、错误与挫折。过去的挫折和失败，非常容易成为个体信心不足的原因。当个体将失败挫折归因于"自身能力"这样的先天禀赋时，就容易造成"失败不可避免""我这样的人注定失败"等消极观念。那么，如何调整呢？我们可以冷静分析过去失败中的各类环境因素，看到外部原因，同时也可以用动态发展的观点看待自身能力与自己的努力。例如，"我的失败不仅仅是自身原因，还有诸多外部无法克服的因素""过去的失败，是由于当时自己能力不足，而现在我已经有了很大的成长"等等。这样，我们就可以得出截然不同的结论："如果外部条件发生变化，那我就可以成功了""现在的我不同于过去的我，我现在具备了成功的能力"。

第二，欣赏现在，感激与满足生活中的积极面。有意识地选择生活中那些积极的因素进行归纳，强迫自己从正面角度看待问题。要知道，任何问题都有两面性，只要善于灵活思考，就一定能够找到积极的角度。例如自己的工作特别忙碌，但是收入尚可，那就选择看到"自己收入不错、工作非常充实"；孩子比较叛逆，个性十足，那就选择看到"孩子非常有个性，将来会有创造力"等。"生活并不缺少美，而是缺少发现美的眼睛"，要试着感恩这些事物的积极场面，养成知足、感恩的习惯。

第三，规划将来，为未来的进步和发展寻找机会。如果学会了积极归因、感恩与知足，那么找寻未来的发展机会一定会容易很多。在这一步骤中，需要参考"希望"部分的内容，不仅要找寻到自己内心真正热爱的东西，更要把这些目标具体化。

第四，善用周围的积极支持力量。近朱者赤、近墨者黑，要想培养乐观的精神，我们也必须时常与周围积极乐观的人交流，他们的精神也会唤醒个体自身的正能量。这当然也包括阅读书籍，从书籍的各类案例中寻找力量，成为自己积极乐观的源泉。

四、坚韧

1. 韧性

韧性是指个体能够从逆境中迅速恢复的能力。坚韧的人可以坚定地接受现实，持有稳定的价值观、深信生活的意义，能够沉着应对各种困境，可以在压力面前坚持、复原，并进一步成长。

创业活动具有高度不确定性，它的探索本身就蕴含着风险，失败的概率比成功更大。因此，创业者如何在失败情境下快速恢复并总结失败经验，决定着创业者的持续成长。韧性强的创业者更容易走出失败阴影，并从中学习。例如史玉柱就自称是中国"著名的失败者"，他在经历沉重的失败打击后，总是能有效地适应并调整，从失败中学习和成长。

个体的心理韧性具有以下特点：

①外部所存在的变化、逆境或干扰，是心理韧性赖以存在的前提。如果个体生活中没有出现变化、逆境或干扰，那么个体的坚韧性也就无从谈起。

②适应并成长是坚韧性结果的重要体现。如果个体能够适应挑战和变化，能克服外部干扰，那么就形成了韧性，准确地说就是"适应性韧性"。

③韧性不是静态的，是人与环境相互作用的过程。随着时间的推移，个体在面对变化、逆境或干扰时，试图去改变现状的行为，会进一步改变人与环境的相互作用，从而使韧性具有动态性。

2. 创业韧性

创业韧性是坚韧性概念的延伸，是它在创业领域的应用。Buang将创业韧性总结为：①处理企业环境所面临的高水平的、持续性的干扰性变化的能力；②在各种企业问题的压力下保持健康和精力的能力；③利用可接受的方法从企业挫折中反弹；④当一种方法行不通时，进行改变并利用新方法来运营和管理企业的能力。

目前，创业者研究认为创业者的韧性包括自我、企业情境认知能力、企业社会关系能力，具体如下图所示。其中自我主要与创业者的乐观、坚持、健康有关；企业情境认知能力则包含创业者的业务能力、规划能力、问题解决能力；社会关系能力表现创业者的社交网络。

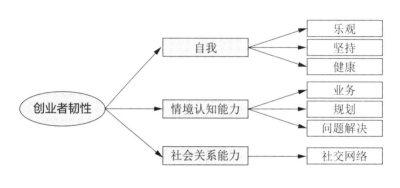

创业者韧性结构维度

3. 提高心理韧性的思维训练

第一，提高自己的控制力。不仅要提高生活方面的控制力（即自我效能感），还要提高情绪控制力。具体而言，需要养成自主学习的意愿，无论遇到什么挫折，都坚信这是一次让自己成长的好机会。

控制力的提升训练包括以下问题的自省：

①你对生活和情绪的控制程度如何？是否足以实现你的目标？

②目前有哪些事情超出你的控制力？你需要如何扩大自己的影响力，

将这些纳入控制范围？

③如果有些现实仍然超出你的控制，你会如何应对？

第二，对自己作出承诺。一方面，为自己设定努力的目标和方向，无论是工作目标还是生活目标；另一方面，要对自己有责任心，一旦制定了目标，就要尽最大努力去完成。

承诺的相关问题有：

①你为自己设定了什么程度的方向和目标？你是如何做到的？

②你是否很容易放弃？

③你有什么方法，来积极完成这些目标？

第三，接纳挑战。激发自己对新经验、机遇的渴望，调动自己持续学习的动机，相信自己敢于冒险、拓展自我，一切皆有可能；同时，要改变对失败的认知，相信失败是通往成功的道路。

为了增强对挑战的接纳程度，可以询问自己以下问题：

①之前你是如何应对此类挑战的？

②成功道路上一般会遇到哪些问题？什么东西可能帮助你？

③什么事情会让你感到兴奋？

④这次机遇的哪些部分让你激动？为什么？

第四，增加自信心。一方面，相信自己有能力克服现有困难；另一方面，相信自己有足够的人际关系来支持自己。

请回答以下问题并自查：

①你对自己获得成功的能力有多自信？你如何证明这一点？

②你会如何对待那些对你没有信心的人？

③出现问题时，你会有怎样的感受？

④遇到问题时，你一般如何脱离出来？

第五，最重要的一点：将消极思维转化为积极思维。每个人都会遇到困难、挫折，但我们可以改变自己的思维方式，转而看到事物的积极层面。

下面是积极思维梯子的表格，请评估自己的级别，并使用前四个心理韧性提高技巧进行转变。

积极思维的梯子

级 别	内 容
0	我做到了
1	我会做到
2	我能做到
3	我有可能做到
4	我可能会试一下
5	我会考虑试一下
6	我想去做
7	我希望我可以，但我不确定自己是否能做到
8	我不知道怎么做
9	我做不到
10	我不会去试，因为我知道自己做不到

刘春松
接力基金合伙人

创业之路，就是不断遇到困难挫折并战而胜之的过程，行稳致远，与诸君共勉。

明 彬
上海马槽投资管理有限公司
合伙人

三个H的合力。Head，不断创新、更新、进化你的认知力；Heart，对需求和人性的洞察力；Hand，低成本快速迭代的行动力。知行合一，达成共识，形成熵减，才可能铸造出一个有生命力的企业。而诚信则是这一切的基石。

李肖鸣
中关村中科双创基金理事

我想对创业者说：创业者都是英雄！因为创业路上充满了不确定性，只有勇者，才会大无畏地踏上未知的征途去追逐自己的梦想！

钱琼炜
伯藜创投合伙人

创业者终身都在追寻三个维度逻辑的通洽：商业逻辑、组织逻辑以及人生逻辑。在某一个时点，以某种成功为证据，某个维度的自洽似乎已经达成。但不确定性的时代会导致再次失洽。创业者的成长就在于自我深挖、重建通洽。

祁玉伟
接力基金主管合伙人

对创业者来说，待人当坦诚，做事应赤诚；不妄想走捷径，不急于求成；脚踏实地，点滴用心，励精图治，必有所成。
创业之"术"千千万万，而成功之"道"似乎永远只有一个——通达赤诚。
正所谓"千山千峰异，万卷万宗一"。

徐子建
和川资本合伙人

创业表面上看是业务问题但实则是创业者的心理问题。创业就是创业者不断锤炼的过程，期间需要直面自己的贪婪和恐惧，在一次次试炼中不断突破持续成长。这条路永远没有尽头，创业者需要不断迎合市场和用户变化进行业务迭代和管理升级，同时，与自己各种信念与情绪和谐共处。

王国强
国际EAP协会
中国专业委员会理事

创业是知行合一的过程，是心理历练和成长的长征，创业成功表面是个人财富的增值，本质上是一场追寻内心理想的人生意义的演绎。

夏旸
欣元智投创始合伙人

殷志成
棋盘资本合伙人

创业似乎可以分为两种：一种是以创立事业为追求，以创办企业为载体，以开创业务为手段，三位一体；另一种是建立一个团队，打造一种可交换的价值（技术成果、获客能力等），通过出售这种价值获取资本的回报。若我们选择前者，我们就要做好走更长远更复杂之路的准备。

因为我们将要做企业，做业务，做组织与业务的运营与管理；因为我们的成功基础将是商业的成功：我们要做到能有持续性的收入和利润；我们要做到能用业务的盈利来回馈投资；我们要做到能用利润的规模及其快速增长来获取资本市场的支持。所以，明确"创业做什么"，是创业者的首要问题！

创业需要勇气、毅力、坚持，更要智慧、战略、战术；正确的目标，适合的战略、战术技巧，将使创业事半功倍。无论什么创业都应坚持差异化、优质优价竞争策略。一定要用尽全力聚焦一点，聚焦再聚焦，才能脱颖而出。

张志刚
上海零号湾创业投资有限公司
总经理

杨海忠
上海小苗朗程投资管理有限公司
合伙人

我认为创业是非标产品，每一个项目的发展路径均有其独特性，不存在所谓的创业圣经，成功规律背后都有案例去证伪。作为天之骄子的大学生创业者机会成本更高，一看不慎一生受挫，EFG在从0到1过程中所提供的帮助必要而珍贵。

创业是创业者与人类社会的协作，对社会和产业的洞察是决定创业成败的关键。看到过程的人，可以享受过程；看到规律的人，可以在规律的基础上作出短期有效的预测；只有看到规则的人，才可以看到真正的未来，赢得未来。